복지의 문법

복지의 문법

부유한 나라의 가난한 정부, 가난한 국민

© 김용익 외, 2022

초판 1쇄 발행 2022년 11월 18일
초판 4쇄 발행 2023년 12월 8일

지은이   김용익 이창곤 김태일
펴낸이   이상훈
인문사회팀 김경훈 최진우
마케팅   김한성 조재성 박신영 김효진 김애린 오민정

펴낸곳 (주)한겨레엔 www.hanibook.co.kr
등록 2006년 1월 4일 제313-2006-00003호
주소 서울시 마포구 창전로 70(신수동) 화수목빌딩 5층
전화 02-6383-1602~3   팩스 02-6383-1610
대표메일 book@hanien.co.kr

ISBN 979-11-6040-918-5 03330

복지의 문법

부유한 나라의 ———————
——————— 가난한 정부,
가난한 국민 ————————
——————— 김용익 외 지음

한겨레출판

책을 펴내며

필자는 서울대 의과대학에서 보건의료정책을 전공하는 교수로 30여 년간 재직하다가 이제는 명예교수가 되었다. 80~90년대에는 교수 신분으로 오랫동안 보건복지 운동에 참여했다. 의료보험의 통합 일원화, 의약분업 등을 추진하느라 많은 비난을 받기도 했다. 그 이후에는 여러 가지 공직을 맡았다. 노무현 정부에서는 대통령 직속 고령화및미래사회위원장과 대통령실의 사회정책수석비서관으로 일했다. 제19대 국회의원으로 보건복지위원회에서 의정 활동을 했고, 더불어민주당의 싱크탱크인 민주연구원의 원장을 지냈다. 문재인 정부에서는 지난해 말까지 4년 동안 국민건강보험공단 이사장을 맡았다. 이런 과정에서 수많은 고민을 해야 했고 남다른 경험을 통해 생생한 지식도 얻을 수 있었다. 특히 사회정책수석으로서는 원래의 전공인 보건의료를 벗어난 다양한 분야의 사회정책을 들여다보고 경제정책까지 어깨너머로 엿볼 기회가 있었다. 그 당시에는 '사회정책'이라는 말이 잘 쓰이지도 않던 시기였다. 학자로서는 돈을 주고도 살 수 없는 큰 행운을 얻은 것이다.

　이 책은 우리 사회가 앞으로 만들어가야 할 나라의 모습을 사회정책을 중심으로 그려보고 그를 구현하는 방안을 설명한 것이다. 또한, 왜 한국의 사회정책은 지금의 낙후된 모습으로 남아 있는지를 밝혀보고 싶기도 했다. 이 책은 필자가 그동안 겪어온 고통의 기록이자 사회정책의 지체에 대한 분노의 산물이기도 하다. 그것을 최대한 많은 분과 나누고 싶다.

　이 책이 학술적 업적이 되는 것은 필자가 뜻하는 바가 아니다. 물론 지식인들과 생각을 나누고 싶지만, 그보다는 이런 종류의 책을 한 번도 읽어보지 않은 분들과 먼저 생각을 나누고 싶다. 그런 분들이 이해하지 못하는 지식은 지식이 아니라고 필자는 믿는다. 대담 형식을 빌리고 가능한 쉬운 문체로 엮으려 한 까닭도 누구나 책 속의 내용을 이해하고 공감하기를 바랐기 때문이다. 다양한 그림들도 찾고 만들어 넣은 이유도 그와 같은 맥락에서다.

　사회정책 전체를, 또는 각 분야를 주제로 해서 이미 많은 전문가와 학자들이 책을 썼다. 외국에서 발전된 이론을 검토하고 한국에 응용해보고자 하는 노력은 그분들에게 맡긴다. 이 책은 필자가 학자, 시민운동가, 정치인, 정책가로 일하는 동안 체험하고 가슴 아파한 '한국의 이야기'를 쓰고자 한 것이다. 1~4부까지의 긴 대담에서 김대중 정부부터 문재인 정부에 이르기까지 20여 년간 국정에 직간접적으로 참여하면서 느끼고 겪었던 바를 하나의 맥락으로 풀어내고자 했다.

　'사회정책의 관점에서 경제정책을 바라본다'는 점은 이 책의 또 다른 특징이다. 우리는 '경제정책의 관점에서 사회정책을 바라보는' 방식에 매우 익숙하다. 즉, 경제정책이 기본적으로 중요하고 그에 기여하는, 또는 종속하는 사회정책이 되어야 한다는 시각을 가지고 있었다. 이 책은 정반대의 시점에서 '국민의 복지를 증진하기 위해 경제정책이 어떻게 기여해야 하는가'를 생각해보고자 했다.

경제정책과 사회정책은 국가를 운영하는 두 개의 톱니바퀴다. 이 두 개의 톱니바퀴는 서로 잘 맞물려 돌아가야 한다. 그래야 경제가 건강하게 순환되고, 필요한 혁신도 이루어진다. 그러나 지금껏 대한민국 정책의 역사는 그러하지 못했다. 적어도 1998년 IMF 국가 위기[1] 때부터라도 이 두 개의 톱니바퀴는 서로 짝을 이루며 함께 돌아갔어야 했다. 그러나 경제정책 중심의 국가 운영은 아직도 정부 곳곳에서 강하게 작동하고 있다. 이것은 나라는 부유해졌어도 국민은 여전히 가난한 현실과 깊은 상관관계가 있다. 다시 한번 강조하지만, 사회정책과 경제정책은 긴밀히 연계되어 있다. 그 때문에 두 정책을 하나의 눈으로 보는 시각이 절실하다. 즉, 사회정책과 경제정책의 통합적인 구상과 접근이 필요하다.

우리 사회의 오래된 세 가지 난제가 있다. 바로 '양극화', '저출산[2]', '고령화'다. 역대 정부는 저마다 이를 해결하겠다고 나섰지만, 엄청난 돈과 노력을 쏟아붓고도 이 문제들을 제대로 풀지 못했다. 오히려 상황은 날로 악화 중이다. 이 문제들은 개별적으로는 해결이 불가능하다. 이 문제들은 넓은 교집합을 갖고 여러 고리로 연결되어 있기 때문에 같이 풀어나가야 한다. 이 난제들의 해결은 우리나라가 한 단계 더 도약할 수 있는 계기가 될 것이다. 필자가 이 책에서 우리 사회가 당면

---

1   IMF 외환위기의 시작은 1997년 11월이었지만, 본격적인 어려움은 이듬해부터 불어닥쳤기 때문에 이 책에서는 '1998년 IMF 경제위기'라고 표기한다.

2   '저출산'이라는 말이 여성에게 책임을 전가하는 뉘앙스를 담고 있다고 해서 최근에는 '저출생'이라는 단어를 사용하는 일이 있다. 그러나 인구학에서 '출생(live birth)'은 '출산(total birth)'에서 '사산(still birth)'을 제외한 것을 의미한다. 즉 출생과 출산은 각각 별도의 뜻을 가지는 학술용어이다. 이 책에서는 '저출산'이라는 용어를 사용한다. 물론 이 말이 여성에게 책임을 전가하는 뜻으로 사용되는 것은 전혀 아니다.

한 숱한 사회문제를 차치하고 특히 이들 문제에 깊게 파고든 이유다.

사회정책은 사회보험과 공공부조, 그리고 사회서비스 등을 통해 구성되고 전개된다. 많은 학자가 개별 제도의 분석과 개혁방안에 집중하지만, 필자는 이들 제도를 종합적으로 들여다보면서 사회서비스를 생산하는 생산조직에 특히 주목한다. 우리나라에서 사회서비스를 생산하는 조직들은 극단적으로 민간 중심이다. 영리 추구를 앞세운 민간 중심의 서비스 생산 시스템은 사회서비스의 질을 담보하기에 너무 취약하다. 또한, 서구 선진국의 사회서비스 생산조직이 만들어내는 풍부한 공공부문 일자리를 주목하여 검토했다.

정책은 곧 정치다. 정치가 정책을 생산하고, 정책은 다시 새로운 정치를 낳는다. 한국의 정당은 오랫동안 정책을 발전시키는 데 적극적인 기여자로 기능하지 못했다. 이런 특성은 민주화 이후에도 크게 달라지지 않았다. 정당은 능력을 키워서 정책을 만들고 실질적인 주도자로 역할을 해야 한다.

이 책이 나오기까지 많은 분의 뜻이 모였다. 질의응답 방식의 구성 과정에서 질문자의 역할을 충실히 맡아준 이창곤 전 한겨레경제사회연구원장 겸 논설위원(현 〈한겨레〉 선임기자)의 노고가 컸다. 서술의 방향이 흐트러지지 않고 하나의 맥과 줄기를 이루게 도와주었다. 그는 우리 사회가 직면한 새로운 위험과 도전을 보여주고, 왜 사회정책 패러다임이 바뀌어야 하는지를 담은 서문 격의 글도 집필해주었다. 이 자리를 빌려 감사를 드린다. 그리고 송상호 전 보좌관은 길고 간단치 않은 대담 내용을 풀어내 정리해주었을 뿐만 아니라 여러 가지 실무도 감당해주었다. 너무나 큰 빚을 졌다.

더불어 감사와 함께 미안함을 전해야 할 분들이 많다. 내용의 완성도를 높이기 위한 집단지성이 있었다. 처음에 이 책은 질의응답식의 총론과 이슈별로 구체적인 대안을 담은 각론이 어우러진 형식으로 기획되었다. 하지만 아쉽게도 책의 부피가 너무 커져서 각론을 함께 묶어 낼 수가 없었다. 아쉬움이 매우 크다. 그러나 필자의 대담 원고에는 이분들의 생각이 깊이 녹아들어 있다. 집필 과정을 함께 해주신 김미곤 박사님, 김성환 박사님, 김성희 박사님, 김형욱 전 대통령실 비서관님, 남기곤 교수님, 변재관 박사님, 송성수 위원님, 이견직 교수님, 이인재 교수님, 임준 교수님, 정익중 교수님, 채창균 박사님(가나다순)의 수고와 헌신에 감사하고 죄송함을 금할 수 없다. 이분들의 글은 이 책의 후속편으로 이어서 엮어내고자 한다. 그나마 책의 말미에 복지 재정을 진단하고 대안을 담은 고려대 김태일 교수님의 글이 실릴 수 있어 다행이다. 김 교수님께 감사드린다.

어려운 출판 환경 속에서도 졸고를 훌륭한 모양새로 세상에 나오게 해준 한겨레출판 분들, 특히 마지막까지 세심한 주의를 기울여주신 김경훈 편집자께 감사를 전한다. 예정보다 늦어진 일정으로 큰 고생을 하셔서 죄송한 마음에 한이 없다.

한 나라의 정책이 바뀌려면 무엇보다도 정책에 대한 시민의 의견이 중요하다. 그 의견들이 모이고 흐르면 여론이 된다. 그리고 그 여론은 강물을 만들고 힘을 가진 담론이 된다. 올바른 담론이 확산되어 유통되고 소비될 때, 시민을 위한 정책이 현장에서 실현된다.

이 책의 내용이 대한민국 사회정책의 완벽한 대안은 되지 못한다. 누구도 그런 묘안을 낼 수는 없다. 다만, 현재 우리 사회가 대면한, 가장 중요하고 핵심적인 문제가 무엇인지를 찾아내고 합리적이고 일관성 있게 풀 수 있는 방향을 제시하려고 했다. 이 책이 사회정책의 새로운 담론을 세우는 데 작은 초석이 되길 바란다.

2022년 가을
김용익

차례

보론 복지국가 건설을 위한 세부 실현 전략

김태일 | 고려대 행정학과 교수, 좋은예산센터 소장

대전환기, 사회정책의
패러다임 전환을 위하여

이창곤

〈한겨레〉 선임기자, 前 한겨레경제사회연구원장 겸 논설위원

1. '복합 위험'이 기다리는 신불확실성의 시대

지난 5월, 대선이 막을 내리고 마침내 새 정부가 들어섰습니다. 어느 때보다 치열했던 대선이었습니다. 그만큼 말도 많았고, 탈도 많았습니다. 이제 대한민국 공동체는 국가권력을 놓고 다툰 거친 정쟁과 대립의 시간에서 벗어나 차분히 우리 공동체의 안위와 미래를 놓고 안팎을 둘러보아야 할 시간을 맞이했습니다.

코로나 팬데믹으로 한동안 홍역을 앓은 지구촌이 차츰 일상을 회복하나 싶었는데, 다시 새로운 변이가 나타나고, 어쩌면 이보다 더 무서운 세계 경기 침체라는 거대한 해일까지 밀려오고 있습니다. 미국 애틀랜타 연방준비은행의 'GDP(국내총생산) 나우'를 살펴보면 2분기 미국의 실질 국내총생산 성장률은 연율 기준 -1.2%로 예상되었습니다. GDP 나우는 데이터와 수학적 모델에 기반해 미국의 실질 국내총생산을 실시간으로 추산합니다. 이 수치대로라면 미국은 2개 분

기 연속 역성장을 기록하는 것입니다. 6월 중순, 미국 연방준비제도 (Fed)는 고물가를 잡기 위해 28년 만에 이미 자이언트 스텝(한 번에 기준금리를 0.75%p 인상하는 것)을 단행했습니다. 이런 흐름은 국제통화기금(IMF)의 경고에서도 나타납니다. 크리스탈리나 게오르기에바 국제통화기금 총재는 내년에 전 세계에 경기 침체가 닥칠 수 있다고 경고했습니다.[3]

이런 흐름은 각종 지표에서도 확인됩니다. 경제정보 기업 스탠더드앤드푸어스(S&P)글로벌에 따르면 미국의 제조업·서비스업 합성 구매관리자지수(PMI)는 5월 53.6에서 6월 51.2로 떨어졌습니다. 구매관리자지수는 기업의 구매 담당자를 대상으로 신규 주문, 생산, 재고를 조사한 뒤 가중치를 부여해 0~100 사이의 수치를 나타낸 값입니다. 경기 활성화 정도를 보여주기에 경기 전망 자료로 활용됩니다. 통상 구매관리자지수가 50 이상이면 경기의 확장을, 50 미만이면 경기의 위축을 의미하는데 미국의 이 수치가 50에 바짝 다가섰습니다.

유로화를 사용하는 19개국을 '유로존'이라고 지칭하는데, 이곳의 구매관리자지수도 5월 54.8에서 역시 51.9로 떨어졌습니다. 이런 글로벌 경기 침체는 지난 2월 러시아의 우크라이나 침공 이후 전쟁 장기화로 물가가 치솟고, 이에 맞서 기준금리가 오른 데다 에너지 공급망의 어려움과 혼란, 여기에 더해 중국의 코로나19 감염 차단을 위한 도시 봉쇄 등이 이어진 탓이 큽니다. 이런 요인들이 글로벌 경기에 큰 타격을 준 것이지요. 특히 러시아산 천연가스 의존도가 높은 독일을 비롯한 유럽에서는 에너지 가격 인상으로 인해 큰 어려움을 겪고 있습니다.[4] 포도주 공장들이 연료인 가스가 없어 포도주를 제때 공

---

3 「짙어지는 글로벌 경기 침체 먹구름… 한국은 안전할까」, 〈한국 경제〉, 2022년 7월 10일.

4 「"미국 유럽 경기지표 부진… 경기후퇴 우려 확산"」, 〈매일경제〉, 2022년 6월 24일.

급하지 못해 발을 구르는 상황에다 올겨울에는 에너지 대란이 닥치지 않을까, 라는 우려가 높아지고 있습니다. 유럽의 2분기 성장률도 0.2%로 1분기 0.6%보다 하락할 것으로 예상됩니다. 이런 상황은 지난 2년간 코로나 팬데믹을 겪은 뒤 회복세를 보이던 고용시장에도 타격을 주고 있습니다. 금융시장은 이미 짙은 먹구름에 이어 폭우가 쏟아지고 있습니다. 팬데믹 시기 한때, 앞다투며 주식시장에 뛰어들었던 '개미'들이 고스란히 그 비를 맞고 울먹이는 모습입니다.

이런 글로벌 파도는 고스란히 한반도로 밀어닥쳤습니다. 일시적 경기 침체를 넘어 스태그플레이션(경제 불황과 물가 상승이 동시에 일어나는 상황)에 진입하고 있다(성태윤 연세대 교수)는 진단도 나옵니다.[5] 소비자물가 상승률과 실업률을 더한 경제고통지수가 5월 기준으로 21년 만에 최고 수준을 기록했습니다. 이 지수는 미국 경제학자인 아서 오쿤이 고안한 지표로 국민이 체감하는 경제적 어려움을 가늠해주는데, 지난 2001년 5월(9.0) 이후 최고치를 보였습니다. 당장에 시민들의 삶에 심대한 타격을 주는 것은 고물가입니다. 특히 취약 계층에겐 그 충격이 아주 큽니다. 끼니를 걱정해야 할 상황까지 내몰릴 수도 있기 때문입니다. 빈곤층은 특히 필수 식품 의존도가 높기에 그렇습니다. 지난 6월 유엔이 펴낸 〈우크라이나 전쟁의 세계적 영향 보고서〉에서는 94개국 약 16억 명이 식량 부족과 에너지 부족, 높은 생활비 등 적어도 이 가운데 한 가지 사항에는 노출돼 있으며, 약 12억 명은 퍼펙트 스톰(악재가 동시에 발생해 그 영향력이 폭발적으로 커지는 상황)에 놓여 있다고 적시했습니다.

이렇듯 오늘날 세계는 불안정(Volatile)하고 불확실(Uncertain)합니다. 여기에 복잡하며(Complex) 앞날조차 모호(Ambiguous)합

---

5   이경미, 「단숨에 고물가 고금리, 폭탄이 곳곳에서 터진다」, 〈한겨레〉, 2022년 6월 6일.

니다. 이름하여 '뷰카(VUCA)'의 시대입니다. 또 다른 학자는 '튜나(TUNA)'의 시대라고도 합니다. 격변하고(Turbulent), 불확실하며(Uncertain), 새롭고(Novel), 모호한(Ambiguous)하다는 뜻입니다.

1998년 IMF 경제위기, 2001년 9·11 테러, 2008년 글로벌 위기, 2011년 동일본 대지진, 2020년 코로나 팬데믹으로 격변이 이어졌습니다. 이들 격변은 대체로 미처 예측하지 못했고, 그래서 대처하지 못했던 위기였습니다. 미래를 예측하기가 점점 어려운 이유는 이렇듯 세계가 격변하기 때문입니다. 또 다른 이유는 지난 세기부터 폭발적으로 일어난 산업혁명과 생산기술의 발전, 세계화, 디지털화 등 거대한 변화에 의해 세계가 더 복잡해졌습니다. 여기에 더해 세계는 더 가까이 연결돼 예민하게 상호 반응합니다. 무엇보다 변화와 발전의 속도가 너무나 빨라졌습니다.[6]

'뷰카'와 '튜나'의 시대란 한마디로 가공할 복합 위험의 신불확실성 시대라고 말할 수 있을 것입니다. 복합 위기의 대변동 또는 복합 위험의 대전환의 시대이기도 합니다. 우리를 둘러싼 일련의 변화와 다가오는 가공할 위험을 생각하면 우리 공동체가 지금 정쟁과 갈등의 덫에 빠져 허우적거릴 때가 아닙니다. 진보와 보수가 협애한 인식으로 오직 상대를 제압하려는 데 힘을 쏟을 일이 아닙니다. 머뭇거려서도 안 되며, 호들갑을 떨 때도 아닙니다. 다가오는 위험에 맞서기 위해 우리 사회의 역량을 끌어모아 다 같이 머리를 맞대도 모자랄 상황입니다. 거대한 위험은 거대한 기회라고들 흔히 말하는데, 역사가 증명하듯 기회는 결코 절로 오지 않습니다.

---

6   정홍원 외,《미래사회 변동이 사회복지 영역에 미치는 영향과 변화 예측 연구》, 한국보건사회연구원, 2021.

2. 한국 사회가 직면한 주요 위험과 도전

돌이켜보면 대한민국의 근현대사는 격변과 위기의 연속이었습니다. 한국인은 이 격랑과 위기를 극복하고 마침내 세계 속에서 우뚝 서 있습니다. 위험이 아무리 복합적이고 가공하더라도 이에 맞서는 우리 사회의 역량 또한 그동안 만만찮게 성숙하고 성장했습니다. 문제는 위험을 얼마나 잘 파악해 직시하고 대응하느냐일 것입니다.

한 나라의 정책, 특히 사회정책은 한 사회의 구성원이 살아가면서 겪는 각종 사회적 위험으로부터 시민을 보호하는 안전장치입니다. 이로써 잘 사는 상태(well-being)를 지향합니다. 복지국가란 모름지기 국가가 개입해 각종 정책을 펼침으로써 이들 사회적 위험으로부터 국민이 겪는 삶의 불안을 해소하여 잘 사는 상태를 보장하는 국가라고 할 수 있습니다. 이렇듯 복지, 사회정책, 국가의 정당성은 무릇 사회적 위험으로부터 시민을 보호하기 위한 국가 차원의 대응에 있습니다.[7] 복지국가 초기, 시민의 삶의 안전을 위협했던 사회적 위험은 산업화 과정에서 파생된 노령, 질병, 실업, 산업재해 등이었습니다. 이들 위험은 시민을 빈곤에 빠뜨렸습니다. 영국 복지국가의 설계자인 윌리엄 베버리지가 추구했던 핵심 목표는 그래서 궁핍의 해소였습니다. 그는 궁핍으로부터 시민을 지키는 안전장치로 사회보험제도를 제시했습니다.

위험은 시대에 따라 변화합니다. 경제사회 구조의 변화에 따라 위험 역시 달라지고 복잡해집니다. 후기 산업사회로 접어들면서 과거와 다른 새로운 위험이 등장했습니다. 이를 학자들은 '신(新)사회적 위험'이라고 칭했습니다. 저출산 고령화, 일과 가정의 양립의 어려

---

7   이태수·이창곤·윤홍식 외,《성공한 나라 불안한 시민》, 헤이북스, 2022.

움, 돌봄에 대한 부담 증가, 장기 빈곤 등이 여기에 속합니다. 신사회적 위험이 등장하면서 소득 보장을 중심으로 하던 기존 사회보장제도 또한 새로운 대응을 요구받게 되었습니다. 복지국가와 사회보장제도는 이제 기존의 소득 보장에 더해 아동이나 노인 등을 돌봐야 하는 한편, 실업에 빠진 이들을 위해 직업 훈련을 시키고 취업을 알선해주는 대책을 마련해야 합니다. 이처럼 경제사회적 변화에 따라 사회적 위험의 대상과 범주는 바뀌고, 이런 변화에 대해 사회정책과 복지는 능동적이고 적극적으로 대응해야 하는 것입니다.

이런 맥락에서 복합 위기의 불확실성의 시대, 대변동과 대전환의 시대에 도사리고 있는 주요 위험과 도전을 좀 더 구체적으로 살펴볼 필요가 있습니다. 기존의 복지국가가 직면했던 위험과 질적으로 다른 복합 위험을 치밀히 해부해 직시해야 한다는 뜻입니다.

저성장, 저분배 등 한국 경제의 4저 딜레마

가장 시급히 살펴봐야 할 위험과 도전은 '경제' 영역입니다. 이는 삶의 질을 근본적으로 결정하는 부문입니다. 6월 국회예산정책처가 펴낸 〈NABO 경제 동향〉을 보면, 소비자물가는 공업 제품과 개인 서비스의 가격이 높은 오름세 지속으로 전년 동월 대비 상승을 거듭하고 있습니다. 5월엔 수출이 증가했지만, 수입 증가 폭이 더욱 확대돼 무역수지는 두 달 연속 적자였습니다. 지출 부문의 이런 부진한 모습은 소비 부문에서도 다르지 않습니다. 5월 소비자심리지수는 3개월 만에 소폭 내림세였습니다. 이 지수는 팬데믹에 따른 사회적 거리두기 해제에도 불구하고 물가 및 금리 상승에 대한 우려가 높아지며 전월 대비 1.2p 하락한 102.6을 기록했습니다. 소비자심리지수는 기준값을 100으로 해 100보다 작으면 비관적이란 뜻입니다. 이런 흐름은 설비투자 면에서도 대체로 감소로 전환하도록 했습니다.

이런 경기 침체 흐름은 상황에 따라 오르락내리락하는 면이 있습니다. 문제는 더 근본적인 데 있습니다. 바로 한국 경제의 구조적 딜레마입니다.

지난 2019년, 문재인 정부의 경제 싱크탱크를 이끈 최정표 당시 한국개발연구원 원장은 우리나라 경제가 4저 딜레마에 빠져 있다고 진단했습니다. 저성장, 저투자, 저고용, 저분배 등이 4저 딜레마입니다. 저성장은 비단 우리나라만이 아니라 선진국 클럽인 경제협력개발기구(OECD) 소속 대부분의 나라가 처한 상황입니다. 저성장 경제체제는 21세기 선진국 경제가 지닌 하나의 특징이라고 할 수 있습니다. 대한민국은 특히 우리 사회의 해묵은 문제인 저출산과 고령화가 저성장을 더 심화하고 저투자 상황으로 치닫게 한다는 진단도 나옵니다. 당시 최정표 전 원장은 "현재와 같은 저출산 고령화 구조에서는 성장률을 끌어올릴 수 없다"라면서, "이제 과거의 고도성장 향수에서 벗어나 경제 체질 개선에 나서야 한다"라고 강조했습니다. 이에 그는 정부가 저고용과 저분배 문제에 우선적으로 매달려 미래형 서비스 산업에 재정을 선제적으로 투입해 새 고용을 일으키고, 과감한 사회안전망 확충과 재분배 정책으로 분배를 개선해야 한다고 주장했습니다.

최정표 전 원장의 이런 지적은 여전히 유효합니다. 특히 저성장 경제구조의 고착화는 비단 우리뿐만 아니라 세계 각국에 시민을 보호해줄 사회보장체제의 새로운 도전과 과제를 던져줍니다. 사회보장과 복지국가의 토대는 경제성장이기 때문입니다.

10% 안팎의 고도성장을 이어오던 한국 경제는 어느새 2~3%대의 성장률로 떨어졌습니다. 이 지점에서 우리는 생각해봐야 합니다. 다시 고도성장을 꾀하는 방식의 성장 정책을 지향할 것인가? 아니면 대부분의 선진국도 1~2%대의 성장률을 기록하고 있는 만큼 저성장 자체를 불가피하게 받아들이고, 성장률보다 구조 개혁, 체질 개선, 무

엇보다 시민의 삶의 질 향상에 역점을 두는 조금 다른 방식의 성장의 길을 추구할 것인가?

이런 질문을 던지고, 바람직하고 현실적이며 지속 가능한 성장의 길을 찾아야 합니다. 기실 기존의 성장 방식, 즉 경제성장 지상주의 방식은 이미 오래전 한계에 이르렀다는 지적을 받아왔습니다. 어떻게 하든 시장에서 생산량을 극대화하거나 양적 경제성장, 즉 국내총생산 (GDP 성장률)을 높이는 것에만 초점을 두는 기존의 성장 방식은 더는 지속 가능하지 않습니다. 이런 성장 방식의 결과가 바로 불평등 심화 입니다. 불평등은 오늘날 우리 사회의 가장 결정적인 화두 중 하나입니다.

이런 방식은 무급 노동, 생산 과실의 분배 격차, 사회적 자본 등 비시장적 가치, 자원 보존과 환경이나 미래 기술 등에 대한 고려를 부차적인 것으로 치부하기 십상입니다. 하여, 2019년 노벨경제학상 수상자들인 아브히지트 바네르지와 에스테르 뒤플로는 "경제학자들이 성장을 논하는 것에 대한 집착을 버리자"라는 주장을 펼칩니다. 그들은 경제성장을 어떻게 측정해야 하는지, 무엇이 그것을 촉진하는지, 어떤 정책이 도움이 되는지 명확히 알아내기가 어렵다고 고백하기도 했습니다(최영준, 2021).

사실 기존의 성장 방식에 대한 지적은 어제오늘 있었던 것이 아닙니다. 이미 1970년대 초에 제기됐습니다. 바로 1972년 로마클럽(Club of Rome)이 발표한 보고서 〈성장의 한계(The Limits to Growth)〉가 그 것입니다. 보통 성장이라고 하면 더 높은 생산성과 더 많은 이익을 창출하는 경제성장을 가리킵니다. 대개 국내총생산으로 응축, 표현되지요. 대한민국을 비롯해 전후 대부분의 산업국가는 이를 국가정책의 최고 목표로 삼았습니다.

한국은 이런 측면에서 성장의 신화를 보여준, 전 세계에서 몇 안

되는 나라입니다. 지난 40여 년(1961~2008)간 한국의 연평균 경제성장률은 8%를 넘었습니다. 성장은 가난한 한국을 선진국으로 부상하게 한 것은 물론이고, 민주화에 이어 복지국가 대열로 진입하게 한 원동력이기도 했습니다. 이런 성장은 2019년 국내총생산 1,919조 원이란 성과를 낳아 대한민국 경제 규모를 세계 10위권인 선진국 반열에 오르도록 했지요.

산업혁명 이후 질주해온 성장지상주의(GDPism)의 고속열차는 이렇듯 우리에게 역사상 누리지 못했던 물질적 풍요를 실어다줬지만, 경이로운 속도와 화려한 빛만큼이나 어둡고 짙은 그림자를 드리우게끔 했습니다.

그 대표적인 그림자가 양극화입니다. 양극화는 소득과 자산 등에서 부자는 더 부자가 되고 가난한 사람은 더 가난해져서 양극단으로 소득과 자산 등이 치우치게 되는 현상을 말합니다. 엄밀한 의미에서 불평등이라고 할 수 있습니다. 소득과 자산, 대기업과 중소기업, 건강과 소비 등 우리 사회의 많은 부문에서 이런 현상을 목도해왔는데, 소득분배 지표 등에서 일부 진전이 있긴 하지만 여전히 심각한 상황입니다. 우리 사회가 온 힘을 다해 해결해야 할 난제입니다. 불평등과 양극화는 우리 사회의 각 부문에 놓인 계층 이동의 사다리를 끊어내면서 계층과 계급의 고착화를 심화시킵니다. 이는 청년 세대의 좌절과 희망의 부재로 이어집니다.

양극화를 비롯해 실로 우리 사회에 내재하고 있는 많은 난제와 위험은 거듭 강조하지만 폭주한 성장의 결과입니다. 따지고 보면 이는 비단 우리 사회만의 현상은 아닙니다. 지구촌은 성장을 위한 과도한 화석연료 사용과 탄소 배출로 새로운 거대한 위험을 불러왔습니다.

바로 기후 위기와 생물 다양성 상실이라는 생태 위기입니다. 극심한 부의 불평등과 양극화도 이들의 결과입니다. 이는 성장 자체에 근본적 질문을 던지고 있습니다. 앞서 언급한, 1972년 로마클럽이 발표한 보고서 〈성장의 한계〉는 성장에 의문을 던지고 성찰한 최초의 지구촌 차원에서의 대응이었지요. 성장을 위해서도 분배가 함께 이루어져야 한다는 포용성장론, 성장과 생태 위기 관리를 조화시키거나 아니면 생태 위기 극복을 새로운 성장의 모멘텀으로 삼을 수 있다는 녹색성장 혹은 녹색경제론 등 다양한 '대안 성장 담론'이 나라 안팎에서 계속 제기된 배경도 이런 상황 때문입니다. 더욱이 이제는 1972년과 견주었을 때, 경제를 둘러싼 환경과 구조가 질적으로 바뀌었습니다. 경제 환경과 구조가 바뀌었는데, 우리는 여전히 과거의 방식을 답습하고 있고, 그 결과 오늘날 우리는 더 큰 위험을 맞닥뜨리는 것입니다.

팬데믹, 그리고 가속화하는 생태 위기

우리가 주목해야 할 두 번째 대형 위험은 생태 위기입니다. 이는 우리 사회뿐만 아니라 인류가 공통적으로 직면한 가장 가공할 위험입니다. 오늘날 흔히 기후 위기나 기후변화란 이름으로 일컬어지는 생태 위기는 기후변화와 생물 다양성 상실이란 두 가지 위기를 함께 일컫습니다. 기후 위기는 흔히 하나의 기후 현상 정도로만 보는 경향이 있는데, 오직 기후변화라는 과학적 현상 그 자체만 놓고 보면 그렇습니다. 하지만 현실에서는 매우 전방위적으로 인류와 자연 모두에게 영향을 끼치는 현상이란 점에서 그 위험성이 중대합니다.

기후변화는 오늘날 '기후 위기'라는 말로 더 자주 불립니다. 왜 그럴까요? 그것이 가져왔거나 가져올 피해와 영향 때문입니다. 폭염, 가뭄, 산불, 태풍, 홍수, 해수면 상승 등은 이미 많은 피해를 유발했습니다. 2019~2020년에 걸쳐 나타난 거대한 호주 산불과 미국 캘리포니아 지대에서 2010년대 이후에 벌어진 산불이 대표적 사례입니다. 2019년에는 러시아에서도 대형 산불이 일어나 큰 피해를 일으켰습니다. 방글라데시를 비롯해 2020년 남아시아 지역의 홍수도 생각날 것입니다. 프랑스, 독일 등 선진국도 기후 위기를 피해갈 수 없었습니다. 2003년에 이은 2019년 유럽의 홍수가 그것입니다. 가뭄과 태풍 등 기후변화에 따른 피해 사례는 전 세계적으로 수없이 많습니다. 이런 사태는 이른바 '기후 난민'을 낳고 있습니다.

과학자들은 2020년 1월 이후 세계를 휩쓴 글로벌 감염병도 기후변화에서 그 원인을 찾습니다. 《탄소 사회의 종말》의 저자인 조효제 성공회대 교수도 코로나19에 따른 팬데믹을 "기후변화와 깊이 연결된 현상"으로 봅니다. 산림 벌채, 광산 개발, 댐 건설, 도로 개통, 신도시 건립, 축사 조성 등으로 야생동물의 서식지가 파괴됐고, 이런 파괴가 생물 다양성 감소로 이어지면서 코로나19 같은 병원체가 퍼지도록 했다는 것입니다. 이 견해에 전적으로 동의하지는 않아도, 인간의 무차별적인 자연 파괴가 코로나19 팬데믹을 불러왔다는 것에는 대체로 이견이 없습니다.

인간은 특히 20세기 중반 이후 지구에 "지질학적 규모의 지울 수 없는 흔적"을 남겼는데, 그 흔적은 "돌이킬 수 없는 결과"를 낳아 새로운 지질시대가 도래하게끔 했습니다. 학자들은 이런 시대를 '인류세' 시대라고 칭합니다. 인류세는 노벨화학상 수상자인 대기화학자 파울 크뤼첸이 2000년에 제안한 용어입니다. 현재의 지질연대인 홀로세를 인류세로 대체하자며 꺼낸 개념이지요. 인류가 자연환경을 훼손함으로써 지구 시스템의 대혼란과 더불어 인류의 생존 자체를 위협하는 심각한 반격을 유발한다는 담론입니다. 이 담론의 주창자들은 대체로 산업혁명을 인류세 시작점으로 보며, 1950년대 이후를 '(인류세의) 대가속화 시기'라고 합니다. 대량생산·대량소비의 경제 체제가 지구 자원의 소비량을 지속해서 높였고, 이에 따라 발생한 폐기물이 폭발적으로 늘면서 지구 환경이 부담할 수 있는 '행성적 한계'를 벗어난 상황이라는 진단입니다. 기후 위기는 인류세의 구체적이고 대표적인 현상입니다. 이는 화석연료에 의존하는 에너지 체제인 탄소자본주의가 만들어낸 결과이자 위협이지요.

대한민국 환경부가 2020년 7월 발표한 〈한국 기후변화 평가보고서 2020〉은 이런 지구적 현상을 한반도의 맥락에서 이해할 수 있는 보고서입니다. 이를 보면, 1880~2012년 지구의 평균 지표 온도는 0.8도 올랐지만, 1912~2017년 한국에선 약 1.8도 올랐습니다. 기온 상승 속도가 지구 평균보다 2배 이상 가파르다는 것을 알 수 있습니다. 이대로라면 21세기 말에는 한반도의 연중 폭염 일수가 현재 10.1일에서 3.5배 늘어난 약 35.5일이 될 것으로 전망됩니다.

전문가들은 기후변화가 지속하는 한 제2, 제3의 코로나 역습은 언제든, 그것도 더 세고 더 빈번히 올 수 있다고 경고합니다. 이렇듯 기후변화는 인류 전체의 절대적 생존 문제와 직결되며, 그 피해는 코로나 팬데믹의 사례처럼 보건에서 이상기후, 환경, 경제, 정치 등 전면에서 생겨납니다. 이 재난의 희생자 또한 여타 재난과 마찬가지로 사회적 취약 계층에 집중해서 발생합니다. 기후 위기를 두고서 많은 전문가들이 오늘날 인류가 직면한 가장 큰 위험이라고 하는 것은 바로 이런 이유에서입니다.

기후변화만큼이나 가공할 위험이지만 경시되어온 또 하나의 '생태 위기' 이슈가 있습니다. 생태계 파괴, 곧 '생물 다양성 상실' 문제입니다. 이는 기후 위기와 함께 오늘날 지구촌이 직면한 가공할 생태 위기의 두 축 가운데 하나임에도 불구하고 기후 위기와 비교할 때 공론화가 충분히 이루어지지 못한 실정입니다. 지구는 "수많은 생명이 함께 짓는 거대한 그물망"이라고 합니다. 인류는 이 그물망 중 가장 강력한 종이지만, 동시에 숱한 생물과 공존해야만 지속해서 존속할 수 있다는 것이 그동안 과학이 밝혀낸 진실입니다.

생태 위기가 끼치는 영향은 기후 재난에 그치지 않습니다. 불평등을 심화하는 데다, 탄소 통상 시대라는 새로운 경제 질서를 강제하는 등 경제사회 변화의 강력한 동인으로도 작용합니다. 이유진 녹색전환연구소 연구원은 "기후 위기 대응에 관한 국제 흐름은 세계경제와 무역에 새로운 질서를 만들 것"이라고 전망했습니다. 온실가스 배출량이 세계경제와 사회를 움직이는 새로운 기준이 되는 탄소중립 세계체제가 형성될 것이란 의미입니다. 국가별 탄소세 운영 현황을 살펴보면 21개국이 이미 탄소세를 도입하고 있습니다. 유럽연합은 '탄소 국경 조정'으로 수입 상품의 생산과정에서 발생한 탄소에 비용을 부과하는 탄소국경세 도입을 추진하고 있는데, 이르면 2023년부터 적용할 방침이고, 미국도 이를 만지작거리고 있다고 합니다.

다만 우려되는 지점은 새 정부 들어서 생태 위기에 대한 문제 인식이 매우 엷어졌고, 구체적인 정책 방향도 뚜렷하지 않다는 점입니다. 이에 대한 우려가 큽니다. 기후변화와 관련한 탄소중립 정책 방향은 문재인 정부의 기조를 계승하겠다고는 했으나, '과학적인 탄소중립' 정책을 펴겠다는 구호만 있을 뿐, 오히려 퇴조하는 느낌을 지울 수가 없습니다. 예컨대 공약과 달리 현실에서는 "기업 활동에 부담을 주지 않는 선에서 최소한의 감축을 유도하겠다" 하는 기조를 보입니다.[8]

원전 문제도 같은 맥락에서 우려됩니다. 윤석열 정부는 문재인 정부의 탈원전 정책을 폐기하고 원자력 산업 생태계 강화를 120대 국정과제 중 세 번째로 꼽았습니다. 그리고 원전 최강국을 외쳤습니다. 핵 발전 문제는 우리 사회가 매우 신중히 접근해야 할 난제입니다. 이런 난제일수록 공론화와 사회적 합의의 노력을 기울여야 합니다. 국

---

8   권우현, 「윤석열 정부, '기후 위기'를 시장에 맡기다」, 〈프레시안〉, 2022년 6월 15일.

민의 편의와 동시에 안전과 직결되기 때문입니다. 생태 위기라는 메가톤급 실존적 위험을 막기 위해서는 그 어느 때보다 시민의 판단과 목소리, 힘이 필요하다는 점에서 더더욱 그렇습니다.

디지털 전환과 플랫폼 노동의 확산

신불확실성 시대는 대형 위험이 동시다발로 다가와 기존의 묵은 문제와 뒤엉키며 우리를 복합 위험의 상황으로 내몹니다. 이런 복합 위험을 가속시키는 요인 가운데 하나가 바로 흔히 '4차 산업혁명'이라고 일컫는 디지털화입니다. 바로 세 번째 주목해야 할 대형 위험입니다.

디지털 기술 변화는 우리를 비롯한 대부분의 국가들이 직면한 사안으로 위험과 동시에 기회가 공존하는 특징을 갖고 있습니다. 코로나 팬데믹 이후, 다양한 분야에서 디지털화가 가속화하는 가운데 노동시장에서 디지털화가 불안정과 불평등, 양극화를 심화하는 요인으로 작동하고 있는 점에 주목할 필요가 있습니다. 이 위험은 특히 고용시장에 끼치는 영향이 크고 불평등을 심화한다는 맥락에서 특별히 주시해야 합니다.

고도의 디지털 기술은 사물 간의 연결 기술이거나 무수한 관계를 요약하는 기술입니다. 예컨대 빅 데이터와 스마트 기술의 결합은 상당수의 일자리를 대체할 것이라고 전문가들은 전망합니다. 또한 노동시장의 일자리 분포도 바뀌고 있습니다. 고숙련-고임금 일자리와 저숙련-저임금의 일자리로 양극화하면서 중간 숙련의 일자리가 사라진다는 것입니다.

디지털 경제의 가속화는 플랫폼 노동자의 출현 등 불안정한 노동자의 증가를 불러옵니다. 플랫폼 노동자는 자영업자와 노동자의 중간 지위인 '종속성 자영업자' 신분으로 디지털 플랫폼을 통해 노무를 제공하는 사람을 가리킵니다. 다른 말로는 연주자들이 공연(gig, 긱)이 있을 때만 일한다는 뜻으로 '긱 경제 노동자'라고도 합니다. 때로는 자신의 남는 자원(시간과 노동력)을 공유한다는 뜻에서 이런 경제를 두고 '공유 경제'라고도 합니다. 우리 사회에서는 노동자와 자영업자의 중간 단계인 특수고용 노동자가 디지털 플랫폼을 기반으로 일한다는 이유로 '디지털 특고'라고 칭합니다.[9]

이른바 플랫폼 경제 혹은 긱 경제(gig economy), 공유 경제 담론입니다. 비정규직 노동이 일반화하고 단기의 독립적인 계약 노동자가 많아진다는 뜻이지요. 플랫폼 노동 형태는 참으로 다양합니다. 우버(Uber)와 타다(TADA) 같은 승차 공유 플랫폼을 비롯해 배민라이더스 등 배달 플랫폼 등을 떠올리면 이해하기 쉽습니다. 이런 형태의 노동자의 정확한 규모는 전체 취업자의 2~3%로 추정되는데, 점차 확산 추세입니다.

불안정한 단기 노동계약이 상시적으로 반복되는 노동시장의 출현이지요. 기업의 입장에서는 이런 노동시장을 선호합니다. 저비용, 효율성, 규제의 회피 등과 같은 이득을 가져다주며, 특히 사회보장 비용, 보건, 연금, 사무실 임대료 및 기타 사회보험 등과 같은 노동 관련 비용을 줄일 수 있기 때문입니다. 반면 노동자의 입장에서는 현행 사회보장 관련 법의 적용이 이루어지지 않는 사각지대에 놓이게 되어 사회보장의 혜택을 받지 못하거나 권리를 제대로 보호받지 못한다는 문제가 발생합니다.[10] 정규직과 비정규직으로 나뉜 기존 노동시장의 이중구조 속에서 각종 사회보장 혜택에서 배제되는 이들이 크게 늘어난다는 뜻이기도 합니다.

---

9 박태우, 「회색 플랫폼노동」, 〈한겨레 21〉, 2019.
10 여유진 외, 한국보건사회연구원, 2017.

플랫폼을 기반으로 하는 주문형 노동, 유연한 노동은 노동자들은 물론이고 사람들의 삶의 방식을 바꾸고 있습니다. 가령 더 많은 자유를 주기보다는 오히려 노동시간이 저녁이나 밤, 주말 구분 없이 이어지기에 일과 여가 시간 계획 세우기가 사실상 더 어려운 경우도 많습니다. 또한 단체교섭을 통해 자신의 권익을 찾는 과정이 없어 기업 복지는 물론 국가 복지의 혜택조차 받을 수 없기 십상입니다. 이는 다시 말하면 전통적인 사회정책 제도로는 이들을 제대로 보호할 수 없고 그들의 권리를 제대로 보장할 수 없다는 것이지요. 플랫폼 노동자들은 대체로 정규직 노동에 기반을 둔 공적 사회보험제도의 보호에서 원천적으로 배제될 가능성이 크며, 이는 필연적으로 불평등을 심화합니다.

포스트 코로나 시대의 새로운 세계화와 국제질서

앞서 열거한 이들 세 가지 대형 위험 외에도 오늘날 지구촌에서는 한반도에 끼치는 크고 작은 변화가 많이 일어나는 중입니다. 그중 하나가 새로운 세계화 양태와 러시아의 우크라이나 침공 이후 글로벌 질서 변화입니다.

세계화라고 하면 우리는 흔히 국경을 가로지르는 상품과 서비스의 이동을 떠올립니다. 이는 정확히 말하면 무역 세계화입니다. 세계 무역은 1980년대 이래 세계 성장보다 50% 더 빠를 정도로 엄청나게 늘었습니다.《세계화와 그 불만》의 저자인 조지프 스티글리츠 미국 컬럼비아대 교수는 무역 세계화란, "남들을 희생시키면서 일부에게 이득을 안기기"라고 규정했습니다. 미국을 비롯한 선진국들에게 유리하고, 개발도상국과 후진국에 불리한 세계화라는 게 그의 불만입니다. 그는 또한 세계화가 선진국에서도 자본가에겐 유리하고 노동자에겐 불리하게 작동한다고 지적합니다. 맨 꼭대기에 있는 이들은 세계화의 과실 대부분을 차지하고 나머지 사람들, 특히 가장 취약한 사람들은 더 힘들게 살게 되는 결과를 낳고 있다고 불만을 제기합니다.

금융자본주의가 고도로 발전하면서 세계화는 자본의 세계화를 뜻하게 되었습니다. 자본의 세계화는 불균형을 특징으로 합니다. 오늘날 자본은 이익을 찾아 너무나 빠른 속도로 끊임없이 움직입니다. 은행 기술의 발전, 금융 규제 완화, 돈을 해외로 오가게 하는 전환 시스템 등이 이런 속도와 전개가 가능하도록 큰 구실을 했습니다.

그런데 팬데믹 이후, 새로운 세계화의 양태가 나타납니다. 바로 노동의 세계화입니다. 자본에 비해 노동은 이동이 덜 자유롭습니다. 보통 노동자들은 자신이 거주하는 지역이나 국가라는 울타리를 벗어나기가 쉽지 않습니다. 그런데 팬데믹 이후 디지털화가 급속도로 진전되면서 노동이 점차 글로벌화하고 있습니다.

원격근무를 가능하게 하는 기술 등 첨단 기술은 이런 노동의 세계화를 촉진하는 주요한 기능적 기제입니다. 기술은 팬데믹 이전에도 있었지만, 코로나 팬데믹은 결정적으로 일상적인 노동에서 급속히 이런 상황 변화를 가능케 했습니다. 팬데믹 이전에 회사와 노동자들은 일이란 것은 사람이 실제 공장이나 사무실 등 특정 현장에서 현존하면서 이루어지는 것이라고 여겼습니다. 하지만 이제 더는 그렇지 않습니다. 이제는 세계 어디서든 인터넷 접속이 가능한 곳이라면, 노동을 할 수 있습니다. 바야흐로 노동의 세계화 시대입니다.

러시아의 우크라이나 침공으로 국제질서도 큰 변화를 맞고 있습니다. 제2차 세계대전 이래, 자본주의와 공산주의 세계로 양극화한 냉전 이후 지난 30여 년간의 세계질서는 미국이 주도하는 자유시장주의 규칙에 기반한 세계였습니다. 이는 냉전 시대의 미-소 양극 체제나, 제2차 세계대전 이전의 여러 열강이 대결과 분쟁을 벌였던 체제와 구분되는 세계입니다. 이 체제는 다자적인 제도와 규칙에 기반해 있지만, 본질적으로는 패권적 힘을 가진 미국이 유지해온 질서였습니다.

전문가들은 러시아의 우크라이나 침공이 러시아가 미국 중심의 질서를 '변경'하고자 하는 의지에서 비롯된 것이라고 진단합니다. 이들은 향후 세계가 러시아와 잠재적 협력자 관계인 중국과 미국을 중심으로 하는 세력이라는 두 개의 진영으로 나뉘게 될 것이라고 다소 성급한 결론을 전망합니다. 상당수 언론은 이런 국제질서를 두고 '신냉전'이라고 규정짓습니다. 새로운 철의 장막이 지구촌에 형성되고 있는 형국이라고 할 수 있지요.

미국과 영국, 독일 등 동맹국들은 러시아에 대한 수출 봉쇄, 국제금융시장에서 러시아 국채 관련 거래 금지 등을 통해 블라디미르 푸틴 러시아 대통령의 돈줄을 막는 등 전례 없는 제재에 나섰습니다. 중립국 스웨덴과 핀란드가 나토(NATO, 북대서양조약기구)에 가입을 논의하는 풍경도 나타납니다.

일각에서는 러시아가 세계경제에서 차지하는 위상이 크지 않아 이번 사태가 세계경제 변동에는 큰 영향을 주지 않을 것이라고 말하기도 합니다. 러시아의 국내총생산은 글로벌 GDP의 3%(구매력 기준)에 불과하고, 수출은 지구촌 전체의 2% 수준에 불과하다면서요. 하지만 이런 통계만으로 쉽게 결론 내릴 일은 아닙니다. 한국은 특히 그렇습니다.

러시아는 중요한 원자재 공급처로 한국의 중요한 교역 상대국입니다. 미국의 러시아 제재 패키지는 모스크바의 은행, 기술 및 항공우주 부문 등을 목표로 하는데, 여기에 우리의 수출 주력 상품인 반도체가 포함되어 있습니다. 이미 미국의 러시아 경제 제재로 인해 국내 기업들이 직간접적으로 피해를 입는 사례가 조금씩 생겨나고 있습니다. 포스코인터내셔널을 비롯해 우크라이나 현지에 진출한 기업들의 경우, 사업에 차질이 빚어지고 있는 것으로 파악됐습니다. 전쟁이 길어지면 반도체를 비롯한 자동차 등의 수출도 영향을 받게 될 것입니다. 2022년 1월 기준, 현대자동차, 삼성전자, 엘지(LG)전자 등 약 120개 우리 기업이 러시아에서, 그리고 13개 기업이 우크라이나에서 사업을 하고 있습니다.

서두에서 조금은 길게 러시아의 우크라이나 침공을 언급한 이유는 21세기 지구촌에서는 늘 우리가 통제하거나 예상치 못한 전쟁 같은 대형 돌발 사태가 이전보다 더 다양하고 더 빈번하게 발생한다는 이야기를 하기 위해서입니다. 즉, 이전보다 세계의 질서와 경제 등은 불확실성이 매우 높아진 것이지요. 코로나 팬데믹의 사례에서 보듯 오늘날 세계는 이전보다 더욱 긴밀하게 상호 연결되어 있기에, 어떤 사태가 발생하면 그 파장이나 영향이 국지적인 규모에 머무르는 것이 아니라 지구촌 전체로 확대되는 일이 비일비재해졌습니다. 사건과 사태의 파장도 안보나 경제에 국한하는 것이 아니라 전방위적으로 영향을 끼칩니다.

러시아의 우크라이나 침공은 단지 먼 나라에서 그저 지켜보기만 하면 되는 전쟁이 아닙니다. 우리의 경제와 생활, 삶에도 직접적인 영향을 주는 위기이기 때문입니다. 외교안보는 물론이고 경제사회와 때로는 일상에 영향을 끼치는 요소이지요. 이번 상황이 어떻게 끝나고, 어떤 파장을 낳을지 쉽게 예측할 수는 없지만, 분명한 것은 이 침공으로 인해 유럽은 이 글을 쓰는 이 순간에는 적어도 제2차 세계대전 이래 "가장 어두운 순간"을 맞이하고 있습니다.

저출산 고령화 시대의 1인 가구 증가

한 사회의 변화를 주시할 때 절대 빠뜨릴 수 없는 요소는 인구입니다. 복합 위험의 신불확실성의 시대, 우리가 직면한 네 번째 위협은 인구 변화입니다. 흔히 '저출산 고령화'로 표현되는 우리 사회의 해묵은 난제로서 백약이 무효할 정도로 난제 중의 난제입니다. 최근 독일의 유명 주간지인 〈슈피겔〉이 「아이 없는 나라(Land ohne Kinder)」라는 제목의 기사로 한국의 저출산 상황을 짚기도 했습니다. 이 주간지 기사의 제목이 시사하듯 대한민국의 인구 문제는 세계적인 기준에서 봤을 때도 최악입니다.

우리나라 출산율은 세계에서 가장 낮습니다. 한국은 경제협력개발기구 소속 38개 회원국 가운데 유일하게 합계출산율이 1명 이하로 떨어진 나라입니다. 1960년도엔 합계출산율이 6명에 이르러 가족계획 사업을 하던 나라가 반세기 만에 역대 최저치(2021년 기준 0.81명)를 나타냈습니다. 2022년에는 이 비율이 0.7명대로 떨어질 것이라는 전망이 나옵니다. 이 때문에 한 해에 태어나는 사람보다 죽는 사람이 더 많은 상황이 올해도 이어질 것으로 예측됩니다.

저출산은 곧 고령화 현상으로 연결됩니다. 2025년에는 65세 이상 노인인구가 20%를 차지해 우리 사회는 초고령사회에 진입할 것으로 예상됩니다. 노인인구가 천만 명인 '노인 시대'가 되는 상황을 목전에 둔 것이지요. 이로써 생산가능인구는 이미 2020년을 기점으로 축소되는 등 저출산 고령화 문제는 다양한 경제사회적 현상을 낳는 중입니다. 실버 세대의 증가는 정치에도 영향을 끼칩니다. 이름하여 '실버 민주주의'로, 정치권이 노인 계층을 중시하는 공약과 정책에 치중하는 현상입니다. 저출산 고령화가 단순히 인구 문제만이 아니라 정치·경제·사회적인 현상으로 이어지는 것입니다.

저출산 고령화라는 해묵은 인구 난제를 안고 있는 가운데, 우리가 반드시 주목해야 할 또 다른 인구 변화가 있습니다. 바로 1인 가구의 급증입니다. 한국은 저출산 고령화의 사례에서처럼 인구구조의 변화가 참으로 가파릅니다. 1인 가구의 급증은 여러 의미를 띠는

데, 그중 하나는 가족이 더는 보호망이 되기 어렵다는 사실을 의미합니다. 통계청 자료를 보면, 2018년 기준 1인 가구 비중은 전체 가구의 31.7%에 이르렀습니다. 2047년에는 37.3%로 오를 것으로 추정됩니다. 세대별로 보면 20대 1인 가구가 19.1%에 이르고 그 뒤로 30대와 50대, 60대의 순입니다. 이런 가구 구성은 삶의 양태 등에도 영향을 끼칩니다. 즉, 기존의 사회정책으로는 변화한 사회 구성원들의 다양한 욕구를 충족시킬 수 없습니다.

3. 대전환기, 사회정책과 복지국가의 틀을 새로 짜자

흔히 '복지'로 총칭되는 사회정책은 인간이 직면한 사회문제에 따른 위험, 즉 사회적 위험에 대응해 삶의 안전을 보장해주는 제도적 장치를 일컫습니다. 우리는 살아가면서 참으로 많은 사회적 위험을 맞닥뜨립니다. 영아사망률이 높던 시절에는 태어나는 과정 자체가 위험이었지요. 태어난 뒤에는 인간다운 삶을 위협하는 더 많은 위험들이 존재했습니다.

사회정책은 인간이 생애주기에 따라 겪게 될 수도 있는 사회적 위험 가령 빈곤과 실업, 질병, 산업재해 등 에 맞서 사회보험 등과 같은 각종 사회보장제도를 통해 시민의 더 나은 삶을 보장하는 정책입니다. 이런 사회정책을 통해 국민의 소득과 필수 사회서비스의 최저선을 보장하는 국가가 복지국가입니다.

사회정책이란 말은 19세기 후반 독일에서 산업화 과정 중 발생하는 노동문제를 해결하기 위한 정책을 추진하는 과정에서 최초로 사용한 뒤로, 오늘날 복지국가에서는 핵심 정책으로 여겨집니다. 초기에는 단순히 빈민 구제나 빈곤 해결에 초점을 두었으나 점차 소득보장과 필수 사회서비스 보장으로 확대되었고, 이후 교육, 노동(일자리), 주거 등으로 그 범위가 더욱 확장되어왔습니다. 시대에 따라 위험 요소가 달라지거나 특정한 위험 요소가 커지는 만큼 사회정책의 포괄 범위도 그에 맞춰 달라지거나 확장된 것이지요. 사회정책은 오늘날 선진 복지국가에서 국민의 더 나은 삶과 자유, 안정과 안전을 보장하는 핵심 수단입니다.

문제는 사회정책과 복지국가의 재구조화

스웨덴의 유명 사회정책학자인 요아킴 팔메는 2019년 서울에서 열린 사회보장위원회 주최의 '사회보장의 미래' 국제학술심포지엄에 참석해 오늘날 세계 각국이 겪는 사회보장제도의 도전을 두고 이렇게 열거했습니다. 그는 오늘날 세계 각국의 사회보장제도가 직면한 위험 요소로 불안정한 세계경제, 불안정한 세계 정치, 불평등, 저출산 고령화, 기후 위기를 꼽았습니다. 당시 필자가 사회를 본 이 심포지엄에서 그는 이런 위협과 도전에 맞서 사회보장 시스템, 나아가 복지국가의 재구조화가 불가피하다고 주장했습니다.

덴마크 출신의 복지국가 연구자인 에스핑 안데르센은 사회적 위험을 크게 세 가지로 구분했습니다. 어릴 때부터 청장년을 거쳐 노인이 될 때까지 누구나 겪을 수 있는 질병과 실업, 노령 등의 '생애주기 위험', 사회계층 사이 부의 불균등한 분배를 뜻하는 '계급 위험', 그리고 세대를 넘어 상속되는 불이익 등 '세대 간 위험'이 그것들입니다.

그는 사회정책의 우선적 목표는 이런 사회적 위험으로부터 시민을 보호하는 데 있으며, 복지국가란 사회정책을 통해 사회적 위험에서 시민의 행복과 삶의 질을 보장하는 국가체제라고 여겼습니다. 사회적 위험은 시대와 환경의 변화로 인해 변형되거나 새롭게 창출됩니다. 이에 조응해 사회정책 기능과 복지국가 역할도 확장되어온 것이지요. 앞서 언급한 오늘날 우리 사회와 지구촌이 직면한 메가톤급의 복합 위험은 시민의 삶의 안정과 안전을 위협하고 있습니다. 코로나 팬데믹의 사례처럼 이들 대형 위험들은 전례 없이 동시다발적·복합적으로 전개되기 때문에 사회정책 차원의 대응이 중요하고 절실합니다.

한국 사회는 가뜩이나 저출산 고령화에 양극화라는 해묵은 난제를 안고 있는 데다, 디지털 전환과 기후 위기 등 생태 위기, 그리고 이를 대응하는 과정에서 발생하는 새로운 위험들까지 쓰나미처럼 다가온 형국이므로 사회정책의 중요성이 더욱 큽니다. 문제는 사회정책이 이들 시민의 삶과 안전을 보장한다는 목표와 목적을 충분히 달성하지 못함으로 인해 수많은 이들이 고통 속에 놓여 있다는 사실입니다. 우리 사회가 사회정책과 복지국가의 틀을 새로 짜야 할 이유입니다.

대형 복합 위험이 전개되는 현시대를 두고, 우리 사회는 언젠가부터 '대전환기'라고 지칭하고 있습니다. 어떤 이는 '대변동'이라고도 하고 '대분기'라고 칭하는 이도 있습니다. 어떻게 부르든 간에 우리 사회와 지구촌이 어느 때보다도 대격변을 겪고 있다는 의미에서는 모두 다 같은 말입니다. 환경이 변하면 우리의 대응도 달라져야 합니다. 대전환기의 대형 복합 위험에 해묵은 난제까지 안고 있는 우리는 이제 이 문제들을 직시하고 근본적이고 구조적인 개혁이라는 행동으로 현실을 개선해나가야 합니다.

한국 사회정책의 압축 성장과 한계

한국인의 특성을 말할 때 상투적이긴 해도 누구나 고개를 끄덕이는 사항 가운데 하나가 '빨리빨리' 문화가 아닐까 싶습니다. 비단 이런 속성은 사람만의 특성은 아닌 듯합니다. 나라 정책에서도 그런 모습이 보입니다. '한강의 기적'이라고 불리는 우리 사회의 경제성장 신화는 대표적인 초고속 압축 성장의 사례입니다. 비단 경제성장뿐만이 아닙니다. 사회정책 분야의 발전도 크게 다르지 않았습니다.

후발 주자로서 한국은 경제개발 일변도의 정책을 추구하다 1998년 IMF 경제위기를 맞으며 뒤늦게 사회정책에 눈을 뜨게 되었고, 그 뒤로 우리의 복지제도는 압축 성장을 거듭해 오늘에 이르렀습니다. IMF 경제위기 이전에 시민의 복지는 곧 성장과 이를 통해 마련된 일자리였습니다. 경제성장이 일자리를 만들고 이렇게 만들어진 일자리가 비록 저임금이나마 지속적으로 소득을 보장해 시민들의 생계를 보장했습니다. 공적 복지제도가 제대로 구축되지 않았어도, 시민들은 그럭저럭 생계를 이어나가거나 이전보다 더 나은 삶의 질을 이룰 수 있었습니다. 한국 경제의 초고속 성장과 발전 과정에서 흘렀던 낙수를 받으며 각자도생의 삶을 이어나갔던 것입니다.

하지만 1998년 전대미문의 IMF 경제위기는 사회정책을 통한 복지제도의 구축이 이루어지지 않았을 때, 국민의 삶이 국내외의 충격에 얼마나 취약한지를 적나라하게 보여주었습니다. IMF 경제위기는 수많은 기업을 도산하게 했고, 심지어 은행원 등 중산층의 삶도 안전하지 못하다는 것을 보여주었습니다. 당시 공식적으로 일자리를 잃은 사람만 128만 명에 이릅니다.

이런 상황은 역설적으로 사회정책의 중요성을 체감하는 계기로 작용했습니다. 실제로 이 당시 기초생활보장제도가 도입되고 국민연금, 고용보험 등 사회보험제도가 확대되는 등 많은 사회보장제도가 새롭게 도입되거나 확충 혹은 개혁됐습니다. 이후 사회정책은 진보와 보수 정부 간의 정권 교체와 상관없이 지속적으로 확대됐으며, 문재인 정부에서도 전체 복지 지출이 증가하고 아동수당 도입처럼 제도가 확대되는 등 사회정책의 상당한 확충을 이루어나가는 기조가 이어졌습니다.

그럼에도 불구하고, 팬데믹 상황에서 보았듯이 여전히 많은 이들이 복지제도의 사각지대에 놓여 있어 제때에 충분한 안정과 안전을 보장받지 못하는 실정입니다. 해묵은 난제인 저출산 고령화와 양극화를 해결하지 못하고 있는 데다 디지털 전환과 생태 위기 등 새롭게 다가온 메가톤급 위험에 맞서 시민을 보호하기엔 여전히 우리의 사회정책은 너무나 역부족입니다. 이 책에서는 나라는 선진국 클럽에 들어갈 정도로 부유해졌는데, 정작 정부는 가난하고, 정부가 가난하니 개별 시민 또한 불안하고 가난하다고 진단합니다. 이 책의 핵심적 메시지입니다.

흔히 나라와 정부를 같은 개념으로 이해하는데, 어원에서나 실제 용례에서나 엄연히 그 뜻이 다릅니다. 국가를 뜻하는 영단어는 'state'입니다. 이 단어는 라틴어의 'status'에서 유래했는데, 지위나 상태를 뜻하는 말이었으나 이후 배태적인 영향력의 범위를 가리키는 통치의 단위란 의미가 더해졌습니다. 반면 정부는 영단어로 'government'로 '키를 잡고 배를 조종하다'라는 그리스어 'kubernáo'를 라틴어로 옮긴 말이라고 합니다. 즉, 공동체를 이끄는 정치 리더십이나 그런 리더십의 조직체를 뜻합니다. 정치학자 박상훈은 주권 개념으로 보면, 국가는 주권의 대외적 측면을, 정부는 주권의 대내적 측면을 가리킨다고 구분합니다.

'대한민국'은 우리의 국가를 가리키는 이름입니다. 박정희 정부, 김대중 정부, 노무현 정부, 이명박 정부, 박근혜 정부, 문재인 정부는 대통령의 이름을 붙여 부르는 정부의 이름이지요. 대한민국은 세계 10위권의 경제 강국이 되었고, 역대 정부의 살림은 비록 이전보다 커졌지만, 다른 선진국들과 비교하면 전체적으로 여전히 그 규모가 작은 편입니다. 더욱이 시민의 삶의 질과 안정, 안전을 위해 쓰는 돈은 턱없이 부족합니다. 나라는 부유한데 시민은 불안하고 행복하지 못한 이유이기도 합니다.

지난 대선 기간 동안 대선 후보와 정치권, 시민사회 등은 우리 시민의 삶의 질을 높이고, 더 나은 자유와 더 나은 안정과 안전을 보장하는 사회정책과 복지국가의 비전과 대안, 나아가 정부의 살림살이를 어떻게 늘릴 것인가를 놓고 숙의해야 했습니다. 그러나 현실은 그러기는커녕 최소한의 공론조차 전개하지 못했습니다. 하지만 이제라도 우리 사회가 이 부분에 주목해야 할 것입니다.

생태 위기 시대, 새로운 사회정책을 위한 질문

앞서도 여러 차례 언급했지만, 오늘날 우리가 직면한 위험은 이전과는 근본적으로 다른 층위의 위험입니다

특히 그중에서도 다시금 강조하고 싶은 위험은 생태 위기입니다. 생태 위기는 "모든 사람의 삶의 질을 떨어뜨리는" 전방위적 대형 위험입니다.

호주나 미국 캘리포니아의 초대형 산불, 독일 등 유럽의 홍수, 무엇보다 치명적인 감염병의 대유행 등 잇따른 재난은 생태 위기가 '지금 여기'의 일이며, 지구촌 그 누구의 삶도 이 위험에서 자유로울 수 없다는 것을 보여주었습니다. 생태 위기는 자연의 위기로 나타나지만, 그 원인은 자연적인 것이 아니라 인간이 만든 것이며, 특히 그 구체적인 위험의 피해는 지극히 '사회적인 것'이란 점을 분명히 알아야 합니다. 따라서 생태 위기 대응은 결코 환경문제란 틀로만 볼 수 없으며, 그래서는 이 문제를 풀 수도 없습니다.

우리가 살아가는 이 세상은 생물과 비생물이 그물망처럼 연결돼 공존하는 하나의 생태계입니다. 따라서 "자연을 파괴하는 것은 인간을 파괴하는 것이며, 생태계를 지키는 것은 바로 우리를 지키는 것"입니다. 이런 맥락에서 녹색 전환과 '생태와 조화를 이루는 복지', 즉 생태복지(ecowelfare) 혹은 녹색복지(green welfare)란 개념이 필요합니다.

디지털 전환의 끝이 어디까지일지 가늠조차 할 수 없을 정도로

기술 발전의 속도는 너무나 현란합니다. 인공지능과 가상현실의 세계가 우리에게 어떤 위험과 기회를 줄지 한편에서는 두려움이 다른 한편에서는 기대감이 교차하기도 합니다.

4. 이 책의 구성에 대하여

복합 위험의 신불확실성 시대는 구체적 현실입니다. 지금 이 글을 집필하는 순간에도 변화가 숨 가쁘게 이어지고 있습니다. 이런 변화의 시대에 우리 사회는 무엇을 해야 할까요? 이들 위기에 맞설 효과적인 사회정책 비전과 대안은 무엇일까요?

이 책은 우리 사회의 이와 같은 핵심 질문에 대해 복지학계나 지식인들뿐만이 아니라 대한민국 시민과 함께 의견을 나누자는 취지로 기획됐습니다. 특히 이 시대의 사회정책의 핵심 의제와 이들 문제를 풀기 위한 나름의 답을 함께 고민해보자는 취지에서 김용익 교수님을 중심으로 여럿이 뭉쳤습니다.

먼저 제가 질문을 던지고 김용익 서울대 의대 명예교수가 답했습니다. 이 책의 1~4부가 그것인데, 이 책의 핵심 부분입니다. 다양한 국정 경험으로 사회정책 분야에 대한 식견을 벼려온 대표 저자인 김용익 서울대 의대 명예교수의 시대 인식과 처방을 접할 수 있는 좋은 기회가 될 것입니다.

김 교수는 특히 1부 1장 '지나간 시대, 왜곡된 국가의 역할을 돌아보다'에서 박정희 시대에 설정된 국가의 역할이 역대 모든 정부에서도 기본적으로 변하지 않고 강력하게 살아 움직이고 있음을 밝혔습니다. 1부 2장 '새로운 시대, 국가의 역할에도 '뉴노멀'이 필요하다'에서는 한국 정부가 가난한 이유와 그로 인해 야기되는 여러 경제·사회 문제들을 언급했습니다. 2부 3~6장에서는 풀리지 않은 오랜 문제이지만 반드시 풀어야만 할 '양극화', '저출산', '고령화' 문제가 왜 생겨났고, 어떻게 풀어나가야 하는지에 대해서 답했습니다.

한국의 양극화는 국가가 역할을 제대로 하지 않아 생긴 아주 대표적인 문제입니다. 저출산 문제는 아이를 낳을 수 있는 여건을 만들어주기 위해 정부가 우리 사회의 각 부문을 종합적으로 보아야 합니다. 우리나라 현대사와 궤적을 같이 하고 있는 고령화 문제는 도전 과제이기 때문에 제대로 해결해나가면 우리 사회가 더 발전할 수 있는 계기가 됩니다.

3부에서는 우리나라 사회보험이 왜 미숙한 상태로 지금까지 왔는지, 그리고 앞으로 설정되어야 할 방향은 무엇인지에 대해서 말했습니다. 마지막 4부에서는 우리나라가 복지국가를 달성하기 위해 정치사회적으로 바뀌어야 할 내용을 밝혔습니다.

문답에 더해 보론으로 '복지국가 건설을 위한 세부 실현 전략'이 책의 말미에 추가됐습니다. 이 어려운 과제는 김태일 고려대 교수가 기꺼이 맡아주었습니다. 김 교수는 우리나라에서 복지 재정의 여력이 충분한 이유를 재정전문가의 시각으로 설득력 있게 펼쳤고, 그 실행을 위한 거버넌스 구축 방안을 구체적으로 논했습니다.

이 책을 접하는 독자들은 지금까지 막연하게 인식했던 국가, 정부, 그리고 국민의 삶이 왜 지금의 자리에 있게 되었는지 그 원인과 배경을 하나의 맥락으로 이해하게 될 것입니다. 그리고 앞으로 나아가야 할 좌표를 다시금 생각하게 될 것입니다. 그렇기 때문에 이 책은 많은 분에게 적지 않은 의미와 울림을 줄 것이라 믿어 의심치 않습니다.

사회정책의 비전과 대안은 몇몇 학자의 전유물일 수 없습니다. 이 책을 바탕으로 삼아 앞으로 사회정책을 놓고 다양한 공론의 장이 출현하고 활성화하길 꿈꿉니다. 대전환기의 사회정책은 이렇듯 시민이 함께 머리를 맞대고 숙의하는 과정을 통해 만들어져야 합니다. 그래야 비로소 새롭고, 힘 있고, 현실적으로 수용 가능하며, 지속적으로 작동 가능한 사회정책 비전과 대안이 모색되고 폭넓은 공유가 가능해질 수 있을 것입니다. 그런 맥락에서 노무현 전 대통령 님의 말씀을 떠올리며 글을 맺을까 합니다. "민주주의의 가장 큰 보루는 깨어 있는 시민의 조직된 힘입니다. 이것이 우리의 미래입니다."

참고문헌

- 이정희·한재각·박제성 외,《기후 위기와 일의 세계》, 한국노동연구원, 2021.
- 이태수·이창곤·윤홍식 외,《성공한 나라 불안한 시민》, 헤이북스, 2022.
- 정홍원 외,《미래 사회변동이 사회복지 영역에 미치는 영향과 변화 예측 연구》, 한국보건사회연구원, 2021.
- 정희성·정회석,《기후변화의 이해》, 환경과문명, 2013.
- 조천호,《파란하늘 빨간지구》, 동아시아, 2019.

1부

다시, 국가의 역할을 묻는다

1장

지나간 시대, 왜곡된 국가의 역할을 돌아보다

오늘을 두고서 언젠가부터 코로나 팬데믹, 인공지능, 기술 혁신, 미중 전략 경쟁, 기후 위기 등 대형 위험과 도전이 한꺼번에 몰려온 대전환기라고 부른다. 국민의 삶과 국가의 위상을 고려했을 때 국가를 운영하는 주체들은 물론이거니와 대한민국 국민들 역시 저마다의 위치에서 많은 고민이 있을 것이다. 지난 5월, 새로운 정부가 출범했다. 2022년 대선은 어떤 의미의 대선이었나?

두 가지 측면에서 생각해볼 수 있다. 첫째는 '촛불 혁명'에서 기대했던 부분이 문재인 정부 동안 충분히 이루어지지 못했음을 보여주는 대선이라는 점이다. 둘째는 포스트 코로나 시대를 어떻게 준비할 수 있는지, 즉 위기와 대전환의 시대에 정부의 역할 설정은 어때야 할지를 다시 생각해보게 되는 선거였다는 점이다.

우선, 촛불 혁명 이후의 기대감이 좌절된 부분을 살펴보자. 촛불 혁명에 담긴 민심은 두 가지로 요약된다. 하나는 불의에 분노하며 그

것을 척결하자는 요구이다. 이를 위해 국민들은 근본적인 개혁을 요구했다. 정의로운 세상을 만들기 위해서는 권력 개혁이 가장 중요하다. 권력 개혁이 이루어져야 권력이 제 기능을 해서 정당정치가 발전하고, 그것을 토대로 국민을 위한 좋은 정책들이 나오며, 궁극적으로는 새로운 세상을 만들 수 있다. 문재인 정부 시절 이 부분에서 일정한 진전이 있었지만 완성되지는 못했다. 촛불 혁명에 담긴 또 다른 민심은 내 삶을 더 낫게 해달라는 요구였다. 하지만 이 역시 부족한 부분이 많았다. 2010년 무렵부터 인터넷 커뮤니티들을 중심으로 유행하기 시작했던 '헬조선'이란 말은 한국 사회가 안고 있던 갖가지 사회·경제적인 문제들을 총칭한 것이었다. 과연 현재의 대한민국은 '헬조선'으로 호명되던 시절에서 크게 벗어났는가? 촛불 혁명을 동력으로 탄생한 정부로서 문재인 정부가 국민의 삶이 처한 문제들을 확실히 풀었어야 했는데, 결과적으로 그러하지 못했다. 사회정책 분야에서 오랫동안 일해온 입장에서 이런 상황을 굉장히 안타깝게 생각한다.

둘째로 포스트 코로나 시대, 정부의 역할에 관해 이야기해보자. 코로나 팬데믹을 겪으면서 전 세계적으로 정부의 역할에 변화가 필요하다는 생각이 널리 퍼졌다. 정부의 역할에도 '뉴노멀'이 필요해진 것이다. 국민의 삶을 보살피기 위해서는 경제·사회에 대한 국가의 역할이 코로나 이전보다 더 적극적으로 변해야 한다는 것이다. 또한 지금까지는 전혀 다른 과학기술이 만들어낼 새로운 세상에 맞춰 정부의 역할도 변해야 한다는 관점이 떠올랐다. 코로나가 끝나가는 지금, 국가의 역할이 훨씬 전진 배치되는 사회로 세계는 변해가는 중이다. 과거와 같은 '세계화'의 추세도 주춤해져서 개별 국가의 역할이 국민의 삶에서 훨씬 더 중요해지고 있다. 한국에서도 코로나로 인해 소상공인을 비롯해 많은 국민들이 경제적 타격을 받는 과정에서 국민들이 입은 불가피한 피해를 국가가 보상해줘야 한다는 역할론이 강하게 대두되었다.

대선은 국가권력을 다투는 게임인 동시에 국가의 정책과 비전을 놓고 갑론을박이 오가는 자리이자 국민의 더 나은 삶을 위한 공론의 장이다. 대선 기간은 우리 사회의 지난날을 성찰하고 미래의 과제를 생각해보는 시간이기도 한데, 이번 대선의 면면을 살펴보면 그러한 방향과는 거리가 멀었다. 정책은 사라지고 온갖 흑색 비방이 난무하는 상황을 우려하지 않은 국민들은 없었을 것이다. 그나마 제시된 정책 공약들도 인기에 영합한 단편적인 공약이 대부분이었고, '어떤 나라를 만들겠다'라는 국가 비전이 담긴 공약은 없었다.

문재인 정부 사회정책의 성과와 한계

정책이나 비전 제시 등에 있어 부족했던 대선이었다는 지적에 많은 국민이 공감할 것 같다. 작금의 한국 사회에는 여러 난제가 있지만, 가장 시급히 주목해야 할 중차대한 문제는 무엇이라고 보는가?

한국은 일제의 식민 지배, 제2차 세계대전, 6·25전쟁, 베이비붐, 산업화, 도시화를 거치면서 지속적인 인구 변동과 사회 변동을 겪었다. 여기에서 비롯된 문제들이 현재까지 여전히 풀리지 않고 남아서 모든 세대를 괴롭히고 있다. 20대는 학비, 취업, 결혼 등을 고민한다. 어렵게 취업했어도 일자리가 불안하고, 미래가 불투명해서 많은 젊은이들이 장래의 계획을 세우기가 쉽지 않다. 30대에게는 주거 문제가 크다. 소득수준이 낮아서 독자적으로는 자기 집 마련이 어려울 뿐만 아니라 전·월세 비용도 만만치 않다. 어린 자녀의 보육과 교육 문제 또한 주거와 더불어 30대들에게 가장 큰 이슈다. 40대와 50대의 소득수준이 30대보다는 높겠지만 대출금 상환·부담 등으로 자기 집 마련의 어려움이 계속된다. 이때부터 부모님을 모시는 노인 돌봄 문제가 시작된다. 이와 더불어서 성인이 된 자녀가 고등교육을 이어가거나 결혼을 하면 이 무렵 큰돈이 들어간다. 또한 기혼 자녀가 맞벌이를 할 경우 손주를 돌봐주는 보육 돌봄도 하게 된다. 즉, 위로는 부모 부양을, 아래로는 자녀(손주) 부양의 이중 부담을 지는 일도 많다.

60대 이상 노인층은 소득, 건강과 돌봄 등 노후 대책과 관련한 문제가 생긴다. 돌봐줄 자녀가 없을 경우, 노인시설이나 요양병원에 입소, 입원해야 한다는 두려움도 생긴다. 이렇게 각 세대별로 당면한 문제들이 적체되어 있다. 이 문제들을 요약해 표현한다면, '양극화', '저출산', '고령화'에서 파생되는 문제들이라고 할 수 있을 텐데, 과거보다 상황이 훨씬 심각해졌다.

이와 더불어 또 다른 문제가 대두되고 있다. 바로 노동시장의 변화다. 노동시장은 모든 경제정책과 사회정책을 설계하는 기반이기 때문에 노동시장의 동향은 매우 중요하다. 그런데 노동시장에서 새로운 유형의 문제가 생겼다. 전통적으로 노동시장에서의 문제라고 하면 좋은 일자리의 부족, 대기업과 중소기업 및 정규직과 비정규직 사이의 분절적 구조 등을 꼽는다. 그런데 최근 들어서 이른바 '불완전 노동자', 즉 기존의 노동자에 비해 노동자성이 약하면서 자본가성도 일부 띤 노동자 집단이 출현했고, 그 집단의 비중과 영향력이 더 커지고 있다. 미래에는 이런 현상이 더 커질 것이다. 이런 노동문제를 지금까지 우리가 접하고 추진했던 방식으로 해결하기란 쉽지 않다. 지금 한국 사회보장제도의 근간은 큰 틀에서 노동자와 자본가로 구성된 노동시장 구조와 완전고용을 전제로 한다. 19세기에 비스마르크가 사회보장제도를 도입하던 시절의 상황이다. 그런데 새로운 노동자 집단의 등장은 현행 사회보장제도를 다시 생각하게 만든다. 이제 이러한 문제들을 새로운 방식으로, 근본적으로 풀어야 할 시점에 와 있다.

역대 정부가 모두 국민의 더 나은 삶을 위해 국민들이 부딪힌 여러 어려움을 해결하겠다고 선언하며 출범했다. 특히나 문재인 정부의 경우, '촛불 혁명'의 정신을 계승한 '촛불 정부'로서 더 나은 삶을 향한 국민의 갈망을 바탕으로 출범했고, 그 열망이 이루어지도록 일하겠다고 약속했다. 그러나 결과적으로 보면, 나름대로 노력은 했겠지만 썩 만족할 만한 수준의 평가는 받지 못한 것 같다. 문재인 정부의 성과와 한계를 어떻게 보는가?

사회정책의 관점에서 봤을 때 국가 개혁 성취 여부에 대해서는 아쉬운 점이 많다. 문재인 정부는 두 가지 큰 정책을 제시하면서 출범했다. 하나는 건강보험 보장성을 확대하는 '문재인 케어'를 추진하는 것이었는데, 이는 당시 국민들로부터 큰 호응을 얻었다. 그다음으로는 인천공항을 찾아가서 비정규직의 정규직화를 약속한 것이었다. 이것은 노동계의 오랜 숙원이었기 때문에 많은 박수를 받았다. 여기까지는 아마도 많은 국민들이 '역시 촛불 정부로구나' 하는 생각을 했을 것 같다.

그 이후에 연이어서 최저임금 인상이나 노동시간 단축 등 노동계에서 매우 원했던 중요한 정책들을 추진했지만, 이들 정책은 중·소상공인들의 저항에 부딪히게 되었고 여러 어려움이 발생했다. 공공고용의 경우 87만 개의 일자리를 늘리겠다고 공약했고, 특히 돌봄 분야에서 34만 개의 일자리를 늘리겠다고 약속했지만 진척을 보지 못했다. 문재인 케어는 급여 확대에 따른 과잉 진료와 3차병원(대형병원) 쏠림 현상을 만들었다는 비판을 받았다. 방향성이 올바른 정책이라 하더라도 디테일이 떨어지면 의도한 성과를 얻기가 어렵다. 사회정책은 이해관계가 다양하게 얽혀 있기 때문에 정책을 추진하는 주체의 선한 의도와는 무관하게 갖가지 문제가 불거져 나오는 것이 불가피하다.

하지만 정책 집행에서 생기는 여러 반작용이나 부작용을 경우의 수에 넣고 대응책을 마련했어야 했다.

소득주도성장[11]은 좋은 의도였으나 그를 구성하는 요소들이 답보 상태에 들어가거나 지지를 얻지 못하면서 동력을 잃어버렸다. 소득주도성장의 경우에는 경제학자들 사이에서도 동의를 제대로 얻지 못한 것 같다. 2018년에 '혁신적 포용국가론'[12]이 정리되어 발표되었지만 국민적 관심을 크게 끌지 못했고, 이를 알고 있더라도 실현되리라고 기대한 사람들도 많지 않았다. 그 후 2020년 초부터 유행하기 시작한 코로나19 대응이 커다란 경제·사회적 과제로 대두되었다. 온갖 우여곡절에도 불구하고 방역 대책은 높은 평가를 받을 만했다. 2020년 5월, '포스트 코로나' 대책으로 정부가 '한국판 뉴딜'이란 이름으로 정책을 발표했다. 그 시점이 문재인 정부가 국정의 기조를 다시 한번 바로잡을 수 있는 절호의 기회였다는 생각이 든다. 그런데 정책의 내용이 과거와 마찬가지로 경제정책과 산업정책으로만 치우쳤다. 4차 산업혁명으로 경제 전반의 역동성을 촉진하기 위한 '디지털 뉴딜'을 중심으로 한 것이었다. 신재생에너지를 확산하려는 '그린 뉴딜'로 환경문제를 다루기는 했지만, 환경 관련 산업 육성 방향으로 정책이 진행되어갔다.

사회정책은 철저히 소외되었다. 사회적 안전망이라는 이름으로 '전국민 고용보험'과 질병 등의 건강 문제로 근로 능력을 잃은 노동자의 소득을 보전해주는 '상병수당' 두 가지가 거론되는데, 그 자체는 상

---

11 근로자의 소득을 높이면 소비가 지속적으로 증대되면서 경제성장을 유도한다는 이론이다.

12 2018년 9월 '모두를 위한 나라', '다 함께 잘 사는 포용국가'를 사회정책 분야의 국가 비전으로 제시한 것으로서 돌봄, 배움, 일, 쉼, 노후, 소득, 주거, 환경 등에서 국민 전 생애의 기본 생활을 보장하여 국민의 삶을 바꾸겠다는 내용이다.

당한 의미가 있다. 그러나 코로나19 대응에서 공공병원 확대, 방역 대책, 어려운 국민을 위한 소득 보장 등의 종합적 구상은 나오지 못했다. 정치권 일부에서 인적 투자를 대폭 강화하고, 코로나 팬데믹 이후 심화한 불평등 격차의 완화를 추진한다는 목표로 뒤늦게 '휴먼/소셜 뉴딜'이 필요하다는 의견이 나오기는 했으나 별다른 성과 없이 잊혀졌다. 그 이후에 코로나 팬데믹으로 인해 상실된 소득을 보전해주는 정책으로 긴급재난지원금을 두 차례에 걸쳐서 지급했다. 첫 번째 지급은 보편 지급을 했지만, 두 번째 지급의 경우엔 선별 지급을 하게 되는 형태로 귀결되면서 부처별로 상당한 갈등이 빚어졌고 정책이 가진 의미도 많이 퇴색되었다.

청산되지 않은 박정희 시대의 유산

핵심은 국민의 삶을 얼마나 낫게 했는지에 대한 평가일 텐데, 이 부분은 좋은 평가를 얻지 못했다. 그 이유는 문재인 정부가 '혁신적 포용국가론'을 제기할 때 이미 지적했던 것처럼 사회정책의 낙후, 국가 역할이 그렇지 못한 부분이 있었다. 이렇게 스스로 비판하면서도 왜 똑같은 잘못을 반복한 것인가?

현재 한국의 정부 역할, 국가 역할의 모델은 기본적으로 박정희 시대에 설정된 것이라고 볼 수 있다. 그리고 그 역할 모형이 지금까지도 대부분이 살아서 움직이고 있다. 그래서 박정희 정부 때 국가의 역할이 어떻게 설정되었는지를 살펴볼 필요가 있다. 박정희 대통령은 1961년에 군부 쿠데타로 집권해서 18년 동안 군부 권력을 기반으로 독재적·권위주의적 권력을 행사했다. 그 기간에 민주화운동은 강력히 탄압하면서 다른 한편으로는 경제개발을 주도했다.

초창기에는 가발과 신발로 상징되는 경공업을, 70년대 이후에는 정유, 화학 등 중공업을 중심으로 정책을 폈다. 모두가 알다시피 박정희 정부는 경제개발 부분에서 강력한 가부장적 역할을 수행했다. 그 역할을 수행하기 위한 정부조직이 '경제기획원'이었다. 그 당시 가장 부족했던 부분은 자본이었기에 자본동원이 필요했는데, 국내 자본이 없다 보니 한일회담 대일청구권 협정, 서독에 광부와 간호사 파견, 베트남전 파병, 차관 도입 등을 수단으로 자본동원을 했다.

자본에 이어 두 번째로 경제발전을 위해서 필요한 것은 노동이다. 그 당시 대한민국은 생산가능인구가 아주 빠르게 팽창하는 시기였다. 정부 수립 후 바로 시작된 의무교육제도로 거의 모든 청소년에게 기본적인 교육을 시행할 수 있었다. 빠른 속도로 늘어나는 청년층에 의무교육이 결합하면서 초보적 산업 수준에서 요구되는 우수한 노동력을 거의 무한대로 공급해주었다. 이 노동력을 산업 육성에 '효율적으로' 쓰기 위해 여러 가지 조치가 취해졌다. 대표적으로 농촌 인구를 대대적으로 도시에 유입시키는 전략을 썼다. 그 결과가 도시화와 산업화다. 다른 한편으로는 노동운동을 회유하고 억제했다. 노동 동원과 노동 배제의 메커니즘을 동시에 활용한 노동정책이 산업 발전 전략의 하나로써 사용되었다.

경제성장을 위한 세 번째 생산요소는 토지다. 산업 발전 초창기에 토지를 구하기는 그다지 어렵지 않았다. 그러나 점차 도시화와 산업화가 진행되면서 공업단지의 부지 문제, 도시 노동력의 주택 공급을 위한 택지 문제, 사회간접자본 조성을 위한 도로나 항만 등의 토지 수용 문제, 이런 것들 때문에 토지가 부족해지고 결국 부동산 문제가 일어나게 되었다.

이러한 생산요소들을 결합하기 위해 산업조직의 구성이 필요해졌는데, 박정희 정부는 이를 위해 기업을 적극적으로 육성하기 시작했다. 이렇게 만들어진 기업 중 치열한 경쟁에서 살아남아 지속해서 성장한 일부 기업들이 오늘날의 '재벌(대기업집단)'이 되었다. 이런 과정에서 기업들은 정치권력과 밀접하게 유착하면서 '정경유착', '부정부패'라는 상황을 만들어냈다.

박정희 정부의 전략은 상당히 주도면밀했다. 경제성장의 네 번째 요소라고 할 수 있는 과학기술을 육성하기 위해 '한국과학기술연구원'을, 경제정책을 개발하기 위해 '한국개발연구원'을 만들고 해외에 있던 두뇌들을 대대적으로 귀국시키기도 했다.

이러한 정치적인 독재 체제와 경제개발의 정부 주도성을 한 단어로 요약해 '개발독재 체제'라고 부른다. 박정희 정부는 국민이 민주적인 의견을 개진하고 정치 과정에 참여하는 것은 매우 억제하고 탄압했지만, 경제성장 부분에서는 상당한 업적을 남기게 된다. 박정희의 정치는 이런 점에서 명암이 있다. 박정희의 공만 내세우는 것도 잘못이지만, 공을 인정하지 않는 것도 잘못일 것이다.

박정희 정부가 경제성장을 주도해나간 기본적 논리는 '불균등 성장' 전략이었다. 어떤 특정 지역에 공업단지를 지정하여 특정 기업을 유치하고 발전시키면 '낙수 효과(trickle-down effect)'에 따라 전국의 다른 지역이나 다른 계층도 성장의 혜택을 누린다는 것이다. 즉, '아랫목이 따뜻해지면 조금 있다가 윗목도 따뜻해진다'는 논리다. 이런 방식의 경제성장 전략을 구사했기 때문에 먼저 성장을 하고 분배는 나중으로 미루어도 된다는 '선성장 후분배'의 논리가 따라갔다. 경제정책을 우선시하고 사회정책, 즉 복지는 뒤로 돌리는 논리가 당시에는 당연시되었다. '파이를 키워야 나눠 먹을 것이 생긴다'라는 말을 아주 흔히 들을 수 있었다. 경제 우선의 원칙은 박정희 정부의 정부 조직과 활동에도 잘 나타났다. 보건과 복지는 최소한으로, 교육은 어용으로, 노동은 탄압으로, 환경오염은 은폐로 일관했다. 잘 보이지는 않았지만, 박정희 정부는 보건과 복지의 인프라를 철저히 민간 위주로 구성했다. 박정희 정부에서는 정부의 역할 중 하나인 '사회서비스의 제공(provision of service)'이 부재했다.

'사회정책은 부차적이며, 경제정책의 보완적 위치에 있어야 한다', '사회정책의 시행에서 공급 역할은 민간에게 맡겨야 한다'는 생각은 이 시기에 구조화되고 고착화된 것이다. 그때 설정된 국가 모형의 정부 역할은 그 후에도 상당 부분이 계승되었고 경로의존(path dependence)[13]적인 성격을 가지면서 계속되었다. 한국의 경제·사회정책의 중요한 특성은 대부분 이 시기에 형성된 것이고 그 기본적인 '형태'가 다양한 방식으로 지금까지 남아 있다.

방금 박정희 시대에 탄생한 '개발독재 체제'와 그 과정에서 만들어진 한국 사회정책의 특성을 개괄적으로 설명했는데, 그런 특성이 구체적인 개별 정책에서 어떻게 나타났는가?

정치 영역에서 값싸고 질 좋은 노동력을 동원하되 정치적 참여에서는 배제하는 양면 전략을 썼다. 6·25전쟁을 겪은 이후의 강고한 분단 체제에서 어떠한 종류의 '사회주의'도 용납될 수 없었다. 자본주의 사회에서 보편적인 사회민주주의도 성립될 수 없었고, 노동운동의 '정치적 날개(political wing)'[14]는 절대 허용될 수 없었다. 전통적인 '권력자원 이론'[15]은 적용되기 어렵고 복지의 추진 세력은 늘 미약했다.

---

13 과거의 선택이 관성적으로 반복되는 현상. 정치, 경제, 경영, 심리학 등 다양한 분야에서 사용되는 개념이다.

14 노동운동의 목적을 관철시키고자 만든 정치조직을 의미한다.

15 발테르 코르피 스웨덴 스톡홀름대 교수의 이론. 사회민주주의 정당이 강하고 오래 집권할수록 복지국가가 발전되었다는 점을 분석하고 사회민주주의 정당이 복지국가로 가는 정치적 자원이라는 뜻으로 사용했다.

교육은 전체 사회정책 중에서 국가가 가장 보편적으로 제공하는 영역일 것이다. 의무교육은 1950년 6월 1일, 정부 수립 초창기부터 시행되었다. 보편적 초등교육이 왜 이루어졌는지에 대해서는 다양한 설명이 있겠으나, 이것이 박정희 시대의 경제성장에 양질의 노동력으로 크게 기여한 점은 분명하다. 하지만 이는 체제 순응적이고 기술적 교육에 치우쳤고 건전한 시민 교육은 억제되었다. 건전한 시민이란 저항할 수도 있는 시민이다. 당시의 국민교육헌장[16]은 교육의 위치를 잘 보여준다.

박정희 시대 보건의료 정책에서 가장 중요한 부분은 보건소였을 것이다. 보건소는 두 가지 기능에서 중요했다. 하나는 결핵이나 기생충 예방, 각종 예방접종 등의 전염병 관리였다. 또 하나는 가족계획이었다. 인구는 노동력의 원천이지만 과다한 인구는 많은 자원을 소진하는 부담으로도 작용했다. 1960년 합계출산율이 6.0에 달하는 상황에서 경제발전을 위해서는 산아제한이 필요했다. 산아제한은 어머니와 아동의 건강을 위해서도 필요했지만, 경제성장을 위해서 반드시 필요했다. 박정희 정부가 가족계획에 그토록 필사적이었던 이유가 경제성장 때문이었다는 점을 부인할 수 없다. 당시의 사회복지란 곧 외국의 원조와 정부의 배급 체제였다. 이들은 저소득층만으로 대상이 제한된 전형적인 잔여주의[17]적 복지였다. 자원의 부족이 잔여주의적 태도를 부추기기도 했겠지만, 국가의 복지가 저소득층에 국한되어야 한다는 생각은 지금도 뿌리 깊게 남아 있다.

---

16 국민의 윤리와 정신적인 기반을 확고히 한다는 명목으로 1968년 12월 5일 박정희 대통령이 반포한 헌장. 국가와 국가 발전이 개인보다 우선한다는 국가주의적 내용 때문에 많은 비판을 받았다.

17 사회복지의 수급을 빈민이나 저소득층으로 제한해야 한다는 주장. 사회적 위험에 대한 책임을 개인의 문제로 보고 정부의 역할을 제한하고자 하는 것이다.

박정희 시대의 사회정책을 언급할 때 의료보험을 빼놓을 수 없다. 의료보험은 박정희 정부 사회정책의 최대 치적이고 현재도 매우 중요하게 기능하고 있는 사회정책이다. 그러나 의료보험의 시행이 전적으로 박정희의 공적인가 하는 점은 짚고 넘어가야 할 부분이 있다. 1963년 의료보험법 제정과 1977년 의료보험 시행 때문에 박정희 정부의 치적으로 되어 있지만, 1950년대 말 자유당 정권에서 이미 정부 차원의 의료보험제도 모색이 상당히 진행되었음을 시사하는 자료들이 많이 있다.[18] 1963년의 의료보험법은 그 결과를 받아 군사정부 초기에 입법화했지만, 실제로 시행할 의사는 없었기 때문에 제정과 동시에 보류시킨 것이라고 할 수 있겠다.

1977년 시행된 의료보험은 직접적으로는 일본의 제도, 간접적으로는 독일의 제도를 본받은 것이다. 역사적으로 연관성이 있는 국가 간에 제도가 전파되는 현상의 전형적인 사례. 이 선택은 북유럽이나 영국과 같은 국영의료제도(NHS, National Health Service) 방식을 배제하고 독일식 사회보험제도(NHI, National Health Insurance)를 선택한 것으로서 한국의 사회보장제도 역사에서 결정적인 의미를 지닌다. 물론 당시 정부는 국영의료제도를 검토할 생각조차 없었다. 이 선택 이후의 모든 사회보장제도는 기본적으로 사회보험 방식을 적용하게 된다. 국민연금(1988년), 고용보험(1995년), 노인장기요양보험(2008년) 등이 그 예라고 할 수 있다.

한국의 의료보험을 훨씬 더 특별하게 만든 것은 의료서비스의 공급자를 민간에 의존하고 공공병원을 늘릴 생각을 전혀 하지 않았다는 점이다. 의료보험이라는 공공재원을 만들면서도 공급자는 공공병원을 늘리는 대신 정부가 조달한 국내외 자본을 제공해 민간병원을 설

---

18   신영전,《한국 건강보장 근대사연구》, 2020.

립하도록 지원했다. 정부로부터 그런 지원을 제공받지 않았더라도 늘어나는 의료 수요 때문에 민간병원은 매우 빠른 속도로 확충되었다. 이러한 선택은 그 이후 정책에서도 강력한 '경로'로 작용해서 노인요양, 보육 등에서 민간요양시설, 민간어린이집 등의 형태로 반복된다. 우리나라의 보건복지 인프라에서 민간부문의 비중은 대부분 90% 이상으로 세계적으로도 그 유례를 찾기 힘들다.

결국 박정희 정부의 의료보험은 그 이후의 사회정책에서 아주 중요한 두 가지 경로를 설정하는 계기가 되었다. '사회보장제도의 방식을 사회보험의 방식으로 설정'하는 것과 '서비스 제공을 민간에 맡기는' 것, 이 두 가지가 그것이다.

박정희 모델이 남아 있었다 해도 그 이후의 정부가 모두 같다고 할 수는 없지 않은가? 이른바 보수 정부에서도 차별성이 없었나?

전두환, 노태우, 김영삼 정부는 기본적으로 박정희 정부의 연장선상에 있었다. 세 정부 모두 경제·사회 정책에서 박정희 정부의 유산에 충실했다. 해당 정부들의 집권 기간 동안 경제성장률이 높았고 빈부 격차도 완화되었다. 말하자면 이 시기에는 낙수 효과가 상당히 잘 작동하고 있었다고 볼 수 있다. 이는 세계적 경기 호황과 수출 호조로 경제가 성장하고, 1988년 이후에는 노동운동의 강화 때문에 임금이 상승하여 노동소득분배가 커진 것에 힘입은 바가 컸다.

이 시기에 복지정책에서도 일정한 진전이 있었다. 대표적인 것으로 전두환 정부 시절 의료보험 적용자가 지속적으로 확대된 것, 70년대 이후 지루한 논의만 거듭하던 국민연금제도가 마침내 노태우 정부 때인 1988년 도입된 것, 1988~1989년에 전 국민 의료보장이 실현된 것 등은 특기할 만하다. 노태우 정부 때 국회를 통과한 의료보험 통합

일원화 법안에 대해 대통령이 거부권을 행사하여 무산시킨 것 등도 박정희 정부에서 형성된 '조합주의' 방식이 경로의존적 작동을 한 것이라고 볼 수 있다.

하지만 김영삼 정부 말기인 1997년 말 경제가 파국을 맞았다. 경제협력개발기구 가입을 위한 원화가치 고평가 정책, 준비 안 된 규제 철폐와 개방, 재벌 기업들의 마구잡이 차입 경영, 해외 부채 급증 등은 국가를 부도나게 했고 경제를 파탄 냈다. 이 시기를 전후하여 낙수효과는 현저히 떨어지고 소득분배 기제로서의 시장은 그 기능을 상실하게 된다. 시장을 개혁하고 복지를 확대해야 하는 작업은 고스란히 김대중 정부로 넘어갔고, IMF 경제위기 수습 과정에 일어난 소위 '구조조정'과 같은 시기에 도입된 비정규직 문제는 이후 노무현 정부에도 짙은 그림자를 드리우게 된다.

이명박 정부는 복지를 축소하지는 않았지만 '4대강 토목', '자원외교'로 인해 자원 낭비와 기회 상실이 너무 컸다. 민영화 일변도의 정책 기조는 시민사회 진영에 반작용을 불러일으켰다. 이명박 정부가 실행한 정책에 대한 반발로 복지운동이 강력하게 전개되었고 경제민주화 논의가 대두되기도 했다. 박근혜 정부의 복지는 4대 중증질환 보장 강화, 기초연금 확대, 공무원연금 개혁 등을 꼽을 수 있다.

역대 모든 보수 정부가 경제정책 중심의 국정 운영과 민간 공급 중심이고 경제정책에 종속된 사회정책을 시행했다는 측면에서는 비슷하다. 그러나 그 과정에서 5·18민주화운동, 6·10민주항쟁 등의 큰 사건들이 연이어 있었고 지속적으로 민주화가 진행되었던 덕분에 정치적 측면에서는 점진적으로 박정희의 전통으로부터 분리되어갔다. 정치적 민주화는 직간접적으로 사회정책에도 영향을 미쳤다.

'일어난 일'과 '일어나지 않은 일'

국민연금과 기초생활보장 등 한국 사회복지의 토대를 닦은 김대중 정부와 성장과 분배의 선순환에 높은 관심을 갖고 정책을 추진했던 노무현 정부의 사회정책은 기본적으로 박정희 모델과 다르지 않았나?

박정희 시대에 만들어진 정부 역할의 큰 틀은 김대중, 노무현 정부에서도 변하지 않은 부분이 있고, 상당한 차이를 보이는 부분도 있다. 사회정책 분야에서는 적지 않은 차이가 있다.

김대중 정부 시기에 어느 정도는 구상에 의해, 어느 정도는 상황 때문에 사회정책과 사회보장제도가 크게 변화했다. 김영삼 정부에서 김대중 정부로 넘어가는 단계에서 발생한 IMF 경제위기의 극복 과정은 전적으로 신자유주의 논리를 따랐다. 국제통화기금에 의해 강제된 신자유주의 논리에 따라 정부의 역할은 크게 축소되었고, 시장의 자율성은 대폭 확대되었다. 그러나 당시 국제통화기금은 시장의 기능을 강화하는 동시에 대량 실업을 염두에 두고 사회적 안전망 구축 또한 권고했다. 이러한 국제통화기금의 권고는 김대중 정부에 의해 수용되지 않은 부분이 많았다. 경제정책과 사회정책에 대한 권고가 차별적으로 받아들여진 것이다. 그럼에도 이 시기에 의료보험의 통합일원화(국민건강보험의 출범), 의약분업, 기초생활보장 등 중요한 사회보장제도가 정비되거나 도입되었다. 김대중 정부는 이로 인해 복지제도의 큰 틀을 잡았다는 평가를 받는다.

IMF 경제위기로 인해 노동환경에 굉장한 변화가 일어났다. 산업 구조 조정과 함께 비정규직이 도입되었다. 대대적인 '노동시장의 유연화'가 이루어졌는데 이로 인해 일어나는 실업 시 빈곤을 막아줄 실업수당, 직무교육 등 '노동복지 분야의 사회적 안전망'은 구축해주지 못했다. 노동 측으로서는 위험을 감수했는데 안전은 보장받지 못하게 된 셈이다. 이것은 노동운동에 오랫동안 큰 상처로 남았다. 실업수당이 인터넷망[19]을 설치하는 것보다 덜 중요하다고 생각하지 않는다. 비정규직이 서구 사회에서는 일반적인 고용 형태일 수 있는 까닭은 사회안전망이 충실하기 때문이다. 비정규직이어서 고달픈 것이 아니라 사회안전망이 없어서 고달픈 것이다.

또한 김대중 정부는 국민연금의 보편 적용을 사실상 포기했다. 국민연금은 의무적으로 가입해야 하는 당연 적용을 포기하여 광범위한 사각지대가 발생했고 노인소득의 불균형과 노후소득 부족을 초래했다. 김대중 정부의 큰 업적이라고 할 만한 기초생활보장제도의 범위도 너무 좁았다. 수급액도 작았지만, 부양의 문제를 비롯해 각종 제약 조건으로 젊은 빈곤층에서도 광범위한 사각지대가 발생했다. 노동시장 유연화가 유연안전성(flexicurity)의 수준으로 가지 못하고 노동시장의 분절성으로 추락한 문제와 실업자, 노년층, 지속적 빈곤층 등 모두에서 소득 보장 수준이 취약해진 문제들은 이러한 배경에 시대적 기원이 있다.

김대중 정부가 제안한 '시장경제'와 '생산적 복지'[20]에서 생산적 복지는 시장경제와 대등한 균형을 잡는 데 실패했다. 이는 결국 노무현 정부 때 양극화 문제로 확산되었다. 김대중 정부는 분명히 사회보장에서 한 획을 그었다. 그러나 정부가 '한 일'과 '하지 않은 일'은 다음 단계에서 한국 사회에 긴 그림자를 드리우게 된다.

노무현 정부에 이르러 김대중 정부에서 시작된 양극화가 심해졌고 1980년대 초반부터 악화되기 시작한 저출산과 고령화도 명백한

---

19 어려운 경제 사정에도 불구하고 과감하게 인터넷망을 설치한 것은 김대중 정부의 큰 공적의 하나로 꼽힌다.

20 대통령비서실 삶의질향상기획단, 《생산적 복지, 복지 패러다임의 대전환》, 2002.

사회문제로 부상하게 되었다. 이들은 소위 '신사회 문제'로 불리는 세계적인 현상이기도 했지만, 한국에서는 1998년 IMF 경제위기로 급속히 치달은 특수한 사회현상이기도 하다.

양극화가 심해지자 노무현 정부는 '빈부격차차별시정위원회'를 만들어 그 원인을 연구했다. 또한 취임 첫해에 저출산 고령화 문제가 본격적으로 부상하자 '고령화및미래사회위원회'를 설치하여 보육 정책의 획기적 진전을 이루었다. 더불어 노인장기요양보험을 설계했고 국민연금 개혁과 기초연금이 첫 단추를 꿰었다. 이 제도들이 복지 수준을 즉각적으로 높이는 것은 아니었으나 다음 정부들에서 그 역할은 크게 강화되었다. 가령 암 환자에 대한 건강보험의 급여를 크게 향상시킨 것은 그 후 추진된 건강보험 급여 확대 정책의 시발점으로 작용했다. 그러나 급여 확대의 속도가 빠르지 못했기에 그 틈새를 실손보험이 파고들었다. 건강보험이 고액 진료비의 위험을 다 막아주지 못하자 그 부분을 상품화하여 실손보험이 탄생한 것이다.

노무현 정부는 성장과 분배의 선순환에 관심이 높아 집권 후반기에 30년 후를 내다보고 성장과 복지의 동반 성장을 위한 목표와 예산을 제시한 〈비전 2030〉도 펴냈다. 하지만 구체적 실현은 이루어지지 못했다. 〈비전 2030〉은 김대중 정부의 '생산적 복지'처럼 정권 초기에 제시된 것이 아니라 후반기에 만들어져 크게 주목받지 못하고 사라지는 비슷한 운명을 겪었다. 기업 경영진, 노동자 등과 함께 사회적 대화를 시작했고 유연안전성의 개념도 충분히 알려졌지만, 성사는 어려웠다. 사회적 대타협이나 유연안전성은 여전히 당위성으로만 남아 있다.

진보 정권이라고 하는 김대중, 노무현, 문재인 정부에서 '일어난 일'과 '일어나지 않은 일'에 대해 앞서 수차례 언급했다. 그 근본적 배경은 어

　보이지 않게 '일어난 일(doing)'과 '일어나지 않은 일(not-doing)'
이 있다. 소리 없이 '일어난 일'은 6·10민주항쟁 이후 '독재적 정치권
력'이 사라진 자리를 자본권력이 치고 들어간 일이었다. 박정희 정부
이후부터 노태우 정부 초기까지 약 30년 가까운 시기 동안 정치권력
은 강력했고 모든 자본은 정부의 눈치를 보았다. 그러나 민주화 이후
그 무섭던 독재는 사라져갔다. 그 빈자리를 채우고 들어간 것은 '민주
적인 정치권력'이 아니라 시장권력이었다. 독재 정치권력이 사라지자
재벌들이 자기 증식을 시작한 것이다. 박정희, 전두환 정부는 시장을
지배했을 뿐 규율은 잡지 못하고 사라졌다. 오히려 국가 경제에 기여
한다는 미명하에 정경유착이 일상적이었고 재벌이 저지르는 잘못은
언제나 용서를 받았다. 계획경제는 사라졌지만, 국책사업이라는 이름
으로 국가가 특정 기업에게 특혜를 주는 일도 계속되었다. 큰 자본은
작은 자본을 지배하게 된다. 이 체제는 지금까지도 크게 변하지 않고
지속되고 있다. 그런데 역설적으로 이 상황이 '경제민주화'라는 정책
과제의 배경이 되었다.

　일어났어야 했지만 '일어나지 않은 일'은 정치집단이 새로운 국
가의 모습에 대한 종합적인 구상을 짜는 것이었다. 민주주의를 위해
투쟁한 세력은 정치적 민주화를 위한 저항은 할 수 있었으나 새로운
국가의 그림을 그릴 능력은 없었다. 시민적 민주주의는 진전을 보았
으나 복지국가로의 전환을 위한 이념적, 정책적 준비를 갖춘 근대 정
당은 존재하지 않았다. 민주화로 군사독재의 권력은 축소되었지만 이
를 대체할 현대적 정당은 존재하지 않았다는 사실, 누구도 의식하지
않았지만 그것이 가장 안타까운 '일어나지 않은 일'이다.

　김대중과 노무현 정부는　사실 역대 모든 정부들은　능력이 부

족한 정당을 기반으로 당선된 대통령들이다. 김대중과 노무현 정부는 부족한 능력을 관료들에게 의존하게 되었다. 관료들은 각 소속 부처에만 있는 것이 아니라 대통령실, 총리실, 집권당 등에 파견되어 정책을 입안한다. 이 때문에 정권이 교체되어도 정책은 변하지 않는다. 관료들이 집권당을 주도하는 구조에서는 어느 정당이 집권을 해도 박정희 모형에서 벗어나기는 어렵다. 이 점은 현재 윤석열 정부에 대해서도 같은 말을 할 수 있다.

이는 엄밀히 말해 관료들의 잘못이 아니라 관료들을 통솔할 수 있는 정당의 능력이 부족하기 때문이며 정당 제도의 미성숙에 그 원인이 있다. 선거제도 등도 혁신해야 하지만 정당의 정책 능력도 대폭적으로 발전해서 정당이 관료에 의존하는 방식이 아니라 집권당이 관료를 이끌 능력이 있어야 한다.

문재인 정부는 박정희 모델에서 탈피하여 사회정책, 나아가 국가의 역할에 대한 구상을 정확하게 가다듬었어야 했다. 문재인 정부는 현안 문제 대응에서 국민들의 지지를 많이 받았지만 정부의 역할을 제대로 개혁해낸 것은 아니었다. 문재인 정부에서도 '일어난 일'이 아니라 '일어나지 않은 일'이 문제였다.

박정희의 정부 모형은 그 시대에서는 나름의 정합성이 있었을 것이다. 문제는 그 이후의 정권들이 시대의 요구에 맞추어 정부의 역할을 변화시킬 능력 없이 과거의 모형을 답습해왔다는 점이다. 이렇게 한번 설정된 경로가 한국만큼 강력하게 오랫동안 힘을 발휘하는 국가는 세계적으로도 찾기 어렵다.

2장

새로운 시대, 국가의 역할에도 '뉴노멀'이 필요하다

코로나19로 우리 사회는 많은 고통을 겪고 있다. 그러나 코로나 팬데믹은 우리 사회의 민낯을 보여줌과 동시에 성찰의 기회도 주었다. 썰물이 빠져나가면서 감추어져 있던 암초 지대가 곳곳에서 드러나는 것처럼 보이기도 한다. 코로나 팬데믹이라는 위기 상황을 계기로 국가의 역할에 대해 관심이 높아지고 있는데, 지금까지 국가의 역할에 어떤 문제가 있었다고 보는가?

국가와 시장의 관계에 대해서는 다양한 견해가 존재하지만, 국가가 경제·사회를 움직이는 틀이라는 것은 분명하다. 그런데 한국은 세계적인 스펙트럼으로 보자면, 국가의 역할이 너무 왜소하고 시장의 영향력이 압도적인 나라에 속한다. 박정희 정부 시대에 본격화된 권위주의적 정치권력이 민주화 이후 사라졌다. 그 후에 국가의 역할은 국민의 삶을 적극적으로 보살피는 것으로 변화했어야 했다. 하지만 그렇지 못했다. 정부의 작은 역할 중에서도 경제정책이 주로 강조되고 사회정책은 부차적으로 다루어지는 것도 한국의 특성이라고 할 수 있다. 사회정책을 사소하게 생각하다 보니 부처 관료 간의 권력관계를 봐도 경제부처의 권한이 사회부처보다 비정상적으로 강하다. 이 권력관계는 정부 내에서의 해당 부처의 활동 범위와 국가의 역할에 그대로 반영되고 있다.

〈그림 1〉 한국에서 국가의 역할과 경제·사회정책의 비중

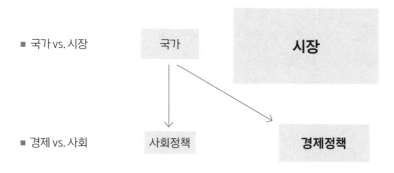

자료 출처: 김용익, 국가포럼 종합토론회(2021. 1. 25.).

국가의 역할이 작은 것이 좋지 않으냐, 오히려 국가의 역할이 지나치게 비대해지면 재정을 허투루 쓰지 않느냐 하는 의견도 많다. 이런 의견에 대해서는 어떻게 생각하는가?

우리나라의 국가 역할은 더 축소되어야 할 부분과 더 늘려야 할 부분이 혼재된 양상이다. 그래서 이런 상반되는 견해가 나오는 것이다. 김대중 정부 시절 이른바 '작은 정부론'이 한창 세력을 얻고 있을 때, 정부의 역할을 줄여야 한다는 주장이 많았다. 그런데 시장에 대한 국가 개입은 줄여야 하지만, 국민의 삶에 대한 복지 부분의 역할은 늘려야 한다는 말이 그 당시에도 존재했다.[21] 이 부분에 대해서는 당시 정책 입안자나 학계뿐만 아니라 일반 국민도 비슷한 의식을 가지고 있었다고 생각한다. 지금도 마찬가지다. 그러나 막상 복지 부분에서 국가의 역할을 늘리려고 하면 국가 역할이 팽창되기 때문에 안 된다는 반대 의견이 나온다.

시장에 대한 국가의 과도한 개입은 분명 문제가 있다. 가령 국가가 기업의 생살여탈권을 좌지우지한다든지, 필요 이상의 규제 정책을 펼친다든지 하는 등 기업 운영에 지나친 개입을 하게 되면 그 과정에서 특정 기업 또는 특정 산업이 특혜를 받거나 반대로 손해를 입게 된다. 그것이 전체 경제에 부담이 되는 일도 적지 않다. 이를 두고 경제학자들은 '지대 배분'의 문제라고 한다. '지대(rent)'란 쉽게 말하면, 기득권의 울타리 안에서 이익을 얻는 것, 즉 부당하고 과다한 이익을 얻는 것이다. 국가는 특정 기업의 이런 지대 획득을 막을 책임이 있는데, 오히려 지대 배분의 권한을 버리지 않고 있는 부분이 있다. 이런 역할은 당연히 축소되어야 한다. 그런 권력은 포기하고 시장에 넘겨주는 것이 맞다.

반대로, 국민 생활을 보살피는 임무에 대해서는 국가의 역할이 지나치게 취약함으로 인해 여러 가지 문제가 벌어진다. 예를 들어 우리나라에서는 시장소득[22]에 대해 국가가 조세를 걷어 다시 재분배를 한 다음에도 처분가능소득[23]의 분포가 그다지 좋아지지 않는다. 소득재분배에서 국가가 하는 역할이 아주 미미하다는 뜻이다. 이것은 경

---

21 앞의 책, 대통령 비서실 삶의질향상기획단,《생산적 복지, 복지 패러다임의 대전환》, 2002 참조.
22 근로, 사업, 재산, 금융 등 시장에서의 경제활동을 통해 얻은 소득을 뜻한다.
23 시장소득에서 공적 이전소득을 더하고 세금, 사회보장분담금, 이자비용 등의 비소비성 지출을 뺀 것이다. 가계가 마음대로 쓸 수 있는 돈으로 소비와 구매력의 원천이 된다.

제협력개발기구 회원국들과 비교하면 확연히 드러난다. 국가 간 소득재분배 역할은 통상 지니계수[24]로 비교한다. 세전 지니계수와 세후 지니계수가 있는데 세금 효과는 세후 지니계수를 보면 된다. 그리고 개선 효과는 세금을 걷기 전과 걷은 후 국가가 얼마나 소득재분배 역할에 기여했는지 개선도로 해석한다. 한국은 공적 이전소득[25]으로 인한 지니계수 개선 효과가 12.6이다. 즉, 국가의 소득재분배 역할 정도가 경제협력개발기구 회원국 평균의 1/3 수준에 불과하다. 국민 생활에 대한 국가의 개입과 기여도가 굉장히 떨어지는 것이다. 이 부분에 대한 국가의 역할은 더 강화되어야 한다.

국가의 역할에서 줄여야 할 부분과 늘려야 할 부분이 있다고 했는데 매우 중요한 포인트다. 이 둘을 좀 더 구체적으로 정확하게 구분해서 인식해야 할 필요가 있는 것 같다. 일각에서는 경제정책에서도 팬데믹 이후에 특히 '확장적 재정정책'을 강조하면서 '국가의 귀환'이란 표현으로 국가의 역할을 팬데믹 이전보다 훨씬 증대해야 한다는 주장을 한다. 이런 주장은 어떻게 보는가?

포스트 코로나 상황에서 어느 정도 타당한 시각이라고 본다. 코로나 팬데믹 국면에서 국민들의 소비력 자체가 굉장히 위축되기도 했지만, 사회적 거리 두기 시행 등으로 소비 행동 자체가 불가능해진 측면도 있다. 설사 가계에 돈이 있더라도 돈을 쓰는 행동 자체를 하기 어려운 상황이 되니 기업이나 가계 모두 지원이 필요해졌다. 이처럼

---

24   소득 격차를 계수화한 것으로 0에 가까울수록 평등한 상태, 1에 가까울수록 불평등한 상태다.

25   생산에 직접 기여하지 않고 개인이 정부로부터 받는 수입이다. 기초생활보장 생계급여, 국민연금, 기초연금, 장애인연금 등이 이에 속한다.

기업이나 가계가 제대로 돌아가지 않을 때, 국가는 마비된 부분으로 인한 문제를 해결하기 위해 상당 부분 개입해 역할을 해주어야 한다. 그러나 경제가 정상적으로 돌아간 이후에도 국가의 역할이 계속 그런 식으로 유지되어야 하는지는 이론의 여지가 있다고 본다. 경제가 다시 제대로 돌아가게 되면 국가의 역할은 다시 바뀌어야 한다.

시장은 국가가 정해준 틀 속에서 성립되는 것이지, 시장 자체가 자동적으로 성립되는 것이 아니다. 시장에 일정한 조직의 틀을 만드는 데, 그리고 시장의 규칙을 만드는 데 필요한 국가의 역할이 있다. 시장이 제대로 돌아가기 위해서, 또 시장이 성장하기 위해서는 국가가 일정한 역할을 해야 한다는 장하준 교수의 견해는 당연히 맞다.[26] 그런데 가계에 대해서도 국가의 역할을 두고 같은 논리가 성립될 수 있다. 가정경제가 제대로 돌아가기 위해서도 국가가 일정한 역할을 해야 하는데 한국은 그 부분이 매우 취약하다.

'부유한 국가의 가난한 국민'

복지를 위한 국가의 역할을 강화하려면 무엇보다도 돈이 있어야 하는데, 그럴 만한 재정이 있느냐고 묻는 사람이 많다. 돈은 어디에서 나오는가?

국가의 복지를 강화할 수 있는 돈이 어디 있느냐고 우려하는 분들의 말씀에 대해 '절반은 맞고 절반은 틀리다'라고 말하고 싶다. 국가에 돈이 있느냐고 할 때, 정부 재정을 놓고 보면 한국은 분명히 가난한 국가다. 돈이 별로 없는 정부다. 그런데 국민경제 전체를 놓고 보면 한국이 절대 가난한 나라가 아니다.

---

26 장하준 지음, 김희정·안세민 옮김,《그들이 말하지 않는 23가지》, 부키, 2010.

〈그림 2〉 한국의 국민경제 규모와 국가 재정 규모 사이의 불균형(2021년)

자료 출처: 국가 재정, 기획재정부 보도자료.
IMF, 〈World Economic Outlook Database〉(2022. 4.).

2021년 기준, 한국의 1인당 국내총생산은 3만 5천 달러로 세계 30위다. 이런 소득을 달성했으면서 가난한 나라라고 하면 남들이 웃는다. 같은 해 일본은 3만 9천 달러, 프랑스는 4만 5천 달러, 영국은 4만 7천 달러, 독일은 5만 달러다.[27] 국민경제 총 규모도 10위 정도여서 세계적으로도 경제 규모가 아주 큰 나라에 속한다. 반면에 국가 재정은 총예산 규모로 볼 때 28위 수준이다. 국민부담률[28]이 다른 나라에 비해 낮기 때문에 국가의 총 국내총생산 중에서 정부 재정이 차지하는 비율은 37.9%다. 참고로 경제협력개발기구 회원국 평균은

---

27   IMF, 'GDP per capita', 〈World Economic Outlook〉, 2021.
28   조세와 사회보장기여금(건강보험료 등)을 합한 수치가 국내총생산에서 차지하는 비중.

46.2%이다.[29] 경제협력개발기구 회원국 평균에 비해 82% 규모밖에 되지 않는다. 정부 재정 규모에서 보면 상대적으로 가난한 나라에 속한다. 그래서 '복지에 쓸 돈이 없다'는 말은 정부 재정을 기준으로 보면 어느 정도 사실이고, 국민경제의 입장에서 보면 사실이 아니다. 기준을 어디에 두고 보는지에 따라 답이 달라진다.

〈그림 3〉 한국의 국내총생산 대비 국가 총지출 규모의 국제 비교

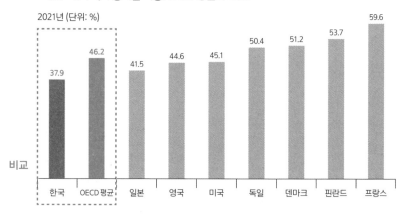

자료 출처: 'General government total outlays Percent of nominal GDP', 〈OECD Economic Outlook 108 database〉(2020. 12.).

이것을 좀 더 들여다보면 공공사회지출[30] 비중은 특히 더 낮다. 공공사회지출 비중이 경제협력개발기구 회원국 평균이 20.1%인데 한국은 11.1%로 절반 수준이다. 이 자료에 따르면, 한국 정부의 재정은 총 재정의 차원에서도 가난하지만, 공공사회지출에 쓰는 돈은 특

---

29 〈OECD Economic Outlook 108 database〉.

30 사회복지와 관련한 정부의 재정지출과 노령연금, 건강보장, 실업급여 등 사회보험 급여 지출을 합한 지출.

히나 더 작다. 즉, 국가의 역할 중에서 사회정책의 비중이 유난히 낮다는 것이 수치적으로 드러나는 것이다. 한국의 전체 경제 규모는 부자 나라에 가까운데 나라의 살림살이는 가난하고, 국민의 삶과 직결되는 복지 예산은 유난히 더 적은 상황이라고 요약할 수 있겠다.

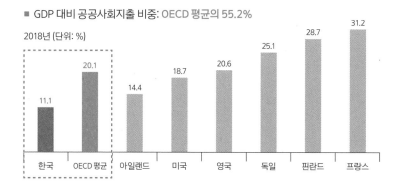

〈그림 4〉 경제협력개발기구 회원국과 한국의 국내총생산 대비 공공사회지출 규모 비교

■ GDP 대비 공공사회지출 비중: OECD 평균의 55.2%

2018년 (단위: %)

한국	OECD 평균	아일랜드	미국	영국	독일	핀란드	프랑스
11.1	20.1	14.4	18.7	20.6	25.1	28.7	31.2

자료 출처: 경제협력개발기구 통계 홈페이지(2018년 기준).

나라 살림이 넉넉한 나라들은 국민이 세금도 많이 내고 그만큼 혜택도 많이 받는다. 반면에 세금을 적게 내고 나라 살림이 풍족하지 않은 나라는 복지 혜택도 적다. 한국은 왜 이런 형태가 되었나?

한국은 조세부담률과 국민부담률이 경제협력개발기구 회원국 평균에 비해 낮은 나라에 속한다. 조세와 사회보험료를 모두 포함하는 국민부담률은 2019년 기준 한국은 27.3%, 경제협력개발기구 회원국 평균은 33.8%다. 한국은 경제협력개발기구 회원국 평균에 비해 4/5 수준 정도로 조세와 사회보험료를 부담하고 있는 셈이다. 세계

<표 1> 경제협력개발기구 회원국별 조세부담률 및 국민부담률 비교

(단위: %)

국가	조세부담률	국민부담률
한국	20.0	27.3
OECD 평균	24.9	33.8
미국	18.4	24.5
독일	24.1	38.8
프랑스	30.5	45.4
스웨덴	33.7	42.9
영국	26.6	33.0

자료 출처: 경제협력개발기구 통계 홈페이지(2019년 기준) 주1) 조세부담률(%)=조세(국세+지방세)/국내총생산×100 주2) 국민부담률(%)={조세(국세+지방세)+사회보장기여금(공적연금, 사회보험)}/국내총생산×100.

적인 기준에서 보았을 때, 한국은 세금을 많이 내는 나라가 아님에도 불구하고 우리 국민은 조세 부담이 너무 크다고 느낀다. 어느 나라든지 세금을 적게 낸다고 생각하는 국민은 없겠지만, 대한민국 국민들이 세금에 대해 부정적인 태도를 많이 가지고 있는 것은 사실일 듯싶다.[31]

어떤 나라들은 가계가 세금을 많이 내는 대신 국가로부터 혜택을 많이 받는 구조를 가지고 있다. 북유럽 국가들이 대표적이다. 반면, 가계가 세금을 적게 내고 국가로부터 혜택도 적게 받는 구조를 가진 나라도 있다. 미국, 일본과 같은 나라가 여기에 속한다. 고부담-고급여

---

[31] 다국적 인식조사(ISSP, The International Social Survey Programme) 사이트(https://issp.org/)에 따르면 '세금 징수 기관은 모든 국민에게 법에 따라 똑같이 대한다'라는 문항에 설문에 참여한 35개국의 평균 50.8%가 동의를 나타낸 반면, 한국은 27.2%만 동의를 표했다.

를 하는 나라는 재정 규모가 크고, 저부담-저급여를 하는 나라는 재정 규모가 작다. 어느 쪽을 선택하는지는 크게 두 가지 요인이 작용한다고 볼 수 있다. 첫 번째 요인은 경제·사회 운영의 중심을 국가와 시장 중 어느 쪽에 두느냐 하는 '지향의 문제'다. 시장에 중심을 두는 나라는 저부담-저급여의 구조를 가질 것이고, 국가에 중심을 두는 나라는 고부담-고급여의 구조를 가질 것이다. 두 번째 요인은 국가의 조세·재정 관리에 대한 국민적 신뢰도의 크기다. 세금이 공정하게 부과되고, 합리적으로 징수되며, 투명하게 관리되어 결국 나에게 혜택으로 돌아온다는 국민적 신뢰가 있으면 고부담-고급여의 구조를 가질 가능성이 크다.

한국은 '시장 지향성'과 '국민의 국가에 대한 신뢰 부족'이라는 두 가지 요인이 겹쳐 있다고 본다. 이 점에서 미국이나 일본과는 다르다. 미국이나 일본의 경우, 국민의 정부에 대한 신뢰성이 작아 세금을 적게 낸다고 보기는 어렵다.

국가가 잘 운영되고 조세·재정 관리가 잘 이루어진다는 보장만 있으면, 세금을 많이 내고 혜택을 많이 받느냐, 세금을 적게 내고 혜택도 적게 받느냐는 선택의 문제다. 건강보험의 예를 들어보겠다. 평소에 보험료를 많이 부담하고 병원에 갔을 때 본인부담금을 조금 내느냐, 보험료를 적게 내다가 병원에 갔을 때 비용을 많이 부담하느냐는 '제로섬 게임'이다. 두 가지 부담의 합은 결국 동일하기 때문이다. 서구에서는 대부분 고부담-고급여의 방식을 택하고 있다. 그것이 국민 생활의 안정성을 담보하는 추가적인 이점이 있기 때문이다.

한국은 역사적으로 작은 정부를 지향하는 패턴을 유지해왔다. 지금은 그 패턴을 바꿀 때가 되었다. '작은 정부론'의 고정관념에서 벗어날 때가 된 것이다. 그리고 국민에게 혜택을 많이 주려면 나라 살림을 키워야 한다.

국가 역할의 부재가 낳은 '보편적 복지'와
'경제민주화' 요구

복지를 추진하기 위해서는 나라 살림이 상당히 중요하다는 말인데, 그동안 나라 살림이 모자라서 정책 추진에 여러 문제가 많이 있었을 것으로 짐작된다. 구체적으로 어떤 일이 일어나고 있었는가?

'나라에 돈이 없어서 복지를 못한다'는 말은 정책 당국자가 흔히 하는 말이다. 일반 국민도 그렇게 생각하는 일이 많다. 당연히 가난한 나라는 복지정책을 추진하기가 어렵다. 그런데 이 말이 정치적 핑계에 불과한 경우도 많기 때문에 국가 간 소득수준의 차이를 배제하고 복지 수준을 비교해볼 필요가 있다. 가령 각 나라가 역사적으로 동일한 소득이었을 때 지출한 공공사회지출을 비교해보면 실체 규명이 가능하다. 〈표 2〉를 보면 한국은 1인당 국내총생산이 3만 달러였을 때, 전체 국내총생산의 10.1%를 공공사회지출로 썼다. 2017년의 상황이다. 그런데 똑같은 소득을 달성했을 때, 미국(1997년)은 14.3%, 영국(2002년)은 18.0%, 독일(1995년)은 25.2%, 프랑스(2004년)는 28.9%를 공공사회지출로 사용했다.

놀라운 것은 1인당 국내총생산이 똑같이 3만 달러 규모였을 때 세계적으로 복지가 취약하다고 알려진 미국보다 한국이 공공사회지출로 훨씬 더 적은 금액을 썼다는 사실이다. 이런 수치는 한국의 복지에 대한 태도가 미국보다 훨씬 부정적이라는 것을 보여준다. 또한, 실제 실천된 정부 역할의 격차를 보여주는 것이기도 하다. 2017년에 한국이 전체 국내총생산의 10.1%가 아니라 미국 수준인 14.3%를 썼더라면 어땠을까 하는 가정을 해보자. 당시 공공사회지출의 실제 액수는 185.4조 원[32]이었지만 미국만큼 썼더라면 76.6조 원이 늘어서 총 262조 원을 투입했을 것이다. 2017년 당시 아동·보육 예산이 1.3조 원, 기초연금 예산이 8.1조 원, 장기요양보험 지출액이 5.4조 원이었고, 청년주거비용으로 지급한 돈이 3,600억 원이었다. 독일이나 프랑스만큼은 바라지도 않고 미국만큼이라도 복지비용을 지출했다면 저소득층, 노인, 장애인뿐 아니라 일반 국민을 위한 복지정책을 더 펼칠 수 있었을 것이다.

〈표 2〉 1인당 국내총생산 3만 달러 시기의 공공사회지출 국제 비교

국가	한국	미국	영국	독일	프랑스
연도	2017	1997	2002	1995	2004
1인당 GDP(US $)	31,605	31,459	30,057	31,658	33,741
공공사회지출/GDP(%)	10.1	14.3	18.0	25.2	28.9

자료 출처: OECD 통계 홈페이지(stats.oecd.org.). Public social spending. 1995-2017.

그런데 이 76.6조 원은 2017년도 한 해의 차액이다. 그 차이가 몇 십 년째 누적되었을 테니 그 영향은 엄청날 것이다. 아주 오래전 수치는 접어둔다 치더라도 1998년 IMF 경제위기를 기점으로 해서 우리가 미국만큼만 복지비용을 썼더라면 20여 년이 지난 지금쯤 얼마나 큰 차이가 축적되었을까? 아마 이미 한국은 보건, 복지, 주거의 사회적 안전망을 다 갖춘 상태에 이르렀으리라 짐작해본다. 반복해서 말하지만, IMF 경제위기 때 국제통화기금은 대한민국 정부에 신자유주

---

32   한국은행 자료에 따르면, 2017년 한국의 전체 국내총생산 수치는 1,835조 원이다.

의만 강조한 것이 아니라 사회안전망도 갖출 것을 권유했었다.[33] 국
제통화기금의 권유대로 했었어야 했다는 말은 아니지만, 그때부터라
도 복지 예산이 본격적으로 증액되었더라면 한국 사회는 지금쯤 딴
세상이 되어 있었을 것이란 의미다. 코로나 팬데믹으로 인한 국민들
의 고달픔도 지금보다 훨씬 덜했을 것이다.

국제통화기금의 한국 사회안전망 요구 사항

○ 국제통화기금과 한국 정부 사이에 체결한 대기성 차관 제공에
  관한 양해각서(1997.12.3) 중

  - "고용보험제도의 기능을 강화해 인력 재배치를 촉진하고 노
    동시장의 유연성을 제고한다."

○ 세계은행과 정부의 제2차 구조조정 차관 20억 달러 도입과 관
  련한 협상 내용(1998.9.25.) 중

  - 사회안전망 분야의 정책 프로그램

  1) 빈곤 대책: 근로연계복지(workfare) 적용

  2) 보건의료: 진료비 지불제도 개편, 본인부담 경감, 의료급여
     제도의 개선, 의료저축계정(MSA) 도입 검토 등

  3) 공적연금: 다층연금체계로 전환 등 권고

**국가 역할의 부족 문제는 비단 복지에만 국한한 것은 아닌 것 같다. 다른
분야에서도 국가가 해야 할 역할이 많을 것이다. 복지가 아닌 다른 분야,**

---

33 국제통화기금이 권유한 사회개혁 방안 자체가 신자유주의적 지향이 강한 것이었
    다.

예를 들어 경제 분야에서 국가가 제 역할을 못해서 일어나는 일에는 무엇이 있는가?

두 가지 부분을 말씀드리고 싶다. 첫 번째는 시장에 대한 국가의 역할이고, 두 번째는 재분배에 대한 역할이다. 박정희, 전두환 정부의 권위주의적 권력이 사라지면서 상대적으로 자본의 권력, 특히 대자본의 권력이 부상했다. 초기 자본 축적 과정에서 우위를 점하던 군사독재의 정치권력이 1987년 6·10민주항쟁을 계기로 사라지자 경제 권력이 상대적으로 강해지기 시작한 것이다. 민주화가 진행되면서 시장의 규율과 질서를 잡는 조치가 시행되었어야 했는데 노태우, 김영삼, 김대중 정부는 그렇게 하지 못했다. 그 결과 박정희, 전두환 정부에 의해 키워진 대자본들이 시장을 좌지우지하게 되고 독점력이 점점 강화되면서 대자본이 시장에서 차지하는 권력도 커지게 되었다. 이들 시장 권력이 정부에 의해 통제되지 못했다.

또한 1998년을 전후로 해서 시장이 소득을 분배하는 기능, 즉 '낙수 효과'가 소실되기 시작했다. 한국에서는 '소득의 성장과 분배는 시장에서 이루어진다'는 것이 전통적인 생각이었고 그 믿음은 지금도 여전히 확고하다. 소득수준과 소득분포가 기본적으로 시장에서의 경제활동을 통해 결정된다는 것은 당연한 사실이다. 시장은 생산의 장일 뿐 아니라 분배의 장이기도 하다. 분배는 기업 활동(고용)과 노동(임금)의 과정을 통해 결정된다. 그래서 시장은 자본가에게만 중요한 것이 아니라 노동자에게도 중요하다. 기업집단의 지배구조, 대기업과 중소기업 간의 권력관계, 노사 관계 등이 시장에서 정상적으로 작동하도록 하는 것이 국가의 역할이다.

문제는 한국에서 시장은 분배의 기능을 잃어버린 지 오래되었다는 점이다. 이미 20여 년 전인 2000년 이래 그 기능이 사라지기 시작

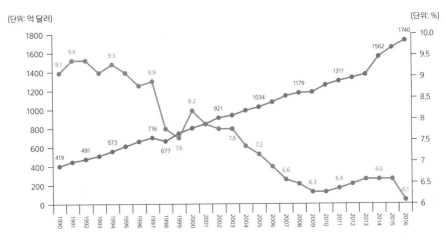

<그림 5> 국내총생산 및 하위 20% 이하 소득점유율 추이

자료 출처: 통계청, 〈국내총생산 및 소득배분 현황〉 자료(2017) 재구성.

해서 매년 더 악화되었다. 경제성장이 일어나면 일정한 시차를 두고 저소득층에서도 일정한 소득 증가가 일어난다는 낙수 효과의 논리는 '불균등 성장', '선성장 후분배' 논리의 핵심이다. 아랫목이 따뜻해지면 조금 있다가 윗목도 따뜻해진다고 했는데 아무리 기다려도 윗목이 따뜻해지지 않는 형국이다. 통제되지 못한 대자본이 중소자본을 착취하는 상황이 발생하고, 자본과 노동 간 고용 구조의 문제가 커지게 되자 소득이 분배되는 기전이 작동을 멈춘 것이다. 시장이 분배 기능을 잘하기란 사실 쉽지 않은 일이다. 그런데 이즈음부터 시장질서가 부쩍 흐트러지면서 그나마 작동하던 낙수 효과가 급속히 사라져가기 시작한 것이다. 그때 새로운 정치 상황에 맞는 시장질서가 잡히도록 정비를 했어야 했는데 민주화 이후 출범한 정부들은 그 기회를 놓쳤다. 민주화 이후의 역대 정부들이 시장에 대한 국가의 역할을 성과 있게 정리하지 못한 데 대한 지적은 2010년을 전후하여 한동안 '경제민주화'라는 의제로 나타났다.

'현금급여'와 '현물급여', 사회보장을 위한 투 트랙

시장질서를 세우는 것이 경제 분야에서 국가가 해야 할 첫 번째 역할이라는 점을 지적해주셨다. 국가의 두 번째 역할은 재분배라고 하셨는데, 이는 세계적으로 불평등이 증가하는 가운데 많은 석학들이 강조하는 사항이기도 하다. '재분배'라는 개념을 보통 사람들이 이해하기 어려워하는데 보다 쉽게 설명한다면?

앞에서 말씀드린 바와 같이 시장에서의 경제활동에 의해서 가계의 시장소득이 결정된다. 정부가 시장질서를 바로잡아야 한다는 말은 시장의 분배 기능을 바로잡아야 한다는 뜻이기도 하다. 그러나 시장소득이 모든 가계에 동일하게, 즉 완전히 평등하게 분배되는 것은 불가능하다. 그래서 국가는 일정한 방식으로 세금을 거두고 재정으로 모아두었다가 지출을 하는 과정을 통해 불평등을 조정한다. 즉, '재분배(redistribution)'란 분배(distribution)된 것을 걷어서 다시 분배를 한다는 의미다. 시장에 의해 분배된 소득의 불평등 수준은 정부가 행하는 재분배에 의해 좀 더 평등하게 조정이 가능하다.

국가가 재정지출을 통해 재분배를 하는 방식에는 현금을 지급하는 방식과 서비스를 제공하는 방식이 있는데, 전자를 '현금급여' 방식, 후자를 '현물급여' 방식이라고 한다.

현금을 나누어주는 방식은 수급자들이 바로 지출을 할 수 있기 때문에 부족한 시장소득을 보충해서 구매력을 즉시 늘릴 수 있다. 물론 아무나 지급해주는 것이 아니고, 일정한 조건을 갖춘 가계에 대해 지급한다. 기초생활보장의 생계급여 제도는 가장 빈곤한 계층에 국가가 예산으로 현금을 지급해주는 정책이다. 기본적인 생활을 가능하게 해주는 수준의 소득을 스스로 벌 수가 없는 계층에 국가가 현금으로 가계를 지원해주는 것이다. 또 다른 예로, 국민연금은 노후의 소득을 보전해준다. 젊은 시절에 가능했던 시장소득이 노후에는 상실되기 때문에 이를 국가가 현금을 지급해줌으로써 보충해주는 것이다. 국민연금은 사회보험 방식을 채택하고 있어서 연금보험료를 납입한 사람에 한해 노후에 연금을 지급해준다. 노후소득 보장이라는 동일한 목적을 추구하지만 기초연금은 국가 재정에서 재원을 조달한다.

현물급여는 현금급여와 달리 정부가 어떤 서비스를 만들어서 국민에게 제공하는 방식이다. 대표적인 것이 보육, 교육, 보건의료, 장기요양 서비스 같은 것이다. 이 방식에서는 해당 서비스의 생산자들이 국민에게 서비스를 제공하도록 하고 국가가 그 비용을 생산자들에게 지급한다. 따라서 서비스 생산자들이 정부와 국민 사이에 개입하게 되고, 이들이 어떤 성격을 가지느냐 하는 것이 매우 중요해진다. 현물급여는 서비스 공급 주체의 성격에 따라 두 가지 방식으로 세분된다. 정부가 직접 공급 조직을 만드는 방식과 민간 공급자를 지원하는 방식이다. 세계적인 기준은 공공 공급자를 위주로 구성하는 방식이 일반적이다. 그러나 한국에서는 초·중등 교육을 제외한 대부분의 사회서비스 공급자가 민간 위주로 구성되어 있다. 보육, 교육 등은 국가 재정으로 재원을 마련하고, 보건의료서비스나 장기요양서비스 등은 사회보험으로 마련한다. 그 비용을 생산자들에게 직접 지불하는 방법도 있고, 소비자들에게 주어 생산자들에게 대가를 지급하게 하는 방식도 있다.

두 방식 모두 누구에게, 어떤 내용의 복지급여를, 얼마나 공급해줄 것인지, 재원을 어디서 마련할 것인지, 어떤 제공 체계와 관리 체계를 갖출 것인지가 핵심 과제다. 일반적으로 현금급여는 소득이 적은 가난한 국민을 대상으로, 현물급여는 전 국민에게 보편적으로 지급하는 경우가 많다.

복지에서 소득 보장은 굉장히 중요하다. 지난 대통령 선거 과정에서 기본소득 등 소득 보장 정책을 놓고 여야가 갑론을박을 벌이기도 했다. 소득 보장 정책에는 어떤 것들이 있나?

국가가 직접 돈을 주는 소득 보장인 현금급여는 기본적으로 빈곤의 예방과 탈출을 도와주어 인권을 보장하고 소득의 불평등을 줄이기 위한 대책이다. 일부는 사회적으로 장려해야 할 행동을 유발하기 위한 유인책으로 쓰이기도 한다.

우리나라도 서구 복지국가들이 시행 중인 다양한 현금 지원 복지제도를 대부분 가지고 있다. 아동을 위해서는 아동수당이, 장애인을 위해서는 장애인연금, 장애수당, 장애아동수당 등이 있다. 또한 실업 시 상실되는 소득을 지원하는 실업급여가 있고, 질병이 있을 때의 소득 상실을 보완하기 위한 상병수당 제도가 모색 과정 중이다. 노후소득을 보장하기 위한 국민연금과 각종 직역연금 제도(군인연금, 공무원연금, 사립학교교직원연금 등)도 있고, 빈곤층을 지원하는 국민기초생활보장, 긴급복지지원과 차상위계층 지원 제도들이 있다. 근로장려세제(EITC)도 빈곤층 지원 제도의 한 부분이다. 이외에도 중앙정부와 지방자치단체가 크고 작은 현금 지원을 하고 있다.

그중 가장 근간이 되는 현금급여를 살펴보자면, 다음의 세 가지를 들 수 있겠다. 우선, 빈곤의 예방과 탈출을 목표로 한 현금급여의 대표적인 형태로 가장 빈곤한 계층의 국민에게 현금으로 가계를 지원하는 기초생활보장제도의 생계급여다. 생계급여 수급자는 2020년 기준 2,046,213명으로 전체 인구의 3.94%를 차지한다. 문재인 정부에서 부양의무 축소를 위한 중요한 노력이 진행되었으나 수급 기준 등을 좀 더 확대할 필요가 있었다. 수급을 받더라도 지급 금액이 너무 낮아 최저생계비에 이르지 못하는 문제도 있다.[34]

두 번째로는 노후소득을 보장하는 국민연금과 군인, 공무원, 사립학교 교직원 등을 대상으로 하는 사회보험 방식의 각종 공적연금이다. 국민연금은 의무가입을 적용하지 못한 채 사실상 임의가입 형태로 운영된다. 그로 인해 국민연금의 노령연금 혜택을 받지 못하는 고령자들이 2019년에 408만 명이나 되었다.[35] 전체 노인인구인 769만 명의 53%이다. 2022년에는 국민연금의 노령연금 혜택을 받지 못하는 고령자가 478만 명에 이를 것으로 보인다. 또한, 설령 현재 노령연금을 받는다고 하더라도 금액이 너무 작아서[36] 이것만으로는 노인들의 소득 보장을 하기에는 미흡하다. 2022년 5월 기준, 국민연금 수급자가 받는 평균 금액은 한 달에 약 50만 2,000원이다. 재원을 국가 재정에서 조달하는 기초연금은 성격적으로는 연금이라기보다 노인수당이지만 사각지대가 많은 국민연금의 취약점을 상당히 보완해주고 있다. 특히 국민연금도, 기초소득 보장도 받지 못하는 노인들에게는 중요한 의미가 있다.

세 번째로는 실업 시에 일어날 수 있는 빈곤 문제에 대응하는 제도로 실업수당이 여기에 해당한다. 기본적으로 실업수당을 받으려면 일정한 '사업장'의 '노동자'로서 '상당 기간' 종사하다가 '실업'을 했

---

34 2022년 현재, 생계급여의 수급 기준은 중위소득의 30% 이하이고, 수급 금액은 1인 가족 기준 최대 약 58만원, 4인 가족 기준 최대 약 153만 원이다(보건복지부, 〈국민기초생활보장 현황〉, 2020).

35 개인정보보호위원회·보건복지부·금융위원회, 국세청 합동, 〈노후소득 보장 종합 분석〉 발표(2021.12.30.)에 의한 추계.

36 2021년 5월 말 기준, 1인당 월평균 노령연금은 55만 361원이다(2011.11.7. 국민연금공단 발표).

다는 조건이 충족되어야 한다. 또한 행정기관에서 이런 조건에 대한 '신뢰성' 있는 정보를 '신속히' 파악할 수 있어야 적시에 실업수당 지급이 가능하다. 실업은 빈곤으로 떨어지는 가장 중요한 원인이고 실업으로 인한 빈곤을 예방해주는 정책은 경제·사회적으로 매우 중요하다. 그러나 국민이 현실적으로 경험하는 실업은 앞서 열거한 자격 조건 이상으로 훨씬 더 광범위하다. 자영업자도 '실업'을 경험할 수도 있으며, 노동자성이 불분명하거나 고용 기간이 짧아서 더 치명적인 위기에 처하게 되는 '실업'도 많다. 반면에 실업수당을 노리고 위장 취업을 하는 등 불법행위가 일어날 가능성도 타 제도에 비해 크다. 이와 같은 이유로 한국에서 실업수당은 특히나 취약한 사회보장 영역에 속한다. 조속한 정비가 반드시 필요하다.

지난 대선 정국에서 소득 보장의 방식으로써 '기본소득'이 큰 화두였다. 기본소득을 반대하는 쪽에서는 '공정소득', '안심소득'이라는 이름의 다른 방식을 대안을 내놓기도 했다. 기본소득의 타당성을 두고 논란이 많았는데, 어떻게 보는가?

최근에 대두된 기본소득 개념은 재산·노동의 유무와 관계없이 전 국민에게 일정한 현금을 보편적으로 지급하자는 제안으로 복지제도 논의의 새로운 차원을 열었다.

주지하다시피 지난 대선 정국에서 전통적인 복지제도의 방식을 넘어서서 기본소득에 대한 논의가 크게 대두되었다. 한국에서는 세계적인 추세보다도 기본소득에 관한 논의가 더욱 활발하게 진행되었다. 기본소득이 그동안의 복지제도와 변별되는 가장 큰 특징은 모든 국민을 대상으로 동일한 금액을 지속적으로 지급한다는 것이다. 고용 여부, 연령, 소득수준 등 특정한 자격 요건을 따져가면서 주었던 전통적인 소득 보장 정책과는 큰 차이다.

기본소득의 이러한 특징은 소득에 관계없이 동일한 액수를 모든 사람에게 지급하는 방식에 대한 타당성 논란으로 이어졌다. 기본소득 실행에는 막대한 재정이 소요되기 때문에 재원 마련을 위한 증세가 필수적으로 동반되어야 한다. 자연스레 어떤 항목에 대해서 어떻게 증세를 할 것인지 등을 두고 논쟁을 하지 않을 수 없다. 설령 증세를 하더라도 정부 재정의 상당 부분을 블랙홀처럼 빨아들일 가능성이 있는 정책이기 때문에 정부 재정 운용에 상당한 부담이 된다는 반론이 있을 수 있다. 기존의 여러 복지제도와 그 재정이 기본소득 예산으로 흡수되어버릴 수 있다든지, 경제정책에 필요한 돈까지 기본소득 재정으로 투입될 수 있다든지 하는 우려의 목소리가 커지는 것이다. 이런 부분에 대해서는 복지 전문가들 사이에서도 논쟁이 많다.

그러나 기본소득이 기존의 전통적인 복지정책에 매우 혁신적인 화두를 던진 것만은 분명하다. 특히 고용시장에서의 지위와 무관하게 전 국민에게 현금을 지급한다는 생각은 굉장한 자극을 주었다. 한국의 기존 사회보장제도는 사회보험 방식을 주로 채택하고 있는데, 이 방식에서는 노동시장에서의 지위에 따라 자격을 구분하고 보험료도 결정한다. 따라서 불안정한 노동계층에서 적지 않은 사각지대가 발생한다. 기본소득은 이와는 근본적인 사고를 달리한다. 기존의 '경로'로부터 크게 일탈하는 방식인 만큼 논란도 클 수밖에 없다. 그런 점에서 기본소득 시행은 충분한 사회적 공론화 과정이 더 필요하다.

공공 일자리만 늘려도 일자리 260만 개가 생긴다

앞서 국가가 재정지출을 통해 재분배를 하는 방식에는 두 가지가 있다고 했다. 기본소득이 현금급여 복지를 둘러싼 새로운 화두였다면, 현재 한

국의 현물급여 복지는 어느 수준까지 왔다고 보는가?

현물급여는 현금급여와 달리 정부가 어떤 서비스를 만들어서 국민에게 제공하는 방식이라고 말씀드렸다. 돈으로 주는 것이 아니라 보육, 교육, 보건의료서비스, 장기요양서비스처럼 실제 서비스를 제공해주는 것이다. 예방접종, 입원치료 등 코로나 팬데믹 대응책 다수도 국가가 제공한 현물급여 혜택이었다. 현물급여는 여러 분야에서 국민 생활에 제공되고 있다. 예산으로 제공되는 교육이나 보육과 같은 서비스, 사회보험 방식의 건강보험을 통한 보건의료서비스 및 노인장기요양보험 서비스, 고용보험의 직업능력개발훈련도 현물급여에 속한다. 산재보험 진료서비스도 현물급여다.

현물급여는 광의의 복지에 많이 포함되기도 하는데 방송, 통신, 도로, 항만, 공항 등 사회간접자본으로 인한 혜택도 큰 틀에서는 현물급여로 볼 수 있다. 특히 교통 같은 것은 생활 복지로 아주 중요하다. 이렇게 본다면 현물급여로 국민들이 받는 혜택은 매우 크다. 범위를 더 넓히면 국방이나 치안같이 국민 생활의 안전을 도모하는 서비스도 현물급여에 속한다.

현물급여는 반드시 '그 서비스를 만들어내는 생산조직을 경유'해야 한다는 점에서 현금급여와는 현저한 차이가 있다. 서비스 생산조직이 민간으로 구성되느냐 공공으로 구성되느냐는 복지국가의 형태를 결정하는 데 아주 중요한 요인 중 하나로 작용한다.

앞서 열거한 현물급여 서비스들은 국민의 삶에서 굉장히 중요하게 작용하는데 한국은 해당 서비스들을 공급하는 주체가 공공보다 민간으로 구성되어 있다. 공공 공급이 아닌 민간 공급이 많은 데 따른 여러 문제가 있을 것으로 짐작된다. 어떤 문제들이 있나?

한국은 현물급여 복지의 생산조직을 극단적으로 민간에 의지하는 아주 특수한 나라에 속한다. 이 부분이 한국 복지의 성격을 규정하는 중요한 지점이자 앞으로 더 나은 복지국가를 만드는 데 커다란 장애 요인으로 작용할 것이 우려되는 부분이다. 보건의료 부분을 보면 공공의료기관은 전체의 5.7%, 공공병상은 10%밖에 되지 않는다. 건강보험을 한국과 비슷하게 사회보험 방식으로 운영하는 일본이나 대만보다 현저히 낮은 수준이다. 자유주의국가라는 미국과 비교해도 절반이 되지 않는다. 한국은 경제협력개발기구 회원국 중 보건의료 생산에서 아주 극심한 민간 의존도를 가진 나라라고 할 수 있다.

보건의료서비스 제공의 민간 의존도도 심각하지만, 사회복지서비스 분야로 가면 상황은 더 극심하다. 노인을 위한 사회복지서비스를 공공으로 직영하는 비중은 0.8%, 아동을 위한 사회복지서비스의 경우에는 0.7%인 식으로 1%에도 미치지 못하는 실정이다. 국가나 지방자치단체가 설립한 몇 안 되는 기관들마저도 대부분 민간 위탁을 주고 있기 때문에 사실상 공공다운 공공 복지시설은 전무한 실정이라고 할 수 있다.

그나마 어린이집은 좀 나은 상황인데, 공공어린이집 확대 추진을 열심히 한 덕분에 전체 취학아동 중 21.9%가 국공립어린이집을 다닌다. 그래도 여전히 전체 어린이집 대비 공공어린이집 비율은 9.2%밖에 되지 않으며, 이 중에서도 공공 직영은 2%에 불과하다.

현물급여 서비스 중 공공 제공 비중이 제일 높은 부분은 교육시설이다. 비율을 따지면, 초등학교 90%, 중학교 70%, 고등학교 50%, 대학교 20% 정도다. 이렇게 학교의 공공 비중이 높은 이유는 한국의 교육 인프라가 박정희 시대 이전에 짜인 것이기 때문이다. 이승만 정부 초창기인 1949년에 의무교육이 시행되면서 1950년대 이후 정부 차원에서 전국에 학교를 건립해나갔고 그 이후에도 그 '경로'를 따라

〈그림 6〉 한국의 공공의료기관 현황

■ 한국의 공공병상 비율은 10.0%로 OECD 평균 71.6%에 비해 현저히 낮음.

(단위: %)

구분		2000	2005	2010	2015	2016
공공의료기관 비율(%)	한국	-	-	6.7	5.8	5.8
	OECD 평균	48.0	49.4	52.6	52.7	52.6
공공의료병상 비율(%)	한국	-	-	13.0	10.5	10.3
	OECD 평균	70.0	70.3	73.9	71.6	71.6

구분	한국	대만	독일	미국	일본	프랑스
전체 의료기관 중 공공병원 비율(%)	5.7	16.6	25.5	23.0	18.3	44.7
전체 병상 수 중 공공병상 비율(%)	10.0	32.2	40.7	21.5	27.2	61.5

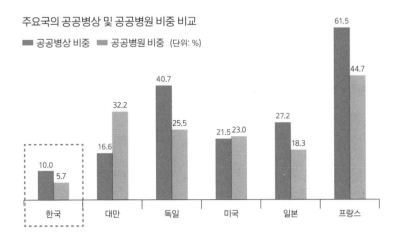

주요국의 공공병상 및 공공병원 비중 비교
■ 공공병상 비중 ■ 공공병원 비중 (단위: %)

자료 출처: 〈2020 OECD Health Data〉(2018년 기준).
주) 대만, 독일, 미국은 2017년 기준 자료를 활용함.

〈그림 7〉 한국의 사회복지시설 현황

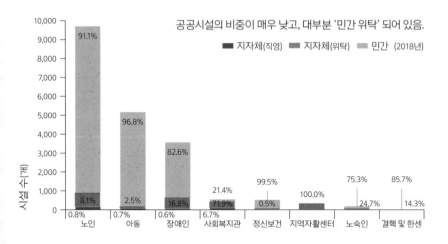

공공시설의 비중이 매우 낮고, 대부분 '민간 위탁' 되어 있음.

■ 지자체(직영) ■ 지자체(위탁) ▨ 민간 (2018년)

(단위: 개[%])

구분	지자체(직영)	지자체(위탁)	민간	합계
노인	77(0.8)	793(8.1)	8,895(91.1)	9,765(100)
아동	36(0.7)	127(2.5)	4,992(96.8)	5,155(100)
장애인	22(0.6)	601(16.8)	2,964(82.6)	3,587(100)
사회복지관	31(6.7)	333(71.9)	99(21.4)	463(100)
정신보건	-	2(0.5)	425(99.5)	427(100)
지역자활센터	-	249(100.0)	-	249(100)
노숙인	-	37(24.7)	113(75.3)	150(100)
결핵 및 한센	-	1(24.7)	6(75.3)	7(100)
합계	166(0.9)	2,143(10.8)	17,494(88.3)	19,803(100)

자료 출처: 보건복지부, 〈보건복지 통계연보〉(사회복지시설 현황), (2019.).
　　　　　김용익, 포용적 복지를 위한 국가의 역할, 포용국가포럼 발표자료(2021.).

〈그림 8〉 한국의 어린이집 현황(설립/운영 주체별)

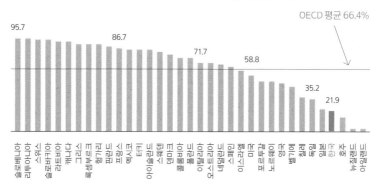

■ 국공립 취원율, 전체 아동의 21.9%

OECD 평균 66.4%

95.7 86.7 71.7 58.8 35.2 21.9

자료 출처: OECD, 유아 국공립 취업률 현황(2017).

■ 국공립어린이집 비율 9.2% (2.0%만 지자체 직영)

전체 어린이집: 39,171개

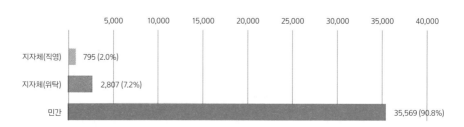

	5,000	10,000	15,000	20,000	25,000	30,000	35,000	40,000
지자체(직영)	795 (2.0%)							
지자체(위탁)	2,807 (7.2%)							
민간								35,569 (90.8%)

자료 출처: 보건복지부, 〈보건복지 통계연보〉(사회복지시설 현황), (2019.).
　　　　　김용익, 포용적 복지를 위한 국가의 역할, 포용국가포럼 발표자료(2021.).
주) '직장어린이집'은 '민간'에 포함되어 일부 '공공기관'의 직장어린이집도 민간 통계에 포함됨.

갔다. 그래서 교육시설은 공공시설의 비중이 높다.

　　그러나 학교를 제외한 모든 분야에서 공공 비중은 여전히 너무 낮고, 이는 현물급여 서비스의 질적 수준을 떨어뜨리는 요인으로 작용한다. 흔히 공공부문은 서비스의 질이 낮고 민간부문은 높다고 생각하지만, 이는 사실과 다르다. 공공 보육시설의 보육서비스, 국립대학의 교육서비스, 국립대학병원의 의료서비스 품질에 대한 국민 신뢰성을 생각해보면 이는 쉽게 알 수 있다. 지방의료원들의 경우도 같은 규모의 민간병원과 비교해 의료서비스 품질이 결코 나쁘지 않다. 국공립 시설은 해당 분야의 서비스에서 질적인 기준을 잡아준다는 점에서 중요하다. 예를 들어 국공립 요양시설이 요양서비스의 질적 기준을 잡아주고, 민간시설들이 이에 준하는 서비스를 제공하도록 해야 한다. 그런데 현실은 민간시설들만 모여 있으니 이런 기준을 잡아주는 기관이 없고, 그렇다 보니 정부도 관리가 힘들어진다. 또한 서비스 제공 시설이 수도권을 중심으로 편중되는 현상이 벌어지고, 서비스 이용비의 상승을 불러일으킨다. 특히 보건복지의 경우 정책 집행의 손발이 되어야 할 공공시설이 없으니 정책 집행 단계에서 상당히 큰 문제들이 일어난다. 교육시설은 국가가 세운 공립 초등학교, 중학교, 고등학교, 국립대학 등이 있지만, 보건복지부 소관인 병원은 국립중앙의료원, 국립암센터, 국립재활원 등을 제외하면 국가가 세운 공공병원이 없다. 대부분의 병원은 민간에서 세웠고, 그나마 있는 공공병원인 지방의료원도 지자체 소관이라서 보건복지부가 어떤 의료정책을 펼치려고 해도 그것을 집행해줄 손발이 없다.

앞서 언급한 문제들은 많은 사람들이 공감하는 문제다. 그런데 지금까지 잘 지적되지 않았던 문제가 하나 있다. 현물급여에서 공공인프라의 취약이 '일자리 창출'의 어려움으로 이어진다는 사실이다. 즉, '공공고용'이 매우 낮아진다는 커다란 문제가 생긴다. 서구의 선진 복지국가에서는 국민 삶의 질을 보장해주는 서비스가 공공의 방식으로 많이 이루어진다. 이러한 나라들에서는 국가가 국민의 삶을 보살펴주는 따뜻한 손을 제공한다는 것 외에, 우리가 미처 생각하지 못한 큰 기대 효과가 나타나는데, 바로 대규모 '공공부문 일자리'다.

현물급여 서비스를 민간이 아닌 공공이 맡을 경우 여러 효과가 있을 텐데, 특히 공공 일자리를 많이 창출한다는 점에서 정책 입안자들이 상당히 깊이 있게 고민해야 할 부분 같다. 구체적으로 어떻게 설명할 수 있나?

한국에서는 공공고용에 대한 인상이 굉장히 좋지 않다. 공무원, 공기업, 공공기관에서 일하는 사람들은 '철밥통'이라고 비난한다. 대개 국민의 세금으로 갉아먹는 '기생충'처럼 생각한다. 이러한 인식은 특히 신자유주의 시대의 '작은 정부론' 때문에 더 깊이 새겨졌다. "정부의 역할은 작을수록 좋다", "공공고용은 국민의 부담이다" 이런 식으로만 생각한다.

북유럽 국가에서는 전혀 다르게 생각한다. 스웨덴도 한국만큼이나 개방성이 강한 개방경제 체제다. 그런데 스웨덴에서는 공공고용이 내수를 보장해주는 수단이라는 인식이 있다. 자본주의 경제는 경기순환을 반복할 수밖에 없는데, 공공고용의 '철밥통' 월급이 경기가 안 좋을 때 내수를 보장해준다는 것이다. 자본주의의 본질적인 문제인 경기순환과 개방경제 체제와 같은 외부적인 문제로 닥치게 되는 여러 파장을 막아줄 수 있는 안전판으로 여기는 것이다. 그래서 개방성이 강한 경제 체제일수록 공공고용이 많아야 한다고 본다. 북유럽 국가들은 일반 행정을 위한 공무원들도 한국보다 훨씬 많이 고용하지만, 특히나 돌봄 노동 제공을 국가가 담당함으로써 공공고용을 크게 늘린다. 공공고용을 통해 많은 일자리를 제공하고 임금을 보장해줌으로써 좋은 일자리를 국가가 많이 창출하는 구조를 가졌다. 이런 방식으로 국가가 공공서비스를 직접 제공하고 동시에 일자리도 늘린다. 공공고용에 대한 태도가 한국과는 굉장히 다르다.

그렇다면 한국은 공공 일자리가 얼마나 부족한 것인가?

공공고용의 국제 비교를 위해 적합한 데이터가 그리 많지는 않다. 나라마다 공공고용에 대한 정의가 다르다. 그래서 아주 정확하게 비교할 수는 없다는 한계가 있다. 하지만 현재 구할 수 있는 자료를 바탕으로 살펴보면 2018년 기준 전체 고용 대비 정부 고용의 비율은 경제협력개발기구 회원국 평균이 17.7%이고 한국은 7.8%다. 스웨덴처럼 공공고용을 많이 하는 나라와 비교하지 않더라도 경제협력개발기구 회원국 평균과만 비교해봐도 공공 일자리 개수에서 약 266만 개나 차이가 있다. 2018년 한국의 취업자 수는 대략 2,700만 명 정도인데 경제협력개발기구 회원국 평균에 비하면 우리나라는 전체 일자리의 10% 규모가 창출되지 않은 것이다. 한국 노동시장에서 일자리가 부족한 커다란 이유 중 하나는 이처럼 정부가 고용자로서의 역할을 하지 않았기 때문이다. 2022년 현재 총 취업자 수는 2,800만 정도로 크게 변하지 않고 있다.

앞서 이야기했듯이 우리나라는 재정 규모가 작고 사회정책에 대한 국가의 역할이 작아 정부의 소득재분배 기능이 취약하다. 여기에 더해서 정부가 현물급여에서 공공 인프라 구축을 소홀히 하고 실패했기 때문에 좋은 일자리를 만드는 데 정부가 고용자로서 제 역할을 하지 못하고 있다. 이 부분이 한국의 사회경제에 굉장히 큰 영향을 주고 있다.

지적해주신 부분은 상당히 중요한 포인트 같다. 이론적으로는 그러한데 실질적으로 정부 고용을 통해 어떤 부분에서 얼마만큼 일자리를 창출할 수 있는가? 또 그것이 실현 가능한가?

〈그림 9〉 경제협력개발기구 회원국 평균과 한국의 정부 고용 비교 및 그 영향

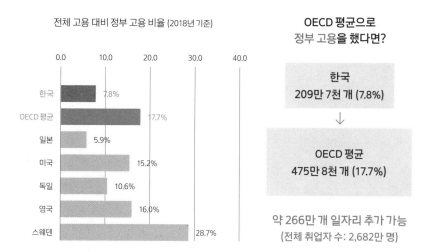

■ OECD 평균 대비 정부 고용 일자리 비율은 현저히 낮음.

전체 고용 대비 정부 고용 비율 (2018년 기준)

- 한국 7.8%
- OECD 평균 17.7%
- 일본 5.9%
- 미국 15.2%
- 독일 10.6%
- 영국 16.0%
- 스웨덴 28.7%

OECD 평균으로 정부 고용을 했다면?

한국
209만 7천 개 (7.8%)
↓
OECD 평균
475만 8천 개 (17.7%)

약 266만 개 일자리 추가 가능
(전체 취업자 수: 2,682만 명)

자료 출처: OECD, Government at a Glance(2019) 주1) '정부 고용'은 정부 기관 및 공공 비영리 단체, 사회보장기금의 고용을 의미함. '공기업' 일자리 제외(OECD 기준 준용) ★한국의 '공공고용'은 85.5%, '공기업 고용'은 14.5% ★정부고용률(%)=(정부 고용 일자리 수)/(전체 취업자 수)×100 주2) 일본과 미국은 2017년 자료임.

정부 고용에서 가장 격차가 큰 부분이 사회서비스 분야의 일자리다. 보건, 복지, 문화, 교육 등에서 정부 고용 규모가 크지 않기 때문에 생기는 격차를 다소 거칠게 추정해본다면 공공 사회서비스 분야에서 약 200만 개 정도의 일자리가 부족하다. 이는 많은 문제를 암시한다. 한국이란 국가는 국민 생활을 직접적으로 보살펴줄 수 있는 '따뜻한 손'을 가지고 있지 못하다. 보육, 노인 돌봄, 장애인 돌봄, 간병 등에서 국가가 하는 역할이 어느 정도인지를 생각해보면 금방 이해된다. 국가가 제공하는 서비스가 워낙 불충실하고 그를 위한 인력도 좋은 조건으로 채용하지 않으니 국가가 충분한 일자리 창출을 하지

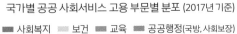

〈그림 10〉 유럽연합 28개국과 한국의
공공 사회서비스 고용 비교(2017년)

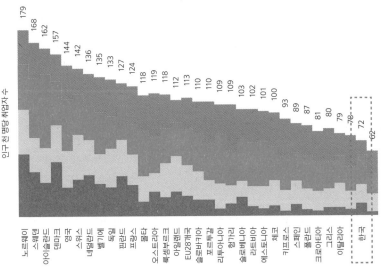

국가별 공공 사회서비스 고용 부문별 분포 (2017년 기준)
■ 사회복지 □ 보건 ■ 교육 ■ 공공행정(국방, 사회보장)

EU28개국 평균으로 공공사회서비스 고용을 했다면?

한국	EU 28개국 평균
372만 8천 명 (7.2%)	585만 1천 명 (11.3%)

212만 3천 명 추가 고용 (전체 인구수: 5,178만 명)

자료 출처: 조동희, 유럽의 공공 사회서비스 고용 현황 및 시사점, 대외경제정책연구원(2018) 주1)
한국의 공공 사회서비스 고용 부문별 분포(2017년 기준) ★ 총 인원 72명/1,000명, 사회복지 13명
(18.1%), 보건 17명(23.5%), 교육 29명(40.3%), 공공행정 및 국방, 사회보장행정 13명(18.1%) 주2)
공공 사회서비스 고용률(%)=(공공 사회서비스 고용자수)/(전체 인구수)×100.

못하는 것이다. 정부가 해야 할 커다란 역할 중 하나는 좋은 '고용주 (employer)'가 되는 것이다.

　사회서비스 분야는 특히 여성의 취업 기회를 많이 늘려준다. 정부 고용 규모가 크지 않은 것은 한국의 여성 고용이 서구보다 10% 정도 떨어지는 중요한 원인 중 하나이기도 하다. 오늘날 한국 사회는 돌봄 노동의 부담에 사로잡혀 있다. 사회화되어야 할 돌봄 노동이 여전히 무급 가족노동, 특히 여성 가족 구성원의 노동에 의존한다. 여성의 사회경제적 진출을 가로막고 경력단절을 일으키는 주요 요인이다. 한국에 자영업자가 유난히 많은 이유도 이런 종류의 일자리가 부족하기 때문일 수 있다. 자영업자들이 끊임없이 생겼다가 사라지는 과정에서 가계부채가 점차 늘어나는 악순환과 사회 불안이 발생하는데 이런 현상들의 원인도 상당 부분 질 좋은 일자리의 부족에 있다.

　물론 국가가 고용을 늘리려면 많은 재원을 필요로 한다. 그러나 이 비용은 소득세와 거래세를 통해 회수된다. 늘어난 고용은 늘어난 소비를 통해 생산을 자극하고, 늘어난 생산은 법인세와 또 다른 거래세로 회수된다. 고용이 늘어나면 더 많은 가계가 맞벌이를 통해 소득을 늘릴 수 있고, 국민들은 더 좋은 돌봄서비스를 받을 수 있다. 양극화, 저출산, 고령화 시대에 질 좋은 일자리와 질 좋은 돌봄은 국민들의 간절한 요구다.

　우리나라는 공공시장이라는 측면에서 봤을 때 상당히 비정상적이고 특이한 경우다. 그리고 이러한 현상은 국가가 공공서비스 인프라를 구축하지 않아서 발생한 공공의료의 부족이나 공공복지의 부족과 맥락을 같이 한다.

복지는 재원 배분에 대한 철학의 문제

흔히 '인프라'라고 하면 고속도로 등 사회기반시설을 많이 연상한다. 사람들은 보통 이러한 인프라 구축에 엄청난 돈이 든다고 생각하고 그 돈을 어떻게 감당하느냐고 이야기하기 마련이다. 대한민국 정부에 공공 인프라 구축을 감당할 만한 재정이 있다고 보는가?

고속도로 1km를 건설하는 데 드는 비용이 350억 원 정도라고 한다. 서울과 대전을 잇는 고속도로 200km를 건설하려면 돈이 약 7조 3천 억 원쯤 든다. 300~500개의 병상을 구비한 시설 좋은 공공병원을 하나 짓는 데 2,500억 원 정도가 든다. 단순 계산을 하면, 서울과 대전을 잇는 거리의 고속도로 하나를 건설할 비용이면 전국에 공공병원을 25개를 지을 수 있다. 참고로 2022년 현재 한국의 공공지방의료원 수는 총 35개다.

코로나 팬데믹 기간 동안 이 35개 지방의료원이 코로나19 치료의 80%를 담당했다. 한국은 국민의 생명을 살리고 경제를 제대로 돌아가게 한 공공병원의 가치를 계산하지 않는다. 고속도로 수천km를 까는 토목은 국가의 역할이라고 생각하면서도, 공공병원 같은 사회서비스 인프라를 구축하는 것은 국가의 역할이 아니라고 본다. 복지정책은 국가에 돈이 없기 때문에 추진하지 못하는 것이 아니다. 재정이나 비용 문제가 아니다. 국가의 역할을 어떻게 설정할 것이냐의 문제다.

고속도로 200km를 건설할 비용이면 공공어린이집 1,500여 개, 200병상 규모의 공공요양병원 약 400개, 70명 정원의 노인이나 장애인 입소시설을 약 1,000개 정도는 지을 수 있다. 재정 규모가 매우 작은 정부에 속하는 상황과 소극적인 국가 역할 모형을 고려하더라도 정부가 재정 배분에 있어 조금만 방향을 바꾼다면 사회서비스 분야의 확충과 이를 통한 공공 일자리 창출은 충분히 가능하다. 국가의 역할이 지금과 달리 설정되었더라면 국민의 생활도 크게 달라졌을 것이고, 공공 보건복지 인프라를 통해 만들어진 공공고용 일자리도 훨씬 많아졌을 것이다. 자연스레 노동시장의 구조도 분명히 지금과는 많이 달라졌을 것이다.

〈그림 11〉 고속도로 200km 건설 비용과 공공시설 건립 비용 비교

■ 토목공사 비용과 보건복지시설 건립 소요 비용 비교.

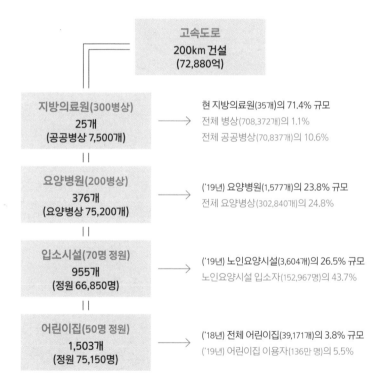

자료 출처: 건강보험연구원 이슈페이퍼 〈공공의료 확충의 필요성과 전략〉(2020.11).

2부

'한국형 복지국가' 설계를 위해 넘어야 할 3대 난제

3장

양극화

차별과 불평등을 넘어 더불어 행복한 사회로

1~2장에서 국가의 역할을 특별히 강조했다. 정권마다 각기 나름의 정책을 펴고 예산도 집행했다. 그러나 여전히 풀리지 않는 많은 문제들이 존재한다. 오히려 악화된 문제들도 있다. 이번 장에서는 우리가 직면한, 당장은 해법이 요원하나 반드시 풀어야 할 사회정책 난제들을 놓고 이야기하고자 한다. 여러 난제들이 있겠지만 특별히 주목해야 할 문제로 무엇을 꼽을 수 있는가?

많은 국민과 언론이 언급하고 있는 양극화, 저출산, 고령화, 이 세 가지에 한국 경제·사회의 복잡한 문제들이 다 얽혀 있다. 이 세 가지 문제가 현재 한국 사회가 넘어서야 할 핵심 과제다. 이 문제들을 해결하면 한국 사회를 크게 바꿀 수 있다. 그런 의미에서 도전 과제이기도 하다. 양극화, 저출산, 고령화는 커다란 사회문제임이 분명하지만, 한국 사회가 한 단계 더 발전하기 위해 풀어야 할 과제라는 의미에서 검토해야 한다.

사실 오래전부터 이 문제들의 중요성을 인식하고 정부 차원에서 해결하고자 했다. 특히 노무현 정부 때부터 양극화, 저출산, 고령화에 대한 문제 제기와 해결책 모색이 시도되었다. 현재 그로부터 20년 정도의 시간이 지났는데, 이 세 가지 문제의 현 상황이 어떠한지 짚어달라.

양극화는 소득에서 부익부 빈익빈 현상을 보이는 것이다. 부자는 더 부자가 되고 가난한 사람은 더 가난해져서 양극단으로 소득계층이 몰리게 되는 현상이다. 다시 말해 중산층이 축소되고 몰락해간다는 뜻이다. 그러나 일상적으로는 '소득 불평등'이라는 말과 큰 차이 없이 쓰인다. 현재 한국의 시장소득분포는 국제적으로 비교적 좋은 편에 속한다. 그러나 처분가능소득분포는 상당히 불평등하다. 즉, 시장소득은 비교적 양호한 편이지만 국가가 개입해서 이루어지는 소득재분배 기능이 취약하기 때문에 처분가능소득의 불평등 정도는 국제적으로 아주 좋지 않다.

저출산은 아이를 적게 낳는 현상을 지칭한다. 여성 1명이 가임기간(15~49세)에 낳을 것으로 기대되는 평균 출생아 수를 합계출산율이라고 하는데, 2018년 0.98명을 기록하며 처음으로 합계출산율이 1.0 이하로 내려갔다. 이후 합계출산율은 매년 감소 추세다. 2020년 합계출산율은 0.84명이었다. 인구가 늘지도 줄지도 않는 인구 정지 상태를 유지하려면 합계출산율이 2.1명은 되어야 한다는 점을 고려하면 한국의 저출산 상황이 얼마나 심각한지 알 수 있다. 0.1명 정도는 노년이 되기 전에 사망할 확률이 있기 때문에 그 정도 수치는 되어야 출생률과 사망률의 균형이 맞는다. 출생률은 고령화 지표에 비하면 상대적으로 짧은 기간 내에 변화할 가능성은 있다. 하지만 출생률도 여러 사회현상이 복합되어 나타나는 현상이기에 일정한 경향성을 갖는다.

고령화는 한마디로 노인이 많아지는 현상이다. 전체 인구 중에서 노인인구가 차지하는 비중, 즉 고령화율이라고 하는 비율이 2021년 기준 16.5%이고, 생산가능인구 대비 노인인구의 비중을 의미하는 노인부양비는 23.0%다. 이는 과거에 일어났던 여러 인구 현상의 결과로서 나타나는 수치이기 때문에 쉽게 바뀌지 않는다. 고령화 추이는 앞으로 약 30년 정도는 이미 큰 방향이 결정되어 있다.

이 세 가지 문제는 아주 다양한 사회현상이 복합적으로 작용해 나타나는 현상이기 때문에 당연히 단기간에 개선되기는 어렵다. 2000년대 초반부터 대두된 이 세 가지 문제는 아직도 그 해결의 기미가 보이지 않는 중이다. 그렇다 하더라도 20년 동안 양극화, 저출산, 고령화 문제에 대해 해소나 완화의 실마리조차 잡지 못하고 있는 것은 절대로 정상적이지 않다. 문제를 잘 분석해서 일관된 정책을 펴왔더라면 완전한 해결은 아닐지언정 지금쯤 해결의 '실마리'는 잡았을 것이다. 하지만 결과적으로 그렇지 못했다. 일관적인 정책 추진의 부재가 원인이다.

한 가지 다행스러운 점은 이 세 가지 사회병리적 현상을 치료할 대책이 대부분 서로 간에 공통된다는 것이다. 즉, 양극화 해결책은 저출산 문제 해결에도 도움이 되고 장기적으로 고령화 문제를 해결하는 데도 도움이 된다. 세 가지 현상에 대한 대책이 서로 간에 충돌되었다면 이 난제들을 풀기가 진짜 어려웠을 텐데, 해결책의 방향이 거의 일치한다. 이 세 가지 문제를 푸는 방향을 제대로 잡을 수만 있다면 한국 사회가 새로운 차원으로 발전하는 중요한 계기가 될 수 있다는 뜻이다. 그러므로 이 세 가지 문제들은 새로 들어선 정부를 비롯해 그다음 정부들이 반드시 해결해야 할 중요한 국가 운영 과제로 삼아야 한다.

가난 구제는 나라가 할 수 '있다'

세 가지 문제 중에서도 특히 국내외적으로 코로나 팬데믹 이후 더욱 이 슈화된 사안이 양극화 또는 불평등의 문제다. 불평등을 바라보는 우리 사회의 시각이 상반되기도 한다. 한쪽은 어느 정도의 불평등은 필요악 이라 주장하고, 다른 한쪽은 반드시 해결해야 할 문제라고 말한다. 하지 만 어느 쪽이든 지금과 같은 심각한 불평등에 대한 해결책을 강구하고, 이 문제가 국가적으로 주목할 문제라고 보는 데는 큰 이견이 없다고 본 다. 양극화 문제를 어떻게 바라보아야 바람직한가?

시장소득이 완벽하게 평등한 나라는 지구상에 존재해본 적이 없 다. 그러나 시장소득 불평등의 정도는 나라에 따라 상당한 차이를 보 인다. 이것은 경제구조에 따라 시장소득분포도 개선할 여지가 있다는 의미다. 여기에 더해 간과하기 쉬운 부분이 있다. 인구 효과[37]다. 시장 구조에 따라 나타나는 소득 불평등 외에 인구 구조에 따라서도 소득 불평등이 나타난다. 경제활동을 하지 못하는 노인인구가 많은 나라에 서는 당연히 시장소득이 불평등하게 나타날 수밖에 없다. 한국에서도 앞으로 고령화가 진행되면 이 때문에 양극화도 더욱 악화될 것이다. 그러나 전문가들은 소득 불평등의 '시장 효과'와 '인구 효과'를 나누 어서 계산하기는 기술적으로 쉽지 않다고 이야기한다.

그다음에 주의해서 보아야 할 점이 시장소득과 처분가능소득의 불평등은 일치하지 않는다는 점이다. 즉, 국가의 적절한 개입에 의해 서 재분배가 제대로 이루어지면 시장소득에 비해 처분가능소득의 불

---

37 근로자 100명당 65세 이상의 부양가족, 아동 및 사람들의 수가 늘어남에 따라 소 득 불평등이 커지는 현상.

평등은 크게 감소할 수 있다. 북유럽 국가의 경우, 시장소득 불평등 정도가 한국보다 훨씬 심하다. 이는 주로 인구 효과에 기인한다. 노인 인구가 많고 연금 수급 연령이 되면 이들이 생산 활동을 멈춰서 시장 소득이 없어지게 되기 때문이다. 그러나 정부에서 주는 넉넉한 연금 덕분에 북유럽 국가의 처분가능소득분포는 한국보다 훨씬 좋다. '가난 구제는 나라도 못한다'라는 속담이 있지만, 이런 사례를 보면 '가난 구제는 나라가 할 수 있다'라고도 말할 수 있다.

우리 사회의 양극화가 해결되지 않는 것은 양극화나 불평등을 바라보는 정치권의 관점도 문제라는 지적도 있다. 어떻게 생각하는가?

불평등을 바라보는 관점은 어떤 정치적 이념을 지향하느냐에 따라 다르다. 보수는 성장을 위해서는 경쟁이 필요하다고 본다. 불평등은 경쟁을 위한 동력이자 성장을 위한 자극이라고 생각한다. 그런 관점에서 일정한 불평등은 불가피할 뿐만 아니라 어느 정도는 바람직하다고 보기도 한다. 한국 사회 전반에 이러한 견해가 굉장히 널리 퍼져 있다. 이런 견해를 대놓고 밝히지는 않지만 여러 경제정책이 경쟁은 반드시 필요하다고 보는 시각을 전제한다.

반면에 진보는 불평등을 바람직하지 않은 것으로 보고, 고쳐야 한다고 생각한다. 이러한 시각은 진보 내에서도 편차가 존재한다. 불평등을 완전히 없애야 한다는 고전적인 마르크스주의나 아나키즘의 견해부터 불평등을 완전히 없앨 수는 없지만 완화하는 방식으로 가야 한다는 견해까지 스펙트럼이 다양하다. 후자는 사회민주주의와 중도 정치 성향을 가진 분들의 인식이다. 일반적으로 '평등'은 진보의 공통된 가치다. 최근 소득주도성장 내지는 포용적 성장을 주장하는 분들이 소득이 평준화되어야 오히려 경제도 성장할 수 있다는 증거를 내

세우기도 했다.

말씀하신 바대로 한국은 불평등을 바라보는 시각이 정치권에서도 양쪽으로 나뉘어진 측면이 있다. 그러나 국제노동기구(ILO), 경제협력개발기구 등 자본주의 발전에 중요한 역할을 한 국제기구들조차도 이미 불평등을 완화시키며 가는 것이 성장에 도움이 된다는 많은 보고서를 펴내고 있다. 그럼에도 한국만 여전히 이러한 관점이 충분히 수용되지 못하는 까닭은 무엇인가?

포용적 성장이 이미 국제적인 상식이 되었음에도 그 반대 견해가 한국 사회에 강고하게 남아 있는 이유에 대해 많은 연구가 이루어지지 않은 것 같다. 흔히 하는 설명은 한국에 미국식 경제학이 많이 들어와 있기 때문이라고 한다. 경제정책을 만드는 경제 관료나 경제학계의 학자 대부분이 미국에서 공부한 영향이라는 해석을 많이 한다. 그러나 앞에서 밝힌 것처럼 박정희 시대부터 지금까지 이어진 국가의 역할을 그동안의 정권들이 내재화하고 고착화한 영향이 매우 클 것이다. 미국의 소위 '주류' 경제학도 최근에는 소득 불평등 문제에 대해 신자유주의적인 방식으로만 보던 견해에서 상당히 벗어나고 있다고 한다. 그러나 한국에서는 별다른 변화가 일어나는 것 같지 않다.

양극화의 뿌리는 대기업의 중소기업 착취와 고용 기피

어떤 문제를 해결하려면 원인을 정확히 파악해야 한다. 소득 양극화, 소득 불평등은 왜 일어나는가? 국제적 현상이라고 하지만 나라마다 특성이 조금씩 다를 것 같다. 한국의 경우는 상당히 구조적인 문제라고 하는데, 구체적으로 어떻게 설명할 수 있는가?

앞에서도 말했지만, 소득의 양극화는 여러 가지 구조적인 상황의 최종 결과물이다. 대부분의 사람들은 취업을 해서 월급을 받는 생활을 한다. 어떤 회사에 취직해서 얼마만큼의 월급을 받느냐에 따라 시장소득이 결정된다. 대기업에 취직하느냐, 중소기업에 취직하느냐에 따라 소득 차이가 생긴다는 사실은 누구나 안다. 같은 대기업이라고 해도 정규직이냐 비정규직이냐에 따라 소득이 많이 다르다. 직장인과 달리 자영업자들은 영업이익이 주된 소득인데, 이들은 고용자이기도 하고 피고용자이기도 하다. 그래서 그 영업이익이 월급인지, 이윤인지는 논쟁거리이기도 하다. 어떤 회사의 고위직 간부들은 많은 연봉을 받는 데다 여유 자금 투자를 통해 근로소득 외에 부동산 등의 자산소득, 주식 등의 금융소득 같은 별도의 소득을 얻는 일이 많다. 이처럼 소득의 원천이 다양하지만 전반적으로 시장소득은 고용과 임금에 의해서 기본 틀이 결정된다. 결국 '소득 양극화'는 '고용 양극화'에 의해 나타난다.

요약하자면, 소득 양극화는 노동시장에서의 고용 양극화에서 비롯된다는 설명이다. 그런데 고용 양극화는 산업 양극화에서 비롯된다고들 한다. 산업 양극화가 무엇을 뜻하는지 설명이 필요할 것 같다.

옳은 지적이다. '소득 양극화'는 '고용 양극화'에 의해 나타나는데 그 '고용 양극화'는 다시 '산업 양극화'에 의해 나타난다. 산업 양극화는 쉽게 말해 기업 간의 격차가 벌어지는 것이다. 기업 간의 관계는 시장의 '구조'에 해당한다. 결국, 소득 격차가 벌어지는 현상의 뿌리에는 기업 간의 격차, 즉 시장의 잘못된 구조가 있다고 본다.

산업 양극화는 대기업과 중소기업 간의 불평등한 관계에서 비롯된다. 대기업, 중규모 기업, 소규모 기업, 자영업 등 경제주체별로 상

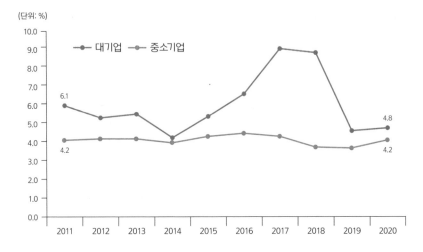

〈그림 12〉 대기업과 중소기업의 매출액 영업이익률(제조업 분야)

(단위: %)

자료 출처: 한국은행, 〈기업경영분석의 주요 수익성 지표〉(2011~2020).

황을 살펴보면 대기업으로의 경제력 집중이 심해지고 중소기업은 점점 밀려나는 현상을 보인다. 대기업이 중소기업의 영역에 진입해 들어오는 현상도 늘었다. 유통업, 외식업이 대표적이다. 과거에 유통업은 동네 가게(자영업)를 중심으로 구성되었는데, 요즘은 대기업들의 편의점 체인망이 그 자리를 장악했다. 외식업도 전에는 동네 음식점이 중심이었는데 이제는 많은 대기업이 외식업에 진출 중이다. 이런 식으로 중소기업의 영역이 축소되었다.

대기업과 중소기업 간에는 여러 형태의 불공정한 권력관계도 나타난다. 중소기업에서 좀 이윤을 낸다고 하면 대기업이 납품가 쥐어짜기를 해서 중소기업을 어렵게 하는 일이 많다. 또한 대기업 그룹 안에서 내부 거래가 일어나면 중소기업 몫은 줄어들고 대기업 그룹은 그만큼 이윤을 더 얻는다. '일감 몰아주기'도 자주 거론되는 일 중 하나다. 중소기업의 영역을 축소시키는 불공정 거래의 대표 사례다. 중소기업 몫의 이윤을 대기업이 가져가는 방식은 이외에도 아주 다양하다.

이런 식의 불공정 거래 내지 착취가 일어나면 대기업의 이윤율은 높아지지만, 중소기업의 이윤율은 떨어진다. 중소기업의 이윤율이 저하되면 당연히 종사자들에게 임금으로 줄 수 있는 여력도 줄어든다. 산업 양극화가 고용 양극화를 거쳐 소득 양극화로 진행되는 과정이 이런 식으로 진행된다.

대기업이 고용을 많이 하면 고용시장에 좋은 영향을 미친다. 그러나 한국은 국내 경제에서 대기업이 차지하는 비중에 비해 고용률이 크게 떨어진다. 2020년 말 기준, 자산 규모 5조 원 이상인 대규모 기업집단 71곳의 고용보험 가입자 수는 162만 명으로 전체 가입자 1,411만 명의 11.5%였다.[38] 대규모 기업집단의 매출이 1,607조 원으로 전체 국내총생산의 84%를 차지[39]하고 있는 것에 비하면 굉장히 낮은 고용률이라고 할 수밖에 없다. 250명 이상 사업장을 보더라도 2014년 기준, 고용률은 12.8%로 58.7%인 미국의 1/4 수준에도 미치지 못했다.[40] 한국의 대기업은 상대적으로 고용자로서의 역할을 매우 게을리한다고 볼 수 있다. 대기업의 고용 비중이 낮은 이유는 외주를 많이 내보내기 때문이기도 하다. 이런 경우, 대기업 일을 하지만 중소기업에 고용된 형태가 된다. 대기업에서 같은 일을 하면서도 직고용 노동자와 외주업체 노동자들 사이의 임금 격차가 매우 크다는 사실은 많은 이들이 안다. 대기업은 이런 식으로 인건비를 줄일 수 있겠지만, 경제 전체의 관점에서 본다면 바람직한 일은 아니다.

대기업 근무시간이 특별히 짧지도 않다. 대기업들이 근무시간을

---

38   한국CXO연구소 자료(2021.8. 발표).
39   한국CXO연구소 자료(2021.6. 발표).
40   경제협력개발기구, 〈기업가 정신 보고서〉, 2017.

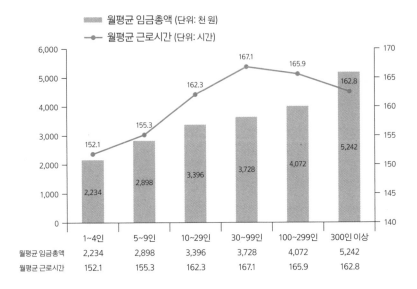

〈그림 13〉 2020년 전체 근로자 사업체 규모별
근로시간 및 임금총액(1인 이상)

	1~4인	5~9인	10~29인	30~99인	100~299인	300인 이상
월평균 임금총액	2,234	2,898	3,396	3,728	4,072	5,242
월평균 근로시간	152.1	155.3	162.3	167.1	165.9	162.8

자료 출처: 고용노동부, 〈사업체노동력조사〉(2021).
주) 상용근로자 1인 이상 사업체에 종사하는 전체 근로자에 대한 분석 결과임.

줄이는 것은 해당 기업에서 일하는 노동자들의 여가 시간 보장과 평생학습 시간 연장, 피로도 저하, 산재사고 예방 등의 효과도 있지만, 그만큼 일자리를 나누어 고용 인원수를 늘리는 의미도 있다. 여유 있는 대기업이 노동시간을 줄이고 더 많은 고용을 했더라면 전체적으로 가계소득이 좋아지는 방향으로 가는 데 기여했을 텐데 현실은 그렇지 않다.

　　북유럽 국가 중에서도 스웨덴이나 핀란드는 대기업이 주도하는 경제 체제이지만, 덴마크는 산업구조가 중소기업 중심이고 대기업 비중이 크지 않다. 그런데 이 나라들은 공통적으로 대기업과 중소기업의 협력 관계를 구축했으며, '동일노동 동일임금'의 원칙을 적용하고 있기 때문에 대기업과 중소기업 간에 임금 격차가 크지 않다. 이러한 산업구조를 갖춘 나라에서는 시장소득의 불평등 문제가 훨씬 적게 나타난다. '시장은 기본적으로 불평등한 소득분포를 초래할 수밖에 없다'는 한국에서는 당연하게 여겨지는 생각이 사실은 참이 아닐 수도 있는 것이다. '시장을 통해 지금보다 훨씬 개선된 시장소득분포를 만들어낼 수도 있다'는 발상의 전환이 필요하다. 이런 아이디어를 한동안 '경제민주화'라고 불렀다. 그러나 '경제민주화'를 주장했던 분들도 시장의 질서와 규율을 강조하기는 했어도 시장을 통한 소득 불평등의 획기적 개선을 과감하게 주장하지는 않았던 것 같다.

산업 양극화는 시장소득의 불평등을 가져오는 결과로 치달았다. 북유럽 국가처럼 원천적으로 시장소득의 불평등을 낮춰주는 정책이 필요해 보인다. 그렇다면 산업 양극화, 고용 양극화, 소득 양극화, 이 악순환의 연결 고리를 푸는 묘책은 없는 것인가?

세 가지 양극화의 해결은 자본과 노동, 즉 기업과 가계가 경제활동에서 나오는 부가가치를 어떻게 나눌 것인지와 관련이 깊다. 경제활동으로 남은 이윤을 기업과 가계가 각각 얼마만큼의 비율로 나눠 가질지가 중요하다. 노동으로 오는 몫이 늘어나야 가정경제의 몫이 커진다. 그런데 그동안 한국의 경제에서는 노동소득분배율[41]이 전반적으로 매우 낮았다. 문재인 정부에서 시행한 최저임금 인상 등의 정책으로 최근 노동소득분배율이 어느 정도 개선되었다. 일단 가계로 오는 몫이 커져야 전반적인 가계 수입이 늘고 빈곤 가구가 줄어든다. 다음 단계로 정부가 가계 사이의 소득 격차를 줄이는 소득재분배 과

---

41 국민소득 가운데 노동소득의 비중을 뜻한다. 즉, 생산 활동에 의해 만들어진 부가가치 중 노동을 제공한 대가로 가계에 분배되는 부분을 뜻한다. 그에 반대되는 부분이 자본에게 돌아간다.

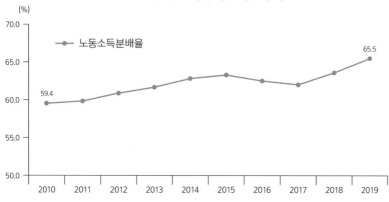

〈그림 14〉노동소득분배율 추이

자료 출처: 한국은행 국민계정(2021).

정을 거치면 양극화가 완화될 수 있다.

자본소득과 노동소득의 분배율이 어떻게 되느냐는 고용과 임금의 수준에 달려 있다. 고용률과 임금 수준을 높이려면 노동소득분배율 개선이 핵심이다. 일자리가 많고 임금이 높으면 돈이 가계 쪽으로 많이 오게 된다. 2018년 문재인 정부 시절 일자리 수는 2,700만 개 정도로 증가했고, 이후 그 정도 수준에서 등락을 거듭 중이다. 최저임금은 2018년과 2019년 10%가 넘는 인상을 했으나 그 이후에는 크게 올리지 못했다. 최저임금 인상은 빈곤층을 줄이는 데는 도움을 주지만 전체 소득분포를 개선하는 데는 큰 역할을 하기 어렵다. 최저임금은 저소득층의 임금을 끌어올리는 정책이지 중산층의 임금을 올리는 정책은 아니기 때문이다. 그럼에도 2018년과 2019년 노동소득분배율은 상당히 개선되었다.

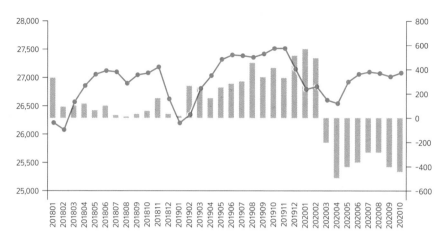

〈그림 15〉일자리 추이

전년 동월 대비 취업자 수 변동 (단위: %) ── 취업자 수 (단위: 명)

자료 출처: 통계청, 〈경제활동인구조사〉(2021).
주) 취업자 수는 좌측 축, 전년 동월 대비 취업자 수 변동은 우측 축 참조.

'고용의 정상화'를 위한 두 가지 해법

'양극화' 하면 사람들은 흔히 정규직, 비정규직을 많이 떠올린다. 이 부분은 어떻게 이해해야 하나?

양극화 완화를 위해서는 일단 노동의 몫, 즉 가계의 몫이 얼마나 오느냐가 중요하고, 두 번째는 가계들 사이에 그 몫이 어떻게 나뉘느냐가 중요하다. 이것은 노동자가 대기업, 중기업, 소기업, 자영업 중 어디에 취직했는지, 그리고 그 안에서 위치가 정규직이냐 비정규직이냐에 의해서 결정된다. 이중구조 또는 2차원적으로 결정되는 것이다. 간단히 정리하면 다음과 같은 표가 나온다.

〈표 3〉 한국의 노동시장 구분

	정규직	비정규직
대기업	A1	A2
중기업	B1	B2
소기업	C1	C2

한국 노동시장에서 가장 유리한 사람들은 대기업 정규직이다. 그 다음은 중기업 정규직이거나 대기업 비정규직, 그다음은 소기업 정규직, 중기업 비정규직, 마지막으로 소기업 비정규직, 이러한 순서다. 그러나 소기업이나 일정 규모 이하의 중기업에서 정규직과 비정규직의 구별은 큰 의미가 없다. 회사 자체가 불안정해서 언제든 망해버릴 수 있기 때문이다. 핵심은 노동시장에서의 지위가 어떠냐에 따라 소득수준이 갈라진다는 사실이다.

대·중·소기업 간에 이윤율 차이가 없고, 정규직과 비정규직이 동일노동 동일임금의 원칙에 의해 시간당 임금을 동일하게 적용받는 시장 구조라면 시장소득은 훨씬 더 형평성 있게 분배가 가능하다. 하지만 현재 한국의 시장소득분포는 이러한 형평성에서 너무 멀다. 이것이 문제다.

이 문제를 풀기 위해서 흔히 '동일노동 동일임금' 원칙을 언급한다. 이것이 한국에서 현실적으로 가능한 해법인가? 또한 한국은 기업 규모에 따라 노동조합 조직률이나 교섭력의 차이가 크다. 기업별 노조 형태인 각 노동조합의 이해관계를 어떻게 조정할 수 있나?

한국에서는 동일노동 동일임금 원칙 적용에 어려운 점이 굉장히 많다. 만일 소기업 운영자나 자영업자에게 대기업 수준에 맞추어 동일노동 동일임금 원칙을 적용해야 한다고 하면 작은 기업들은 생존이 어려워진다. 그래서 이를 시행하기 전에 대기업과 중소기업의 이윤율 격차를 줄여주는 노력이 선행되어야 한다. 그렇더라도 중소기업이 대기업과 동일한 임금을 부담하기란 쉽지 않다.

1951년 스웨덴 노총이 제안한 '렌-마이드너(Rehn-Meidner) 모델'[42]은 동일노동 동일임금 원칙의 중요한 경험을 전해준다. 스웨덴은 이 시기에 대기업 노동자들의 임금 상승률을 낮춰가면서 중소기업 근로자의 임금을 인상했다. 그래서 이를 두고 '연대임금'이라고 칭했다. 경쟁력이 떨어지는 중소기업들이 회사 문을 닫는 것을 감수하고 임금 인상을 과감히 진행했다. 퇴출 기업에서 실직한 노동자들에게는 실업수당과 재교육을 제공해서 다른 기업에 취업할 수 있도록 지원했다. 산업, 고용, 임금의 구조 개편을 동시에 진행한 것이다. 스웨덴의 사례에서 알 수 있듯이 결국 동일노동 동일임금의 원칙을 적용하려면 산업구조의 개편이 동시에 일어나야 한다. 이런 정도의 각오 없이는 동일노동 동일임금 방식의 도입이 쉽지 않다. 그러나 기업 간, 기업 규모 간 이윤율 격차를 줄여주고 그것에 상응하게 임금 격차도 줄여주는 노력을 하는 것은 가능하다. 물론 이러한 노력도 정치적으로는 대단한 부담으로 작용할 것이다.

고용된 기업의 규모, 형태, 업종 등이 노동자의 소득을 결정하는 요인이지만 노동조합 결성 여부도 중요하다. 노동조합 결성 여부가 임금 교섭력 차이로 이어지기 때문이다. 기업 규모와 고용 형태에 따

---

42 1940년대 스웨덴 경제학자 렌과 마이드너가 제시한 모델. 각 산업이나 기업의 수익성에 상관없이 같은 일을 하는 노동자는 비슷한 임금을 받도록 하는 것이다. 실질적으로는 대기업의 임금 상승을 억제하고 중소기업의 임금을 빠른 속도로 올리는 것을 노사 합의로 추진했다.

라서 노조 조직률은 사업장별 격차가 크다. 대기업, 정규직일수록 노조 조직률은 압도적으로 높다. '교섭력 차이가 임금 격차를 유발한다'라는 말이 한국만큼 강하게 작용하는 나라도 많지 않다. 기업 간 노조 조직률 차이가 극심한 것은 양극화가 지속적으로 심화하는 주요 원인 중 하나다.

<그림 16> 한국의 고용 형태별 노동조합 가입률

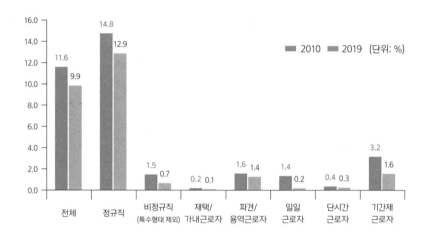

자료 출처: 고용노동부, 〈전국 노동조합 조직현황〉(2011, 2020).

우리나라는 형식적으로는 산업별 노동조합이 있지만, 단체교섭은 기업별 노동조합이 한다. 사실상 기업별 노동조합 형태인 셈이다. 그런데 기업별 노동조합 방식으로는 전체 노동자의 공동 이익을 추구하기가 어렵다. 기업 단위로 이해관계가 얽혀 있기 때문에 노동조합 가입 당사자도 기업의 이해관계에서 벗어나기가 어렵다. 사회적으로나 정책적으로 산업별 노동조합이나 업종별 노동조합 형태로 갈 수 있도록 여건을 만들어주어야 한다. 산업별 노동조합과 같은 초기업 노동조합이 만들어진다고 해서 기업 간 임금 격차가 자동적으로 해소되지는 않겠지만 그럴 가능성은 더 커질 것이다.

시장질서 확립이 국가의 역할

정부의 개입으로 그렇게 인위적으로 기업 간의 임금 격차를 줄일 수 있는 것인가?

임금 격차를 인위적으로 줄일 수는 없다. 정부가 시장질서를 바로잡아주면서 해결되는 수순이다. 시장질서 확립은 한국의 모든 합리적인 경제학자들이 이구동성으로 주장하는 바다. 그렇게 되면 이윤 격차는 자연스럽게 줄어든다. 예를 들어 내부 거래 같은 불공정 거래 행위나 큰 기업이 작은 기업에 납품단가 후려치기를 하는 등의 소위 '갑질' 행위를 근절하는 것은 시장질서를 바로잡기 위해 꼭 필요하다. 중소기업 업종 보호도 시장이 제 기능을 하기 위해 중요한 방안 중 하나이다.

시장질서가 지켜지지 않기 때문에 한동안 '초과이윤 공유제'[43] 같은 방식으로라도 중소기업의 이윤을 보장해주어야 한다는 주장도 있었다. 현실적으로 무리한 부분이 있어 실현되거나 본격적으로 논의되지는 못했지만, 이런 방안이 나올 정도로 기업 간 이윤 격차 문제는 심각하다.

공정한 거래가 이루어지도록 하는 것, 원청인 대기업의 일방적인 착취

---

43 대기업이 해마다 설정한 목표이익을 초과하는 이익이 발생했을 때 협력 중소기업에게 초과이윤의 일부를 나누어주는 제도.

구조를 바로잡는 것이 중요해 보인다. 그래야 중소기업이 고용 안정을 꾀하고 노동자들에게 임금을 잘 나누어줄 여력이 생긴다. 통칭 '경제민주화 정책'이 2012년 대통령 선거의 화두 중 하나였다. 그 이후에 경제민주화 정책은 진전이 있었는가?

박근혜, 문재인 정부가 여러 노력은 했지만, 기업 지배구조 개편 같은 큰 과제들에서 진전이 별로 없었던 것 같다. 시장질서를 바로잡는 정책이 매우 중요하다는 점을 다시 한번 인식해야 한다. 정책적 조치가 얼마나 중요한지는 과거 사례를 보면 충분히 이해된다. 가령 김영삼 정부의 금융실명제 시행 이전과 이후의 시장질서는 크게 달라졌다. 그런데 그 이후에 금융실명제에 준하는 획기적인 정책들은 별로 눈에 띄지 않는다. 대기업군을 지정하고 관리하여 대기업군이 할 수 있는 일과 없는 일을 구분해놓는 일 등의 조치는 있었고, 이것도 중요한 일이기는 하다. 그러나 그 결과(outcome)로 대기업 행동이 크게 변화했는지는 의심스럽다. 이러니 양극화 문제가 여전히 안 풀리는 것이다.

양극화와 관련해 또 하나 짚어볼 것이 있다. 노동시장의 이중구조라든가 산업 양극화에 따른 문제 이외에 경제사회적 변화, 가령 디지털 전환이나 팬데믹 상황 등에 따른 새로운 문제들이 양극화를 더 악화시키는 경향이 보인다. 특히 불안정 노동자들의 등장이 주목된다. 어떻게 생각하는가?

고용 통계에는 잘 나타나지 않으면서 통계에 드러난 사람들보다 상황이 더 어려운 이들은 자영업자들이다. 자영업자들은 한국에서 전체 고용의 20% 이상을 차지한다. 일본이나 미국의 수치가 10% 정도

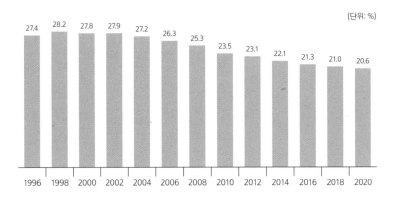

〈그림 17〉 전체 고용에서 자영업자 비중(1996~2020년)

(단위: %)

27.4 28.2 27.8 27.9 27.2 26.3 25.3 23.5 23.1 22.1 21.3 21.0 20.6

1996 1998 2000 2002 2004 2006 2008 2010 2012 2014 2016 2018 2020

자료 출처: 통계청, 〈경제활동인구조사〉(2021).

인 것에 비하면 두 배에 달한다. 자영업 비중이 28% 정도에 달하던 20
여 년 전에 비하면 지속적으로 줄어드는 추세이긴 하지만, 여전히 많
은 편이다.

자영업자의 평균 이윤율은 양극화 논쟁이 처음 일어났던 2000년
대 초반 참여정부 때 이미 '0%'였다. 이 수치는 이윤을 내는 자영업자
들도 있지만, 손해를 보는 자영업자들이 상당하다는 의미다. 자영업
자가 비정규직보다도 더 어려운 점이 있다. 이들을 위한 대책이 여러
모로 검토되었으나 현실적으로 실행하기가 쉽지 않았다. 특히 코로나
19 때문에 소비가 대대적으로 위축되던 시기에 자영업자들의 어려움
이 더욱 컸다.

그런데 자영업자와는 또 다른 취약 계층이 생겨나기 시작했다.
이미 2000년대 초반부터 특수고용 종사자들이 많이 나타났다. 학습
지 교사, 골프장 캐디, 화물지입차량 운전사, 보험설계사 등과 같은 유
형의 근로자들이다. 그 이후 유튜버 같은 새로운 유형의 직종이 늘어

나더니 최근에는 택배기사 등과 같은 형태의 플랫폼 노동자[44]들이 크게 증가하는 추세다. 이들의 특징은 고용이 되었다 하더라도 고용주가 없거나 여러 명이고 노동자성이 불분명하고 때로는 사용자성이 있기도 하고 이동이 잦다. 그래서 일부에서는 '사용자 없음'이란 표현도 한다. 이런 유형의 노동자들을 '불안정 노동자'라고 부르기도 한다. 이들과 비교하면 전통적인 유형의 비정규직은 오히려 안정적이라고 할 수 있을 정도로 고용 불안전성과 임금 불안전성이 크기 때문이다.

비정규직 노동자, 자영업자, 불안정 노동자 등은 일을 함에도 불구하고 여전히 가난한, 이른바 '근로 빈곤층(working poor)'을 형성한다. 여기에 더해 근로할 여건이 되지 않거나 근로할 의향이 없는 비경제활동인구나 근로할 의향은 있으나 고용이 되지 못한 실업자 집단은 근로소득이 없기 때문에 '지속적 빈곤층'이 될 가능성이 크다. 반면에 노동자성이 불분명한 고소득자도 일부 존재한다. 의사나 변호사 같은 전통적인 자영업자도 있지만, 연예인, 인기 유튜버 등은 매월 정기적으로 소득이 발생하지 않는다는 점에서는 소득이 불안정하지만 실제로 상당한 고소득층이다.

대기업의 소위 '총수'들이나 고위 경영인들은 여러 방식으로 엄청나게 많은 수입을 올린다. 근로에 대한 보수뿐 아니라 주식, 부동산, 각종 수당 등을 통해 이들은 한국 사회에서 최상위 소득계층을 이룬다. 일부는 세계적인 '초부자(super-rich)'에 포함되기도 한다. 그런데 이런 부자들에 대한 실태는 정확히 밝혀진 것이 별로 없다. 이를 파악하기 위해서는 100분위 소득분포를 살펴보는 것이 가장 기본이다. 그러면 제일 오른쪽 끝부분에 소득이 급격하게 올라가는 집단이 나타날

---

44 앱이나 SNS 등 디지털 플랫폼을 매개로 노동이 거래되는 형태의 업종에 종사하는 노동자.

〈그림 18〉 15세 이상 인구의 근로 형태별 분류

■ 왜곡되고 취약한 고용시장

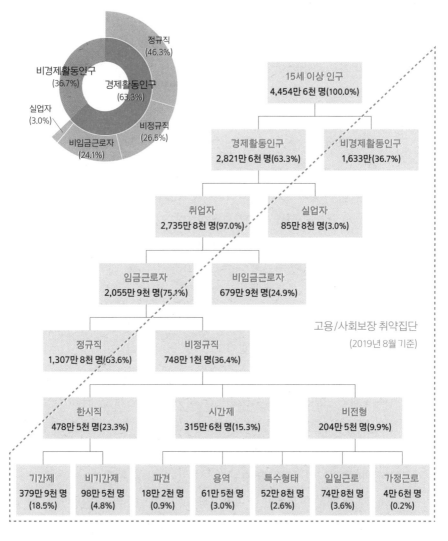

자료 출처: 통계청, 〈경제활동인구조사 근로 형태별 부과조사 결과〉(2019. 8.) 주1) 비정규직 근로자의 전체 규모는 비정규직 유형별로 중복되는 경우가 있어 그 합계와 불일치함. 주2) ( )는 임금근로자 대비 비율임.

것이다. 하지만 기존에 통계청 등에서 제시한 10분위 소득분포로는 최상위 소득계층이 가려져 보이지 않는다. 소득분포를 정확히 이해하려면 무소득자부터 초부자까지 전 국민의 전반적인 소득분포를 정확히 파악하고 왜 그런 분포를 보이게 되었는지를 분석하는 작업이 필요하다. 그러나 우리나라는 소득분포에 대한 실태 파악이 자세히 이루어지지 못하는 실정이고, 최근에야 100분위 소득분포 자료를 제공하기 시작했다.

영세 자영업자, 불안정 노동자들은 근로 빈곤층을 두텁게 형성하는 이들로 양극화 상황 속에서 고통받는 계층이다. 양극화는 완전히 해결하지 못하더라도 지속적으로 완화해야 할 필요성이 큰 사회문제다. 이를 위해 국가의 역할이 적극적으로 이루어져야 한다고 본다. 지금까지 양극화를 줄이기 위한 정책들이 전무하지는 않았을 텐데, 왜 이 문제가 여전히 풀리지 않고 오히려 악화되고 있는가?

양극화는 시장에서 생기는 문제인 만큼 시장에서 먼저 풀어야 한다. 한국 노동시장 구조의 중요한 특징 중 하나는 취업자가 적고, 취업한 사람은 장시간 노동을 한다는 것이다.[45] 취업자는 장시간 노동에 시달리는 반면, 미취업자는 고용될 일자리 자체가 없는 현상이 생긴다. 취업한 사람이 '일을 많이 해서 피곤하다'라고 불평하면, 취직을 못한 사람은 '나도 그렇게 시달려봤으면 좋겠다' 하고 부러워하는 일이 벌어진다. 일자리가 없으니 창업하는 일이 많은데, 얼마 안 가 한계상황에 내몰려 문을 닫는 자영업자들이 부지기수다. 그러면 그동

---

[45] 주 52시간 노동제도가 시행되고 있지만 여전히 한국의 노동시간은 길다. 한국의 연간 노동시간은 세계 최고 수준인 1,908시간이다. 경제협력개발기구 회원국 평균은 1,687시간이다(경제협력개발기구 통계, 2020).

안 들어간 사업경비가 가계부채로 쌓인다. 이런 일이 반복된다.

사실 대부분의 대기업은 고용 여력이 있다. 이윤을 많이 남기는 기업들이 노동시간을 줄이고 거기에 추가로 필요한 만큼의 직원을 더 채용하는 방식으로 소위 '일자리 나누기'를 한다면 일자리 수는 상당히 늘어날 수 있을 것이다. 하지만 여력이 있는 대기업이나 견실한 중기업도 고용을 더 하려고 하지 않는다. 이유를 물어보면 고용이 유연하지 않기 때문에 가급적 사람을 적게 쓴다고 한다. 소수를 고용해 장시간 노동을 시키고 시간 외 수당을 더 주는 편이 다수를 고용해 단시간 노동을 시키는 것보다 기업 운영에 유리하다는 말이다. 또한 대기업과 중소기업의 임금 격차가 크면 기업 입장에서는 고용을 외주화하는 편이 이득이다. 고용 여력이 있는 기업들이 직접 고용을 피하고, 그나마 있는 일자리마저도 외주로 내보내려는 경향이 계속 이어지는 중이다. 한국 고용시장은 이런 악순환에 빠져 실제 고용 여력보다 훨씬 적은 일자리를 만들어낸다. '더 많은 일자리'를 창출하려면, 국민의 삶을 안정시키면서도 유연한 고용제도, 일자리를 나누면서도 기존 직원들에게 피해를 주지 않는 방식, 대기업과 중소기업의 상생 구조 등이 구축되어 모두에게 합리적이고 질서 있는 시장이 만들어져야 한다. 이는 정부의 적극적인 역할이 필요한 영역이다. 더 많은 일자리는 새로운 성장 산업을 찾아내야만 만들어지는 것이 아니다. 기존 시장을 개혁해서 기업의 고용 능력을 키워주는 것이 더 기본적인 일이 아닌가?

노동시간 단축의 필요성은 충분히 인정한다. 다만 노동자 스스로 노동시간 단축에 저항하는 경우가 있다. 임금 보전이 없는 노동시간 단축은 임금을 낮추는 요소로 작용하기 때문이다. 한국에서 노동시간 단축은 서구와 상당히 다른 의미여서 노동시간 단축 정책은 풀어야 할 이해관계가

매우 복잡하다. 이를 어떻게 해결해야 하는가?

노동시간 단축 정책을 둘러싼 고민은 복잡할 수밖에 없다. 크게 두 가지 문제가 있다. 첫 번째는 한국의 대기업 노동자들에게 긴 노동 시간으로 얻는 시간 외 수당이 임금의 한 부분으로 고착된 것이다. 그렇다 보니 노동시간을 단축하면 실질적인 임금 하락이 발생한다. 두 번째는 한국의 자영업자가 유난히 많다는 점이다. 자영업자들이 근로 시간을 자발적으로 줄이기란 쉽지 않다.

지금 한국 대기업들의 이윤율은 상당하다. 그러하니 대기업들이 노동시간 단축으로 생기는 비용을 좀 소화해주어야 한다고 생각한다. 노동시간이 줄더라도 임금 보전은 해주면서 줄어드는 노동시간만큼 추가 고용을 하는 것이다. 한국 대기업들은 고용을 늘리려 하지 않는다. 물론 향후 투자를 위해 기업 이윤의 일정 부분은 저축해두어야겠지만, 또 이윤의 일정 부분은 노동 비용을 늘려주는 데에 사용하는 태도가 기업에겐 필요하다. 한국 대기업들은 이를 극구 피한다. 노동 비용을 줄일수록 단기적인 경영 실적이 좋아지는 것은 사실이다. 하지만 장기적으로 보면 경제의 기반, 기업 활동의 기반을 갉아먹는 행위일 수 있다.

중소기업을 대상으로는 시장에서 대기업과 중소기업 사이에 공정한 경쟁이 가능하게 만들어주는 정책, 대기업의 이윤이 중소기업으로 더 많이 흘러가도록 하는 정책, 그리고 정부 지원이 중소기업 쪽에 더 들어가게 하는 정책 등이 이루어져야 한다. 그러한 지원으로도 유지가 안 되는 한계중소기업은 정리되어야 한다. 앞에서 본 렌-마이드너 모형은 이 부분을 노사 합의로 강행한 것이다. 한국에서도 한계에 처한 기업은 대기업이든 중소기업이든 시장이 수용할 수 있는 방식으로 정리해나가는 결단이 필요하다. 그 과정에서 생기는 실업에 대한 구제책은 스웨덴에서 이미 모델을 보여준 바 있다. 그런 고비를 넘지 않고 '병든 시장구조'를 개선하지 않는다면 제대로 된 성장과 분배가 어려울 뿐만 아니라 양극화, 저출산, 고령화 문제들도 풀어나갈 수가 없다.

안정성 없는 유연성의 긴 그림자

노동시간 단축, 일자리 나누기 등은 결국 산업구조 개편으로 이어지므로 노동시장이 요동칠 가능성이 큰 대책들이다. 산업구조 조정은 결국 노동 유연성을 필요로 하는데 노동계 측에서는 이를 강하게 반대한다. 과연 현실적으로 고용 유연화가 가능한가?

고용 유연화를 두고 기업들은 꼭 필요하다고 주장하지만, 노동계는 극단적으로 반대한다. 그러나 조금 더 생각해보면 고용 유연화는 국가적 차원에서 꼭 필요하다. 기업 경영이 가능하려면 생산 활동에 필요한 분야에 인력을 더 고용하고 필요하지 않게 된 분야의 인력은 정리할 수 있어야 한다. 국민경제 측면에서도 노동력이 필요한 쪽으로 신속하게 이동 가능해야 인력이 적재적소에 배치된다. 이것은 노동자를 위해서도 필요한 일이다. 가령 노인 노동자가 건강 상태에 따라 일주일에 사흘, 또는 매일 오전에만 일할 수 있다면 훨씬 더 많은 노인 노동자들의 취업이 가능해진다. 장애인도 자기 상황에 따라 근무 형태를 유연하게 조절할 수 있다면 좋을 것이다. 임신, 출산을 하는 여성이나 육아를 하는 젊은 부부도 마찬가지다. 이런 제도를 활용해서 평생학습 기회도 만들 수 있을 것이다. 양극화 대책만이 아니라 저출산과 고령화 대책으로서도 고용 유연화, 고용의 이동성 (mobility)이 필요하다. 다만 전제조건이 있다. 이를 기업에서 임금을 낮추거나, 비정규직화하거나, 심지어 해고를 압박하는 수단으로 악용해서는 안 된다.

고용이 유연하기 위해서는 무엇보다도 사회안전망이 잘 갖추어져야 한다. 유연성보다 안정성이 '선행'되어야 하는 것이다. 노동자들이 근로소득이 없는 기간 동안에도 기본적인 생활을 충분히 유지할 수 있도록 실업수당 같은 고용·복지제도를 위시한 교육, 건강, 육아 등의 복지 체계 구축이 이루어져야 한다. 이 같은 사회안전망이 갖추어져야 그 바탕 위에서 유연한 노동시장이 작동할 수 있다. 그런데 한국에서는 안정성 없이 유연성만 도입되었다. 1998년 IMF 경제위기 때 기업 구조조정을 하고 비정규직이 도입된 것은 유연한 노동시장을 만들기 위한 조치였다. 하지만 이때 실업수당은 강화되지 않았다. 실업수당을 비롯한 각종 사회복지가 미비한 상황에서 강행된 대량 해고 사태는 '노동 유연성' 개념에 대한 치명적인 악감정을 남기고 말았다.

노동이 '유연안전성'을 가져야 기업들이 필요한 사람을 더 채용하고, 그 반대의 경우 해직하는 것이 자유로워진다. 노동자들도 재직 중인 회사가 마음에 들지 않거나 새로운 일을 하고 싶을 때 생활 걱정을 하지 않고 떠날 수 있게 된다. 이것이 경제 전체적으로는 오히려 성장을 촉진하여 새로운 일자리가 더 생기는 방식의 선순환으로 작용이 가능하다.

그러나 한국은 이런 선순환을 경험한 적이 없다. 기업들이 고용을 꺼리는 이유다. 필요할 때 구조조정이 쉽지 않으니 애초에 고용 인원을 줄이고, 이미 채용한 사람들에게 긴 시간 일을 시키는 것이 기업 운영에 유리한 상황이 조성되었다. 노동자들도 긴 시간 일하더라도 채용 상태를 유지하는 것이 무엇보다 중요했다. 장시간 일하면 시간 외 수당을 받을 수 있어 임금 인상 효과까지 거두었다. 그래서 고용시장 안에 있는 사람과 고용시장 밖에 있는 사람 사이의 격차는 더 커지게 되었다. 자영업은 고용시장 밖의 소외된 사람들이 먹고살 길을 찾기 위해 모색하는 방법인데 안정성이 떨어져 폐업이 반복된다. 이로 인해 오히려 소득 양극화가 악화되는 현상이 벌어졌다.

그럼에도 기업들은 사회안전망, 즉 복지 강화를 기를 쓰고 반대한다. 복지가 강화되어야 기업 측에서 그렇게도 원하는 노동 유연성이 생긴다는 지점을 생각하지 못한다.

그러면 역대 정부들은 이러한 상황이 계속 악화하도록 방치한 것인가? 여러 정책을 펴서 개선하고 고치려는 노력은 없었던 것인가?

그동안 역대 정부들은 경제정의, 경제민주화, 시장개혁, 사회안전망 구축, 생산적 복지, 맞춤형 복지, 포용국가 등을 말로는 강조해왔다. 그러나 각종 시장개혁이나 사회안전망 구축 정책이 실효성을 보일 만큼 강력하게 시행되지 못했다. 대부분의 시장개혁 정책들이 논의 단계에서 저항에 부딪혀 슬그머니 철회되거나 시행되더라도 사실상 사문화되어버리는 수준에서 머물렀다. 물론 정부가 여러 대책들을 시행하고는 있다. 그러나 정부의 노력으로 시장이 정의로워졌다거나 노사 관계가 바로잡혔다는 느낌을 국민이 받지 못한다. 이제는 오히려 정부가 시장개혁을 할 수 있다는 믿음을 잃어버린 상태다. 방향이 잘못되었거나 충분한 만족을 주지 못하는 정책은 오히려 국민의 불신만 사는 결과로 이어진다.

무상교육, 건강보험, 노인장기요양보험, 고용보험, 산재보험, 국민연금, 기초연금, 기초생활보장, 장애인지원, 장기임대주택 등 사회안전망으로서 복지제도의 큰 틀은 거의 완비 상태다. 그러나 대상자를 너무 좁게 설정하거나 복지급여가 부족해서 국민이 이 제도들로 인해 자신의 삶이 '안전'해졌다는 느낌을 가지기에는 역부족이다. 한국 복지제도 중 가장 발전된 분야인 교육은 공교육 외에 사교육이 가계의 큰 부담이 되고 있으며,[46] 건강보험도 보장성이 여전히 낮아 국민 대다수가 사보험에 추가로 가입한다.[47] 이것은 개별적인 제도의 문제로 그치는 것이 아니라 한국 사회안전망의 전체적인 수준을 보여준다. 현재 한국의 사회안전망은 결코 국민 생활의 안전을 보장해주지는 못하고 있다.

시장소득 불평등이 불가피하다면 국가가 이를 완화하는 역할을 해야 한다. 그런데 우리나라는 이 기능이 부족하다는 지적이 많다. 현재는 어떤 상황인가?

시장에서 일어나는 불평등을 국가가 사회보장을 통해서 완화해주어야 하는데 한국은 이 기능이 아주 취약하다. 이 부분은 국제적 비교를 해야 해서 다소 과거 자료를 활용할 수밖에 없는데, 2017년 기준으로 지니계수 개선 효과가 경제협력개발기구 회원국 평균은 32.8%였다. 〈표 4〉를 보면 한국의 세전 지니계수는 0.406이고 스웨덴은 0.505였는데 한국은 정부 개입 후에 0.354, 스웨덴은 0.282로 바뀐다. 상황이 반전되는 것이다. 즉, 시장소득의 형평성은 스웨덴이 훨씬 더 나쁘지만, 처분가능소득의 형평성은 스웨덴이 더 좋다. 한국은 불평등 개선 효과가 12.6%밖에 되지 않지만 스웨덴은 44.2%나 되기 때문이다. 국제적으로 표준적인 나라들이 32.8%의 지니계수 개선 효과를 거둔다는 통계는 한국 정부가 불평등 개선 노력을 더 적극적으로 해

---

46 교육부의 사교육비 조사에 의하면 2021년 사교육비 규모는 총 23.4조 원이고 학생 1인당 월 사교육비는 36.7만 원이다.

47 2020년 기준 실손보험 가입자 수는 약 3,900만 명으로 추정된다. 이는 총인구의 약 3/4 수준이다.

<표 4> 경제협력개발기구 회원국과 한국의 소득재분배 기능 비교

국가	연도	세전 및 사회 보장급여 이전 (시장소득)	세후 및 사회 보장급여 이후 (처분가능소득)	지니계수 변동치	지니계수 개선 효과(%)
한국	2017	0.406	0.354	0.052	12.6
OECD 평균	2017	0.476	0.320	0.156	32.8
일본	2015	0.504	0.339	0.165	32.7
미국	2017	0.505	0.390	0.115	22.8
독일	2016	0.505	0.294	0.211	41.8
스웨덴	2017	0.505	0.282	0.223	44.2

자료 출처: 경제협력개발기구, 'Income Distribution/GINI' 통계 재구성.

야 함을 시사한다.

다행히 문재인 정부 들어서 처분가능소득 지니계수가 많이 개선되었다. 적어도 통계가 나온 시점까지는 그렇게 해석할 수 있는데 2020년 이후는 추세를 더 살펴보아야 한다. 가계소득의 불평등 추이를 보면, 2017년 이후 시장소득 지니계수는 큰 변동이 없으나 처분가능소득 지니계수는 빠르게 하락했다. 이 말은 곧 문재인 정부 집권 시기에 정부 기능이 상당히 개선되었다는 뜻이다. 학자들은 이를 최저임금 인상, 노동시간 단축, 근로복지 확대, 기초연금 인상 등의 결과로 해석한다. 이 부분은 상당히 의미 있는 결과이기 때문에 앞으로 계속 주목해야 한다. 모든 정책이 그렇겠지만 양극화 대책은 일관성 있게 추진하는 것이 중요하다. 다음 정부들도 이 점을 염두에 두어야 한다고 생각한다.

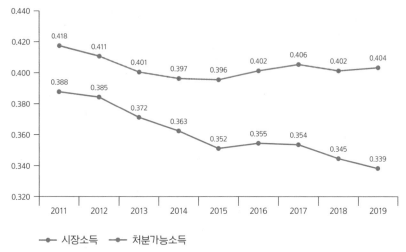

〈그림 19〉 연도별 시장소득과 처분가능소득 지니계수 추이

시장소득
0.418
0.411
0.401
0.397
0.396
0.402
0.406
0.402
0.404

처분가능소득
0.388
0.385
0.372
0.363
0.352
0.355
0.354
0.345
0.339

2011 2012 2013 2014 2015 2016 2017 2018 2019

━●━ 시장소득 ━●━ 처분가능소득

자료 출처: 전병유, 〈양극화 극복을 위한 정책 과제〉 (2021. 4. 15).

복지정책이 곧 경제정책이다

학자들은 한국의 사회보장제도에 역기능이 있다고 지적한다. 사각지대가 크고 충분하지 않아서 복지구조가 오히려 양극화와 불평등을 더 크게 심화하는 '복지의 역설'이다. 그렇다면 복지를 늘리는 것이 능사만은 아니지 않은가?

사회보장제도가 오히려 불평등을 악화시킬 수도 있다는 말에 동의한다. 이것은 가입자가 보편적이지 못해서 소위 '사각지대'가 크면 나타나는 현상이다. 복지제도 안에 편입되어 보장을 받는 사람들 사이에서는 소득재분배 효과가 있다. 그러나 배제된 사람들은 소득재분배 효과를 누리지 못한다. 이런 맥락에서 건강보험은 비교적 양호하지만, 국민연금은 큰 문제가 있다. 국민연금에 가입하지 않아 혜택에서 소외된 사람들이 많기 때문이다. 연금제도들 사이에 격차가 큰 것도 문제다. 공무원연금이나 군인연금처럼 혜택이 많은 특수직역연금과 국민연금 적용자 사이에서도 격차가 발생한다.

교육에도 역기능이 있다. 교육이 계층 이동의 사다리 노릇을 하도록 해야 하는데 현재는 오히려 계층을 고착화시키는 역기능을 하는 측면이 있다. 교육이 '신계급 사회'의 동력으로 작용하는 것이다. 강남 학군 출신이 서울대에 입학할 확률은 높고 지방대 학생들이 대기업에 취직할 가능성은 낮은 것이 현실이다. 교육의 성과가 공교육뿐 아니라 사교육에 의해서 결정된다면 부모의 소득수준이 매우 중요해지고 교육을 매개로 부의 세습이 일어난다. 이런 이유에서 교육정책 개혁도 복지개혁과 같이 진척시켜야 한다. 복지와 교육개혁이 동반되어야 양극화와 불평등을 획기적으로 줄일 수 있다.

소득 불평등은 소득 불평등으로만 그치지 않는다고 한다. 소득 불평등이 우리 사회에 끼치는 악영향에는 어떤 것들이 있나?

소득 불평등이 끼치는 가장 큰 악영향으로 사회 갈등을 우선 꼽을 수 있겠다. 1998년 IMF 경제위기 이후 양극화로 인해 발생한 여러 가지 문제 때문에 커다란 사회 갈등들이 꼬리를 물고 일어났다. 각 기업 안에서 노사 갈등이 빚어졌음은 물론이고, 대기업의 중소기업에 대한 '갑질' 논란, 정규직과 비정규직 간의 노노 갈등, 그리고 고용되지 못한 사람들의 깊은 절망이 존재했다. IMF 경제위기 시절인 김대중 정부 당시 유행어 중에 '사오정'이란 말이 있었는데 '45세가 정년'이란 뜻이었다. 2000년대에 들어서는 '20대 태반은 백수'란 의미로 '이태백'이란 줄임말, 박근혜 정부 때는 아무리 노력해도 살기 어려운 한국 사회를 지옥에 빗댄 '헬조선'이 유행했다. 이런 말들을 회상해보면 그 시절 사회 갈등이 얼마나 심각했는지, 국민의 좌절감이 얼마나 깊었는지 알 수 있다. 요즘은 부동산 가격 문제로 인한 사회적 불신이 심각하다.

그런 불신은 언론과 정치권에 의해 증폭되었다. 갈등 완화 노력에 앞장서야 할 정치권과 언론이 오히려 불신을 조장한다. 한국의 사회적 자본의 축적도는 경제 규모나 국제적인 위상에 비추어 봤을 때 굉장히 낮은 수준이다.

〈표 5〉 경제협력개발기구 회원국 중 한국의 사회통합지수 순위

연도	종합지수		사회적 포용		사회적 자본		사회 이동		사회 갈등과 관리	
	순위	지수값	순위	지수값	순위	지수값	순위	지수값	순위	지수값
1995	29	0.257	30	0.198	23	0.411	26	0.393	21	0.537
2000	29	0.228	30	0.150	23	0.469	22	0.387	25	0.482
2005	29	0.198	30	0.257	22	0.517	27	0.274	25	0.365
2010	29	0.211	30	0.253	22	0.499	26	0.294	25	0.353
2015	29	0.207	30	0.266	22	0.521	24	0.344	26	0.377

자료 출처: 보건사회연구원, 〈사회통합지수 개발연구〉(2016).

소득 불평등이 우리 사회에 끼치는 두 번째 악영향은 '자산 양극화'와 '부의 세습' 문제다. 소득 불평등이 장기화하면 자산 불평등으로 이어지고 부의 세습이 고착화된다. 자산 양극화를 일으키는 과정에서 부동산 가격의 상승은 거대한 증폭기 역할을 한다. 소득이 높아 여유 자금이 있는 사람들은 부동산을 사들일 수 있다. 한국에서는 계기가 있을 때마다 부동산 가격이 폭등했다. 그러면서 진행된 부동산 양극화가 소득 양극화보다 훨씬 더 심각한 상태다. 한국에서 가계자산[48]의 대부분은 부동산이다. 실거주 주택 한 채 이상의 주택이나 기타 부동산을 소유하게 되면 무주택 가구나 1주택 가구와 자산 격차가 벌어지기 시작한다. 주식 투자에서도 비슷한 과정이 벌어진다. 수많은 '개미' 투자자들이 부자 되기를 꿈꾸지만 그 꿈이 이루어질 가능성은 거의 없다. 그 꿈을 이룰 수 있는 집단은 재능, 정보, 자금이 충분한 한국 사회의 상층 구성원들이다. 이렇게 가난과 부가 대물림된다. 이 것은 사회적으로 크게 우려할 만한 사태이지만, 이미 한국에서는 상당히 진행되어버린 상태다.

소득 불평등이 우리 사회에 끼치는 세 번째 악영향은 불평등 심화로 인한 '창의력' 저하다. 대한민국 총인구의 약 2.1%는 지속적 빈곤, 11.5%는 반복적 빈곤, 1.6%는 일시적 빈곤 상태에 처해 있어서 2020년 기준으로 전체 빈곤자는 780만 명이 넘는다고 한다.[49] 대한민국 국민의 약 1/3은 가난하거나 가난의 위협에 시달린다는 뜻이다. '배고픈 사람'은 창의적인 생각을 하기가 어렵다. 생계를 걱정하면서 어떻게 의욕이 넘치고 창의적인 사고가 가능하겠는가? 소득 격차가 벌어질수록 경제의 활력과 혁신 능력은 떨어지게 된다. 경제가 성장하려면 혁신이 있어야 하는데 혁신의 걸림돌이 바로 불평등이다. 평등한 사회가 성장도 잘된다. 평등해야 건강하고 평등해야 창의적일 수 있다.

소득 불평등이 악화할수록 그 불평등을 해소하기 위한 비용도 더 들어간다. 사회질서를 유지하기 위한 비용도 더 증가한다. 당연히 이 것은 정치와 경제에 부담을 준다. 복지정책이 복지와 인권만을 위한

---

48   한국 가계의 전체 자산 중 부동산 비중은 79.9%다(신한은행, 〈2022년 보통사람 금융생활 보고서〉, 2022.4.5.).

49   2006~2021년 한국복지패널 분석 결과 참조.

정책이 아니라 경제를 위한 정책인 이유다. 그런데 한국의 정책 입안자들은 지금도 여전히 '복지정책은 복지정책'이고, '경제정책은 경제정책'이라는 고정된 관점에 사로잡혀 있다. 복지정책은 경제의 바탕을 만들어주는 가장 기본적인 경제정책이 될 수 있다. 복지정책이야말로 인적 자본을 축적하는 정책이고, 사회적 자본을 축적하는 정책이다. 현대사회에서 복지정책의 경제정책적인 의미를 이해하지 못하는 정부는 국가 운영을 제대로 할 수가 없다.

4장

저출산

누구나 안심하고 아이를 낳아 기를 수 있는 사회로

양극화뿐 아니라 저출산이 점점 심각해지고 있다. 이에 대해 여러 원인이 지적됐고 상당한 예산을 투입해 많은 정책도 시행했다. 그럼에도 상황은 악화일로다. 현재 상황은 어떠한가?

대한민국 출산율은 세계 최저가 맞다. 〈제4차 저출산·고령사회 기본계획〉이 정리한 바에 의하면 한국은 2019년 기준 합계출산율이 0.92명으로 세계 최저이고, 세계에서 유일하게 1.0 이하를 기록한 나라다. 한국 다음으로 낮은 합계출산율을 보인 나라는 스페인으로 1.26이었다. 이 수치는 약 20년 전 '상당히 좋았던 시절'의 대한민국 합계출산율이다.

우리나라의 출산율은 1980년대 초반까지 급격한 감소세를 보이다가 그 후 완만한 감소 중이다. '출산율 쇼크'가 있었던 2003년 이후로도 등락이 있었으나 전반적으로는 일정한 감소세를 보이고 있다. 특히 2016년 이후, 최근 몇 년간은 감소세가 아주 가파르다. 〈제4차

4장. 저출산 | 누구나 안심하고 아이를 낳아 기를 수 있는 사회로　137

〈그림 20〉국가 간 합계출산율 비교(2008, 2018)

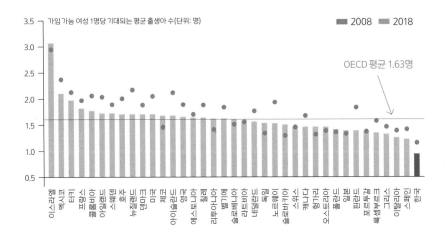

자료 출처: 〈제4차 저출산·고령사회 기본계획〉(2020).

저출산·고령사회 기본계획〉이 발표된 2020년에도 전년도보다 0.08
이 줄어든 0.84를 기록했다. 인구 변동이 너무 급격하면 사회가 이 변
화에 적응하기 어려워지고 다양한 갈등이 생길 수밖에 없다. 현 상황
은 매우 비정상적이고 크게 우려된다.

**원인과 진단이 잘못돼서 지금까지 제대로 된 해결이 이루어지지 않은 것
인가? 저출산의 핵심적인 원인은 무엇인가?**

한국의 저출산은 오래전부터 있어온 일은 아니고 비교적 최근 현
상이다. 1954년부터 약 20년 동안은 출생아 수가 굉장히 많았다. 그
당시 한국은 아마 세계에서 아이를 가장 많이 낳는 나라 중 하나였을
것이다. 1960년도 합계출산율이 6.0명이다. 집집마다 평균 여섯 명씩
낳았다는 것인데 10명 낳는 집도 있어야 이 수치가 가능하다. 지금으

〈그림 21〉 한국의 합계출산율과 출생아 수 추이

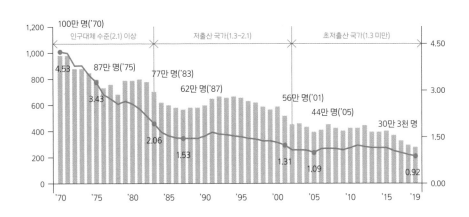

출생아 수(단위: 천 명) ▮ 합계출산율(단위: %)

자료 출처: 〈제4차 저출산·고령사회 기본계획〉(2020).

로서는 믿어지지 않는 숫자이지만 실제로 그랬다.

　1961년 박정희 정부는 50년대 말부터 민간에서 추진되던 '가족계획'을 국책사업으로 채택하여 강력히 실행했다.[50] 당시로서는 먹여 살릴 수 없을 만큼 많이 아이를 낳는 것이 문제였기 때문이다. 지나치게 많은 출생자 수는 '경제발전의 장애 요인'이었다. 가족계획 사업은 한국 인구구조를 변화시키는 데 결정적 역할을 했다는 역사적인 의미를 지닌다. 세계적으로도 모범 사례로 널리 알려졌다.

　가족계획 사업은 그 외에도 여러 가지 의미가 있다. 가족계획 사업의 다양한 긍정적, 부정적 의미를 잠시 접어두고 말하자면, 가족계획 사업은 한국 정부가 지금까지 수행한 모든 사회정책 사업 중에서

50　가족계획 사업은 1962년부터 1995년까지 진행되었지만, 실제로는 1976년 정도까지 14년간이 전성기였다.

가장 강력하게 작동했다. 범정부적으로 전폭적 지원을 해가며 장기간 동안 체계적으로 추진했다. 보편성, 충분성, 지속성, 정치·재정적 지원, 부문 간 협조 등 모든 측면에서 가장 훌륭하게 시행된 정책이다. 피임실천율을 크게 올리고 출산율을 낮추는 '결과'를 얻었을 만큼 효과를 봤고,[51] 60~70년대에 걸쳐 약 20년간 정책 추진의 동력을 잃지 않는 지속성을 보였다. 보건소, 병의원, 연구기관이 총동원되었을 뿐 아니라 각종 홍보, 세금 감면, 주택 구입 및 대출 혜택, 예비군 훈련 면제가 이루어지는 등 범부처적 지원을 받았다. 역사적으로 정부가 이만큼 강력하게 추진한 사회정책은 1977년 도입되어 1989년 전 국민 적용이 되기까지 지속된 의료보험과 그 확대 사업 정도가 아닐까 싶다.[52]

또한 가족계획 사업은 여성을 대상으로 한 최초의 정부 사업이었다. 더욱이 성(性)을 대상으로 한 사업이었기 때문에 당시로서는 엄청나게 파격적인 사업을 전개한 것이라고 볼 수 있다. 대한민국 여성사에서도 중요한 사건 중 하나일 것이다. 60년대 한국에서 성에 대한 얘기를 여성과 대면해서 한다는 것은 만만치 않은 일이었다. 여담이지만 피임 방법으로 콘돔을 씌운다는 것을 어떻게 설명할 방도가 달리 없어서 손가락에다가 콘돔을 씌우는 식으로 시범을 보였는데 나중에 어떤 부인이 와서 하는 말이 가르쳐준 대로 피임했는데 임신을 했다고 하더라. 그래서 어떻게 사용했느냐 물었더니 남편 손가락에 콘돔을 씌웠다는 얘기가 있을 정도였다. 성에 대해 드러내놓고 이야기하기를 금기시하던 60년대의 풍경이다. 가족계획 사업은 여성들이 성에 대한 개방적 태도를 가지게 되고 남편과 시부모에게 '아니요'라며

---

51 1960년 6.0이던 합계출산율은 1974년 3.6으로 줄었다. 1965년 16%이던 유배우 여성의 피임실천율은 1976년 44%로 올라갔다.
52 2000년부터는 '건강보험'으로 바뀌었지만, 당시의 명칭은 '의료보험'이었다.

자신의 의사를 표현할 수 있는 계기로 작용하기도 했을 것이다.

이처럼 한국이 세계적으로 가족계획 사업에 크게 성공한 나라에 속하기 때문에 이것을 오늘날 출산율 저하의 주된 원인이라고 생각하는 사람이 많다. 하지만 그즈음에 있었던 산업화, 도시화 과정에서 가족제도와 지역사회 지지 체제가 변화한 것이 더 큰 요인일 것이다. 많은 인구가 도시로 이주하고, 도시의 기업에 취직하게 되면서 대가족은 핵가족으로 변화하고, 전통적인 지역사회 공동체가 급격히 붕괴했다. 도시화율은 1960년에는 35.8%, 1970년 49.8%, 1980년 57.2%, 1990년 79.4%로 증가했고, 1차 산업 종사자는 1960년 66.6%, 1970년 50.5%, 1980년 34.0%, 1990년 18.3%로 감소했다.[53] 도시화와 산업화는 출산과 육아의 부담을 핵가족 범위 내로 좁히는 결과를 낳았다.

---

53   통계청, 국가통계포털, 2017.

80년대쯤 되면 여성의 교육 수준이 대폭 올라가게 되고, 90년대에는 여성의 사회경제적 참여도 크게 늘어나게 된다.[54] 여성의 역할은 가사 노동에서 임금 노동으로 확대되어갔다. 그러나 단순히 여성의 역할 변화를 출산율 저하로 연결하는 것은 잘못된 생각이다. 여성의 역할 변화가 일어났음에도 불구하고 이에 상응한 남성의 역할 변화가 가사 노동으로 확대되지 못한 것, 그리고 사회에 진출한 여성들이 아이를 낳아서 키울 수 있는 국가와 기업의 지원 체계가 신속하게 갖추어지지 못한 것이 출산율 하락의 원인으로 작용했다.

요약하자면 급속한 도시화와 산업화가 일어나는 중에 추진된 가족계획은 피임 수단을 제공하는 동시에 국민의 의식 변화를 불러일으킴으로써 과다했던 출산율을 크게 저하시켰다. 그리고 80년대 초반 이후 출산율이 지나치게 줄어드는 상황에서 여성의 교육과 역할에 변화가 생겼지만, 이에 상응하는 남성의 역할 변화와 사회적 지원 체계 구축이 지체되면서 저출산이라는 현상이 벌어진 것이다.

인구가 단순재생산 되는, 즉 인구가 늘지도 줄지도 않는 정지인구 상태의 출산율인 대체출산율은 2.1명 정도다. 한국의 대체출산율이 2.1명 수준으로 줄어든 시점은 1983년이었다. 전두환 정부 때 이미 인구가 줄어들 조짐을 보였던 것이다. 그러나 당시에 아무도 그 의미를 이해하지 못했다. 적어도 노태우 정부나 김영삼 정부 때는 이것이 나중에 문제가 될 수 있다는 점을 인식해야 했었지만, 출산율이 내려가는 것을 가족계획 사업의 성공적 결과라고만 생각했다. 일각에서는 대한민국의 인구밀도가 너무 높기 때문에 인구를 줄이는 것이 바람직

---

54 대학 입학자 중 여학생 비율은 1980년 27.4%, 1985년 33.2%, 1990년 39.3%, 2000년 45.7%로 점차 증가했다(교육통계서비스, '1980~2020년 대학 입학자 성비 비교' 참조). 여성의 경제활동 참가율도 1980년 42.8%, 1990년 47.0%, 1995년 48.3%, 2000년 48.3%로 점차 증가했다(통계청, 〈경제활동인구연보〉, 각 년도 참조).

하다고 생각하기도 했다. 가족계획 사업은 1990년까지 이어진다.

2003년 가을, 통계청은 전년도 합계출산율이 1.18을 기록했으며 이로써 한국이 합계출산율 1.3 미만의 초저출산율 국가가 되었다고 발표했다. 언론이 이를 대대적으로 보도하면서 다들 소스라치게 놀랐다. 1983년에 증상을 보인 병을 20년이 지난 2003년에야 진단한 꼴이다. 이미 발생한 사회문제에 대한 '인식'이 늦어서 문제를 키우고 대책이 늦어진 전형적인 사례다.

2003년 2월 출범한 노무현 정부는 정부 혁신, 지역 균형발전, 빈부 격차·차별 시정 등 각종 국정과제위원회를 만들었지만, 인구대책에 대한 국정과제위원회는 없었다. 그러다가 '저출산 쇼크'가 일어나자 그때 비로소 문제를 담당할 국정과제위원회인 '고령화및미래사회위원회'[55]를 만들었다. '고령화및미래사회위원회'는 2004년 2월에 출범했는데, 내가 위원장을 맡게 되었다. 자문을 구하려고 인구학 전공학자를 찾았지만 국내에 20여 명밖에 되지 않는다는 말을 듣고 한탄한 기억도 있다. 60~70년대 가족계획 사업이 추진되던 시절, 그렇게나 많았던 인구학자들은 다 어디로 갔을까?

뒤늦은 대처가 낳은 재앙

저출산 문제는 정책 추진에 대한 시사점을 준다. 인식이 늦으면 대응이 늦어지고, 대응 시기를 놓치면 아주 심각한 상황이 벌어진다는 것이다. 이와 유사한 일들이 또 있었나?

사회문제가 있을 때 그것을 어떻게 얼마나 예민하게 인지하느냐

---

55   고령화및미래사회위원회는 2005년 9월 '저출산고령사회위원회'로 개편되었다.

는 매우 중요하다. 그런데 실제 정책 추진 과정에서 여러 가지 이유로 문제 인식이 늦어지거나 잘못되는 경우가 상당히 많다.

양극화 항목에서 얘기했던 사례로 김대중 정부는 노동 유연화를 추진하면서 사회안전망 구축을 같이해야 한다는 점을 깊이 인식하지 못했다. 김대중 대통령은 의보통합,[56] 국민연금, 기초생보[57]라는 중요한 복지제도의 토대를 마련했으면서도 실업수당[58]의 획기적 확대는 시도하지 않았다. '유연안전성' 개념은 김대중 정부 말기부터 거론되었지만, 노무현 정부 때 들어서야 비로소 구체적인 인식이 가능했다. 그 당시까지도 실업수당은 일을 안 하는 사람한테 돈을 주는 것이라는 부정적 인식이 매우 강했다. 큰 그림이 없으면 개별 정책들은 길을 잃는다.

문제 인식은 하면서도 대책이 만들어지지 않는 일도 있다. 고령화 문제는 1980년대 초반부터 반복적으로 경고가 있어왔지만 정부는 이렇다 할 대책을 강구하지 않았다. 먼 이야기라고만 생각한 것이다. 고령화 문제 해결을 위해서는 범사회적으로 다양한 대책이 필요하다. 이 대책들은 노인들의 소득 개선부터 건강과 질병 관리, 주택, 요양, 문화, 고령친화산업 등 사회 전 분야에 걸쳐 있다. 심지어 노인 보행자들을 위해 보도블록을 다시 깔고, 교통신호 체계를 바꾸는 일까지도 해야 한다. 그런데도 2020년경에 고령화에 가속도가 붙을 것은 이

56　1998년 10월 1일, 227개 지역의료보험조합과 공무원교직원의료보험관리공단을 통합한 1차 통합, 2000년 7월 1일, 139개 직장의료보험조합과의 통합인 2차 통합을 거쳐 의료보험 통합이 이루어졌으며, 이에 따라 단일공보험자인 '국민건강보험공단'이 출범했다.

57　빈곤층을 대상으로 최저생활을 보장해주는 제도로서 1999년 7월에 제정되어 2000년 10월 1일 시행되었다.

58　고용보험은 김영삼 정부 시기인 1995년에 도입되었다. 실업수당은 고용보험제도의 일부다.

미 오래전에 예측하고 있었으면서 아직까지 대책은 모호하다. 또 하나의 전형적인 예는 '간호간병서비스'다. 1990년대쯤에는 이미 가족 중 환자가 생겼을 때 딸이나 며느리가 간병을 도맡을 수 있는 상황이 아니었다. 간병인을 가족들이 따로 고용해야 하는 사태가 벌어졌는데도 불구하고 건강보험 당국은 간병서비스를 급여화할 생각을 하지 못했다. 보건의료 노동조합이 그 점을 인식하고 '보호자 없는 병동'을 주장했지만, 정부는 무시했다. 건강보험이 여성의 사회적 역할 변화에 대해 인식을 제대로 못하고 적절히 대응하지 못한 것이다. 그 사이 간병비 부담은 건강보험의 본인부담금보다 더 커지고 말았다. 배보다 배꼽이 더 커진 것이다. '간호·간병통합서비스'가 정책적으로 본격화된 것은 문재인 정부 들어서다. 사회문제가 발생하고 이에 대한 대책이 마련되기까지 무려 20년 정도가 지체된 것이다. 돌봄 부담의 또 다른 형태인 보육은 노무현 정부 시기부터, 노인요양은 김대중 정부 시기부터 문제가 인식되고 대책이 추진되었다. 동일한 시기에 동일한 원인으로 발생한 돌봄 부담 중, 왜 간병에 대한 대책은 유난히 늦어진 것일까?

건강보험의 급여 확대도 이런 사례 중 하나다. 2000년 의료보험 조합들을 모두 통합해 단일관리 체계인 국민건강보험공단이 구성되자 보험급여 확대를 추진할 수 있는 가능성이 열리게 되었다. 당시 보험 급여 확대에 곧바로 들어갔어야 했으나 그럴 수가 없었다. 2000년 7월, 의보통합과 의약분업이 동시에 실시되었는데 그해 가을에 의사 파업을 무마하기 위한 수단으로 수가를 대폭 인상하자, 이듬해 건강보험 재정이 크게 적자가 났기 때문이다. 결국 김대중 정부에서는 건강보험급여 확대를 시도해보지도 못하고, 노무현 정부로 넘어가게 되었다. 건강보험의 보장성이 전체 의료비의 절반 정도였던 당시 상황에서 그 빈틈을 실손보험이 파고들었다.[59] 실손보험에 대해서 복지부는 문제의식이 부족했고, 경제부처는 보험산업이 발전하는 방식이라고 생각했다. 오히려 영리병원을 도입해서 민간의료보험 산업의 발전에 보조를 맞추어야 한다고 보았다. 그러면 의료서비스 사업 분야에서 대대적인 고용이 창출된다고 인식했다. 건강보험급여 확대 정책은 노무현, 박근혜 정부에서 진전이 있었으나 문재인 정부에 이르러서야 종합적인 추진이 가능해졌다. 그러나 실손보험과의 관계 설정은 여전히 모호하다.

정부가 저출산 대책을 세우는 것을 두고 다른 시각도 있는 것 같다. 대체로 저출산 대책은 사회적으로 필요하다고 인정하지만, 최근 저출산 대책 자체를 굳이 추진할 필요가 있느냐는 주장도 들려온다. 일부 젊은 층들은 저출산 대책에 반발하기도 한다. 어떻게 봐야 하는가?

'출산력 제고'를 정부가 정책 목표로 설정하는 것 자체에 대해 거부감을 느끼는 국민이 있다는 사실은 정부가 정책 목표를 잘못 세우고 있었다는 방증이다. 정부가 설정할 수 있는 가족 정책의 올바른 목표는 아동과 부모의 복지와 삶의 질을 향상시키는 것이다. 출산력 제고 자체는 정책 목표가 될 수 없다. 본말이 전도되었기 때문에 '여성을 도구화한다'라는 비판이 나올 수밖에 없다. 정책의 역할은 출산과 육아가 부담이 되지 않는 사회경제적인 상황을 만들어주는 것이다. 출산 여부는 부부의 자발적 선택이다. 즉, 정책 목표를 출산 유도에 맞출 것이 아니라 임신, 출산, 육아가 국민의 삶에 부담되지 않는 조건을 만들어주는 데에 맞추어야 한다.

---

59   김창엽 등의 연구에 의하면 1997년 당시 건강보험의 보장율은 48.3%로 추정된다.

구호를 넘어 손에 잡히는 정책이 필요하다

저출산 대책에서 여성의 역할 변화에 따라 여성이 갖는 부담, 특히 여성의 보육 부담을 줄여주는 것이 중요하다고 본다. 노무현 정부 이후에 보육 대책은 많이 강화되었지만, 아직도 큰 진전이 이루어지지 않은 것 같다. 왜 그런 것인가?

영유아 돌봄서비스의 목적은 다양하게 정의할 수 있겠지만 간략히 요약하자면 당사자인 영유아의 복지 수준을 높이고 부모의 돌봄 노동과 비용의 부담을 최소화하는 것이다. 영유아 돌봄서비스는 노무현 정부 이래 비약적으로 강화되었다. 지금은 전국의 보육시설이 어린이집 35,352개, 유치원 8,660개로 총 44,012개에 달한다.[60] 과잉 공급되고 있다는 말이 나올 정도다. 공공 비중도 커져서 23.6%의 아동이 국공립 보육시설과 유치원에 다닌다. 전체 보건복지 인프라 중에서 공공 비율이 가장 높은 분야다. 〈제4차 저출산·고령사회 기본계획〉은 2025년까지 전국 보육시설 공공 비율을 50%로 올리겠다는 계획을 세웠다.

그렇다면 영유아 돌봄서비스에 대한 만족도가 크게 올라가야 하는데 현실은 그렇지 못하다. 불만 요인은 두 가지다. 첫 번째는 서비스 질에 대한 불만이다. 아동학대 예방이나 급식의 질의 경우 많은 개선이 있었으나 여전히 우려가 사라지지 않는 중이다. 보육교사 1명당 아동 수가 너무 많다는 지적도 있다. 무엇보다도 서비스 자체의 질적 수준이 어느 정도냐가 중요하다. 아이들에게 어떤 내용의 돌봄서비스를 어떻게 제공할지의 문제가 여전히 남아 있다.

---

60   어린이집은 2020년 12월 기준이고, 유치원은 2021년 4월 기준이다.

또 다른 하나는 부모가 필요로 하는 만큼 충분한 시간 동안 보살펴주지 않는 것이다. 부모 입장에서는 아침에 출근하면서 자녀를 맡기고 퇴근길에 데려올 수 있으면 좋겠는데 아직까지도 그런 시스템이 완전히 자리 잡지 못했다. 특히 하원·하교 시간이 이른 공립 유치원이나 초등학교 저학년은 맡아주는 시간이 부족하다. 그래서 이 시간을 채우기 위해 추가적인 비용을 지불하거나 미술 학원이나 피아노 학원 같은 사교육 시설에 아이를 보내게 된다. 무상보육 제도가 실시되고 있음에도 불구하고 가계에 상당한 보육 부담이 여전히 남는다. 보육시설의 양적인 충분성은 달성됐을지라도 시간의 충분성이 부족한 것이다.

공공 보육 강화에도 불구하고 친정 부모나 시부모의 돌봄에 의존하는 현상도 계속된다. 무임금으로 가족노동을 착취하는 일이 지속되는 것이다. 부모의 부담은 물론이고, 조부모 세대의 부담도 크다. 영유아를 돌보는 노동은 조부모가 감당하기에는 만만치 않게 힘든 일이다. 이런 방식으로 영유아 돌봄 노동과 비용의 부담이 미해결 상태에 놓여 있다. 안심하고 임신, 출산, 육아를 할 수 있는 환경은 여전히 형성되어 있지 않다고 보아야 한다.

문재인 정부 들어 아동에 대한 지원이 큰 폭으로 확대되었다. 2022년부터 출산수당의 성격으로 '첫만남 이용권' 200만 원어치가 지급되었다. 만 2세 미만의 아동에게는 영아수당이 지급되는데, 시설 미이용 아동에게는 월 30만 원이, 시설 이용 아동에게는 보육료가 지급된다. 만 2~7세 아동 중 시설 미이용 아동에게는 월 10만 원의 가정양육수당이, 시설 이용 아동에게는 보육료가 지급된다. 이와는 별도로 만 8세 미만 아동에게 아동수당이 월 10만 원씩 지급된다. 지방자치단체에서는 추가적인 가족복지 지원을 하는 곳이 많다. 육아휴직은 부모가 직접 자녀를 돌볼 수 있도록 휴직을 허용하는 제도다. 이는 특히 출생 직후 영아 기간의 자녀를 돌보는 데 필요성이 크다. 현재 만 8세 이하 또는 초등학교 2학년 이하의 자녀를 둔 모든 남녀 근로자는 부모가 각각 최대 1년까지 육아휴직 사용이 가능하다. 그 기간 동안 고용이 유지되고 일정 비율의 급여도 받을 수 있다.

육아 노동과 비용의 부담을 줄여주는 것은 저출산 대책의 가장 기본이다. 그 중요성은 누구나 공감할 것이다. 가족복지 지원은 앞으로도 다양한 방식으로 확대되어야 한다. 향후 어느 정부라도 그러리라고 예상이 된다. 그러나 동시에 이것이 저출산 대책의 전부 또는 대부분일 것으로 생각해서는 안 된다. 영유아 돌봄서비스 지원은 그야말로 기본이고 필요조건일 뿐이다. 절대로 충분조건이 아니다.

1년에 54초씩…… '지체된 혁명'의 그늘

영유아 돌봄 지원 대책은 충분조건이 아닌 필요조건이라는 점에 공감한다. 서구 선진국의 경우를 보면 출산율과 성 평등 문제는 밀접하게 연결되어 있다. 그러나 이에 대한 우리 사회의 인식은 많이 부족한 것 같다. 어떻게 보는가?

당연히 성 평등 문제와 저출산 문제는 긴밀히 연결되어 있다. 최근 20년 동안 여성의 성 역할은 급격히 변화했다. 전통적인 성 역할의 모형은 남성은 밖에 나가서 일하고 여성은 집 안에서 일하는 것이었다. 1960년대 국민학교 교과서 삽화로 아버지는 가방 들고 출근하시고 어머니는 아이를 안고 손을 흔들면서 잘 다녀오시라고 인사하는 모습이 그려져 있었다. 당시 사람들의 성 역할 모형이 투영된 그림이다.

그러나 이제 여성의 성 역할은 집 밖으로 확대되었다. 문제는 남성의 성 역할이 집 안으로 들어오지 않고 있다는 것이다. 서구에서는 이미 남성의 성 역할이 집 안으로 확대되어 남녀 모두 집 안에서의 역할과 집 밖에서의 역할을 함께 수행하는 대등한 형태로 전환되었다. 그러나 한국은 여성의 성 역할이 변화했음에도 불구하고 남성의 성역할은 변하지 않고 있다. 일부 여성학자들은 이것을 '지체된 혁명'이라고 말한다. 우리 사회 도처에서 성 역할을 둘러싼 여러 문제가 발생하는 중이다.

<그림 23> 한국 남성과 여성의 성 역할 변화

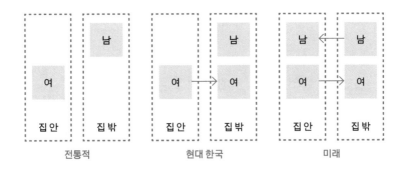

보육시설의 역할은 아무리 잘해도 낮 시간 동안의 보육 노동을 대신해주는 것뿐이다. 저녁 시간의 보육은 부부가 나누어서 하는 것 외에는 다른 대안이 없다. 그러나 현재 한국에서 보육 노동은 여전히 여성의 몫으로 남아 있는 것이 현실이다. 통계청이 5년마다 생활시간 조사를 하는데 2019년 기준으로 맞벌이 부부의 경우, 여성은 3시간 7분 가사 노동을 하는 반면, 남성의 가사 노동 시간은 54분에 불과했다. 이 통계는 '워킹맘'의 상황을 적나라하게 보여준다. 이들은 직장 노동을 8시간 하고 퇴근 후 가사 노동을 3시간 더 한다. 출퇴근에 각 1시간 정도씩 쓴다고 치면 하루 총 13시간 동안 노동을 해야 하는 것이다. 이런 상황에서 어떻게 여성이 임신과 출산, 육아를 할 수 있겠는가?

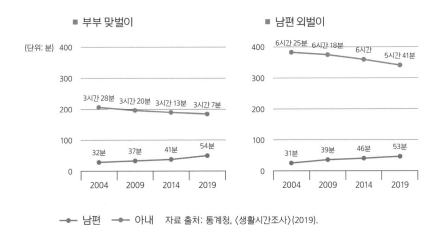

〈그림 24〉 한국 부부의 가사 및 육아에 할애하는 평균 시간

■ 부부 맞벌이   ■ 남편 외벌이

(단위: 분)

자료 출처: 통계청, 〈생활시간조사〉 (2019).

　　우리나라 남성의 가사 노동시간은 이상하게도 외벌이 부부와 맞벌이 부부 사이에 별 차이가 없다. 남성이 출근하는 외벌이 부부의 경우 전통적인 성 역할이 적용된다 하더라도, 맞벌이 부부는 남녀가 직장 노동을 동일하게 하고 있으니 가사 노동도 분담하는 것이 당연하지 않을까? 그러나 현실은 전혀 그렇지 않다. 앞서 언급한 생활시간조사 통계는 변화하지 않는 남성의 성 역할을 실증적으로 보여주는 지표다.

　　남편이 외벌이를 하는 '전업주부'의 경우 2019년 기준으로 가사 노동시간이 5시간 41분이고, 맞벌이 '워킹맘'은 3시간 7분이다. 여기서 궁금한 점은 '워킹맘'은 어떻게 2시간 34분의 가사 노동시간을 줄일 수 있었는가 하는 것이다. 강연을 하면서 이 부분에 대해 여성 청중에게 물어보면 갖가지 체험담을 얘기해준다. 이들이 가사 노동시간을 줄이는 방법은 대개 이러했다. 청소를 대충 하고 집을 꾸미는 일도 덜하는 식으로 노동의 질을 낮춘다. 가전제품을 사서 가사 노동을 최대한 기계화하고, 청소하면서 세탁기를 돌리는 식으로 노동시간을 압축한다. 마지막으로 세탁소에 빨래를 맡기거나, 식사는 외식을 하거나 시켜 먹고, 가사도우미를 고용하거나, 아이를 학원에 보내는 방식이다. 이것은 가사 노동의 '외주화'라고 할 수 있다. '워킹맘'이 가사노동시간을 줄이는 방법들 중 이 부분에 주목해야 하지 싶다. 가사 노동의 외주화를 위해 가계는 추가 비용을 지출해야 하는데 임신, 출산, 육아를 하는 30~40대 여성은 자신이 노동해 번 돈의 상당 부분, 어쩌면 대부분을 가사 노동시간을 줄이는 데 써야 한다.

이러니 아이를 낳을 수가 없다. 서양에서는 나라에 따라 차이가 있지만, 남녀의 가사 노동시간 비율을 조사해보면 남성의 가사 노동시간이 여성의 가사 노동시간에 어느 정도 준하는 수치를 보인다.[61] 서양에서는 이러한 현상이 '68혁명' 때부터 일어나기 시작했다고 한다. 이제 서양 남성들은 정시에 퇴근하고 집에 가서 여성과 가사 노동을 분담하는 것을 당연하게 생각하고 실천한다.

이 점에서 정부가 영유아 돌봄서비스를 제공하는 정책만으로 출산율이 올라가리라고 기대하는 것은 커다란 오해다. 이와 함께 남성의 성 역할이 변화해서 가사 노동 분담이 동시에 진행되지 않으면 저출산 문제를 해결할 수가 없다.

그러나 남성의 성 역할이 변화하는 속도는 느리기 짝이 없다. 맞벌이 남편의 가사 노동시간이 2004년 32분에서 2014년 41분이 되었으니 10년 동안 1년에 '54초'씩 늘어난 셈이다. 그런데 2014년에서 2019년 5년 사이에는 '무려' 13분이 늘어났다. 남성의 성 역할 변화가 본격적으로 시작된 것인지는 조금 더 두고 보아야 할 것 같다. 2019년 이후에 노동시간 단축, 정시 퇴근제 등이 시행되었기 때문에 2024년

---

61 요스타 에스핑-안데르센의 저서 《끝나지 않은 혁명(Incomplete revolution)》(국내 미출간)에 따르면 2000년대에 부부의 총 가사 노동시간 중 남성의 시간 비율은 덴마크 41%, 스페인 32%, 미국 33%였다.

생활시간조사 통계에서 어떤 결과가 나올지 주목할 일이다.

자본의 이익이냐, 민족의 소멸이냐

여성의 역할이 이미 크게 변했음에도 가정에서 남성의 역할이 변하지 않는 등의 요인이 출산율에도 나쁜 영향을 주고 있다. 하지만 남성들의 성역할 문제 외에도 직장에서의 분위기 등 임신, 출산, 육아를 어렵게 만드는 다른 요인들도 많지 않은가? 남성들, 특히 젊은 남성들은 가사 노동을 분담할 의사는 있으나 사회적으로 그럴 여건이 되지 못해 못한다는 말도 한다.

임신, 출산, 육아에 호의적이지 않은 직장 문화도 저출산에 영향을 미친다는 지적에 동의한다. 고용주나 회사가 출산과 육아에 호의적이고 가족 친화적인 분위기라면 직원들이 부담을 덜 느끼고 애를 낳고 키울 것이다. 그러나 현실은 그렇지 않다.

직원 복지 등이 한결 나은 편인 대기업에서도 직원들의 출산과 육아에 대해 호의적이라고 말하기 힘들다. 직장 눈치를 살펴야 하는 상황에서 아이를 낳기는 어렵다. 한국에서 여성 고용은 출산력에 이중적인 의미가 있다. 부부가 맞벌이를 하면 가계소득이 올라가서 금전적 여유가 생기니 출산력이 올라가는 긍정적 효과로 이어진다.[62] 반면에 회사가 임신, 출산, 육아에 대해 부정적인 태도를 갖고 있으면 강한 억제가 발생한다. 서구에서는 여성의 경제활동 참가율이 올라가

---

62 국민건강보험공단의 2002~2013년 자료를 이용하여 직장가입자 및 피부양자와 지역가입자에 대해 소득 5분위별 합계출산율을 추정한 결과, 중상위(3분위와 4분위) 여성의 출산율이 상대적으로 높고 최하위 소득계층의 출산율이 가장 낮은 것으로 나타났다(KDI, 〈인구변화와 사회경제적 불균형〉, 2020. 2.)

면 출산율도 올라가는 수치를 보인다. 그러나 한국에서는 여성의 경제활동 참가율이 올라가면 출산율이 떨어진다. 이것은 한국 기업들이 출산율에 강한 부정적 효과를 미친다는 의미다. 아주 중요한 문제다.

한국 기업 문화는 남성들의 성 역할이 변하지 않는 배경이기도 하다. 가령 밤늦도록 일하는 것으로 회사에 충성심을 보여야 한다. 퇴근 후에도 회식과 접대 일정이 있다. 남성들이 집에 일찍 들어갈 수 없는 기업 문화로 인해 남성들이 가사 노동을 하고 싶어도 하지 못하는 현실적 어려움이 있다. 그런데 이런 기업 문화를 남성이 주도한다. 기업 문화와 남성 문화는 서로 깊이 얽혀 있다. 그래도 요즘은 많이 변하는 추세다. 문재인 정부 들어서 노동시간 단축과 정시 퇴근제를 실시함으로써 많은 회사가 주 52시간 노동을 적용하고 있으며, 때가 되면 퇴근시키는 분위기로 기업 문화가 바뀌는 중이다. 정책적 측면 외에도 코로나19 장기화와 소위 '밀레니얼 세대'라고 불리는 젊은 층의 문화도 기업 문화 변화의 원인으로 작용했을 것이다. 밀레니얼 세대는 정시 퇴근을 당연시하고 회식과 접대를 거부하는 등 기업 문화에 새 바람을 불러일으킨 주역이다. 그러나 그런 식으로 기업 문화가 변화한다고 해도 남성들이 집에 가서 실제로 가사 노동 분담을 실천하기까지는 상당한 시간이 더 필요하리라고 짐작한다. 특히 중년 이후의 남성들은 시간이 오래 걸릴 것이다.

저출산 문제 해결이 어려운 이유는 그 원인이 기업 문화 차원에만 머무르지 않아서다. 양극화 부분에서 살펴본 것처럼 우리나라는 중소기업 취업자, 비정규직 취업자가 많은데 이들 중 여성 비율이 아주 높다. 여성 노동자 대부분이 중소기업 비정규직이다. 그런데 많은 가족 복지제도가 고용과 연결되어 있어서 대기업이나 공공기관이 아니고서는 제도의 효과를 볼 수 없다. 육아휴직 또는 유급휴가의 혜택을 대기업, 정규직 여성 노동자들은 받을 수 있지만 중소기업이나 비정규직 여성 노동자들은 사실상 그러하지 못하다. 이것은 기업의 태도만이 문제가 아니라 노동시장 구조의 문제이기도 하다. 이런 상황에서는 여성들이 임신, 출산, 육아를 하기 위해 사직을 해야 하고 그 결과, 경력단절이 생기게 된다. '경력을 유지하기 위해 아이를 안 낳을 것이냐, 아이를 낳기 위해 경력을 단절할 것이냐?' 하는 선택을 해야 한다.

여성들이 경력을 유지하면서 임신, 출산, 육아를 할 수 있으려면, 기업의 행태가 변하고 또 나아가서 고용시장 구조가 변해야만 한다. 기업과 고용시장이 변해야 남성 문화도 변할 수 있다. 지금까지 저출산 대책들이 기업과 고용시장이라는 요인을 인식은 하고 있었으나 본질적이고 핵심적인 문제로 인식하지는 않았다. '가족 친화적' 기업을 지정하고 지원하는 식으로 많은 저출산 대책 중 하나로만 나열할 뿐이다.

임신, 출산, 육아에 대해 긍정적인 태도를 갖는다고 해서 '가족 친화적' 기업이라 여길 수는 없다. 채용, 대우, 배치, 승진 등을 포함한 기업 경영의 모든 측면에서 '성 평등한' 기업이라야 한다. 그러면 '가족 친화적'인 성격은 자연스레 형성될 수 있을 것이다. '성 평등'을 전제하지 않은 '가족 친화적' 기업은 성립하지 않는다. 이것이 쉽지 않다는 것은 누구나 안다. 하물며 '성 평등한' 노동시장은 언제쯤 어떻게 가능할 것인가? 이 부분이 한국의 저출산 문제에서 가장 절망적인 부분이다.

기업이 변해야 하는 내용에 성 평등도 있으나 출산율을 올리는 데 노동 시간 단축도 중요하다는 말인데 '일-가정 양립' 지원으로 이미 추진되고 있는 것 아닌가?

1987년 제정된 '남녀고용평등법'을 2007년 '남녀고용평등과 일·가정 양립 지원에 관한 법률'로 개정하면서 '일·가정 양립'이라는 개념이 법률적 근거를 가지게 되었다. 그러니 '남녀고용평등'은 35년 전, '일·가정 양립'은 15년 전에 법제화가 된 셈이다. 이처럼 '일·가정 양립'은 정부가 추진하고 사회적으로도 수용된 개념이지만 여전히 갈 길은 멀어 보인다. 다음은 고용노동부의 '일·생활 균형 캠페인' 누리집에서 따온 글이다.

> "주 5일 평균 2.3일 야근, 연평균 근로시간 2,124시간, OECD 회원국 평균보다 연 2개월을 더 일하는 대한민국. 대한민국 근로자의 1년은 14개월입니다. 평균 근로시간은 OECD 회원국 중 멕시코의 뒤를 이어 두 번째로 길지만, 노동생산성은 34개국 중 25위를 기록했습니다. 장시간 근로 문화 개선은 일·생활 균형을 위해 가장 필요한 요소입니다."

'일·가정 양립'을 위한 가장 기본 조건은 앞에서 말한 바와 같이 노동시간 단축이다. 노동시간이 줄고 그 시간을 생활과 여가를 위해 사용할 수 있어야 직장과 가정이 양립 가능하다. 양극화 대책에서 노동시간 단축과 일자리 나누기가 필요하다는 점을 말씀드렸다. 그런데 저출산 대책을 위해서도 노동시간 단축이 필요하다. 가정을 위한 시간을 확보해주지 않으면 출산이 불가능하기 때문이다. 노동시간 단축은 그래서 반드시 필요하다. 이미 시작은 되었지만 현재 '충분성'이 부족하다.

또 하나의 조건은 단축된 노동시간이 들쑥날쑥해서는 안 된다는 것이다. 퇴근 시간이 일정해야 한다. 정시 퇴근이 가능해야 퇴근 후 시간에 대한 계획을 세울 수 있다. 주당 52시간을 일하더라도 어느 날은 오래 일하고 어느 날은 짧게 일해야 해서 퇴근 시간을 예측할 수 없으면 퇴근 후 자기 시간을 계획할 수가 없다. 이렇게 되면 가사노동도 하지 못하고 자기계발을 위해 시간을 쓸 수도 없게 된다. 정시 퇴근제는 남성도 가사 노동을 분담하는 성 역할 변화에 결정적으로 중요한 작용을 한다. 여기에 더해 고령화에 대비한 평생학습, 산업재해와 직업병 예방, 그리고 인간성의 복구를 위한 여가 생활의 기반이 된다. 정시 퇴근제는 한국 사회를 선진국으로 변화시키는 결정적인 조건이 될 것이다.

서구를 여행하다 보면 오후 5시가 되자마자 유령이라도 나올 것처럼 도시 전체가 조용해지는 것을 볼 수 있다. 관공서나 회사는 물론이고 작은 가게들까지 일제히 문을 닫는다. 그렇게 일을 마치고 집에 가서 가사 노동을 시작하는 것이다. 그들은 술을 언제 마실까? 집에서 저녁을 가족과 함께 차려 먹은 다음, 동네 술집에서 동네 친구들과 마신다. 우리처럼 직장 일 때문에 직장 근처에서 업무상 마시지 않는다. 그 시간에 어떤 사람들은 취미 활동을 한다. 《유러피언 드림》에서 제러미 리프킨이 말한 '심오한 놀이(deep play)'다.[63] 거기서 뜻하지 않은 창의력이 폭발하기도 한다. 어떤 사람들은 제2의 인생을 위한 공부를 한다. '서머타임' 제도는 정시 퇴근제와 짝이 맞아야 제구실을 한다. 해가 중천에 떠 있을 때 집에 가면 할 수 있는 일이 너무 많아진다. 여행객들에게는 몹시 불편하지만 일과 가정은 그렇게 해야 양립된다.

요즘 ESG 경영[64]이 크게 부각되고 있는데 저출산 대책의 관점에서도 이것이 보편화되고 심화되어야 한다. 가족 친화적인 조치들을 회사들이 회사 경영의 차원에서 자발적으로 할 수 있어야 한다. 일과 가정의 양립을 가능하게 하는 경영이 곧 ESG 경영이다. 기업들이 저출산 대책은 정부의 일이라고만 생각하고 기업의 책임은 없는 듯한 자세를 보이는 것은 안이한 태도다. 미국 기업들은 가족 친화적 제도

---

63 제러미 리프킨 지음, 이원기 옮김, 《유러피언 드림》, 민음사, 2005.
64 기업이 환경(Environment)보호, 사회(Social)공헌, 경영 지배구조(Governance)의 윤리경영을 적극 실천하는 것.

를 자발적으로 도입했다. 프랑스나 독일 기업에 가보면 일과 가정의 양립을 회사의 중요한 가치로 내재화하고 있음을 볼 수 있다. ESG 경영을 한때의 유행이나 장식 정도로 생각하지 말자. 우리나라의 기업들도 스스로 변화하는 모습을 보여야 한다.

양극화뿐 아니라 저출산 극복을 위해서도 국민 생활의 안정을 보장해주어야 한다. 노동시간을 줄이되 고용 인원을 늘리고, 해고나 경력단절이 되더라도 사회안전망에 의해서 적정한 생활을 유지하다가 또 다른 종류의 취업을 할 수 있는 기회가 보장되는 노동시장 구조가 만들어져야 한다.

사회안전망이 필요한 이유는 분명하다. 세상을 살아가다 보면 몇 가지 위기 상황에 놓인다. 첫째, 취업하고 결혼하고 아이를 낳고 키우는 젊은 시절에는 일자리와 내 집 마련, 자녀의 보육, 교육의 고비를 넘어서야 한다. 이것이 저출산 대책이다. 둘째, 일자리를 잃거나 다른 이유로 소득이 줄어 가난의 위협을 받게 될 경우 최소한의 생활을 위한 소득 보장이 필요하다. 가난해도 아이들의 교육을 계속 이어가고, 병이 나면 치료를 받을 수 있는 사회보장이 필요하다. 여기서 무너지면 평생 가난을 벗어날 수 없게 된다. 이것이 양극화 대책이다. 셋째, 나이를 먹은 다음에는 노후 생활을 보장해주는 기본적인 소득, 아픈 몸을 치료할 건강보장, 내 집에서 늙어갈 수 있도록 돕는 복지서비스가 필요하다. 이것이 고령화 대책이다. 사회안전망이 곧 저출산 대책이고, 양극화 대책이자, 고령화 대책인 이유는 생애주기에 따라 우리가 겪을 수 있는 위기에 대한 대응책이기 때문이다.

기존에도 대책이 전혀 없었던 것은 아니다. 그러나 출산율이 점점 내려가고 있는 것은 엄연한 현실이다. 이런 상태를 반전시킬 수 있는 효과를 거두기 위해 앞으로의 정책은 과거와 무엇이 달라져야 하는가?

출산율을 올리려고 많은 돈을 썼는데도 출산율이 내려가기만 한다는 비판이 많았다.[65] 투자된 돈의 규모는 과장된 것으로 보이지만 성과가 부족한 것은 사실이다. 저출산같이 원인이 복합적인 문제는 단편적인 시도만으로 성과를 내는 것이 불가능하다. 복잡하게 얽힌 문제일수록 핵심 요인을 찾아내어 그것을 집중 공략해야 한다. 핵심적인 문제를 풀면 거기에서 파생된 문제들은 자연스럽게 풀리는 효과를 거둘 수 있다. 지금까지의 정책들이 너무 단편적이고 여러 정책들을 나열하는 데만 급급하지는 않았는지 반성해야 한다.

기업과 고용시장은 현재 한국에서 저출산을 일으키는 가장 핵심적인 문제를 만들어내는 중이다. 이 문제를 풀지 않고 영유아 돌봄 지원만 잘해주면 출산율이 올라갈까? 단연코 아니다. 그렇다면 영유아 돌봄 지원이 다소 부족하더라도 기업과 고용시장이 성 평등 하고 가족 친화적이고 소득분배가 좋은 상태라면 출산율은 올라갈까? 나는 그럴 것이라고 생각한다. 조금 극단적으로 말하자면 작금의 상황은 '자본의 논리' 때문에 '민족의 존립'이 위협받는 지경이라 할 수 있다. 정부가 할 수 있는 모든 당근과 채찍의 수단을 동원해서 '저출산 대책으로서의 기업과 고용' 문제를 다루어야 한다. 남성의 성 역할 변화의 지체는 전통적인 가부장제와 같은 한국 문화 속에 깊이 뿌리를 내리고 있는 것이지만 최근에는 상당한 변화의 조짐을 보인다. 현재 상태에서 그 변화를 지체시키고 있는 것은 기업 문화와 노동시장의 구조다. 가계 보호를 위한 사회안전망 구축은 양극화, 저출산, 고령화 등의 제반 사회문제 해결을 위한 공통의 대책이다. 복지제도 자체가 저출산을 직접적으로 해결해주지는 않겠지만 이것이 필요조건으로 깔리

---

65 〈뉴스 1〉의 「여야 "저출산 정책 실패" 질타」(2021.10.20.) 기사에 따르면, 2006년부터 2020년까지 저출산 정책 예산으로 380조 원 이상을 썼다.

〈그림 25〉 저출산 대책의 네 가지 주요 영역

지 않는 한 저출산 상황은 개선되기가 매우 어렵다. 영유아 돌봄서비스는 저출산 대책의 기본이자 가장 직접적인 인과관계가 있는 대책이다. 그러나 이것만으로는 출산율을 올릴 수 없다.

저출산을 일으키는 요인들은 이렇게 네 가지의 큰 뿌리를 가지고 있다. 이들 각 영역에 대한 대책을 수립해 가사노동이나 기업문화, 가계보호 등이 출산에 미치는 나쁜 영향을 줄여야 한다. 또한 네 개 영역에 대한 대책이 균등하게 발전하여 '병목현상'을 일으키지 않도록 해야 한다. 어느 한두 가지가 잘 구축되더라도 다른 부분이 부족하면 그 부분에서 해결의 실마리가 막혀 성과를 거둘 수 없다. 많은 투자를 하고도 성과가 없는 현 상황은 전형적인 병목현상으로 보인다. 그 좁은 병목은 '시장의 왜곡'과 '복지의 결핍'에서 비롯되었다.

그동안 저출산 대책이 없었다거나 개개의 정책들이 잘못되었다기보다는 종합적인 분석을 하고 체계적인 수순을 밟아가는 균형감각이 있는 현명한 전략이 부족했다. 저출산 대책은 경제사회정책의 큰 그림을 그려야 하고, 체계적이고 지속적이어야 한다. 한 정부의 차원을 넘어 후속 정부들이 정책의 명맥을 이어가는 식의 체계적인 접근을 하지 않으면 저출산 문제는 풀리지 않을 것이다.

5장

고령화

나이 듦이 위기가 아닌 새로운 기회인 사회로

저출산 문제와 더불어 또 하나의 중요한 풀리지 않는 난제 중 하나가 고령화다. 우리 사회는 급격하게 고령화되어서 2025년에는 65세 인구가 20%에 달하는, 이른바 '초고령사회'가 될 것으로 예상된다. 노인인구가 천만 명인 노인 시대가 되는 상황이다. 노인인구 증가는 6·25전쟁 이후 출생한 베이비부머들이 노년층에 진입하면서 가속화되었다. 노인인구 증가가 우리 사회에 미치는 핵심적인 영향을 몇 가지 짚어보면서 구체적인 논의로 들어가려 한다. 노인인구 증가가 문제인 이유는 무엇이며, 또 왜 주목해야 할 사안인가?

한국의 고령화 속도는 전 세계적으로 특별하게 빠른 편이다. 그동안 고령화 속도가 제일 빠른 나라로 보통 일본을 들었는데 통계를 보면 한국이 일본보다 훨씬 빠르다. 고령화 속도를 보다 일목요연하게 살펴보기 위해서 만든 것이 〈그림 26〉이다. 이 그림을 보면 1960년에는 우리나라 인구의 42.3%, 그러니까 거의 절반이 유년인구였고,

〈그림 26〉 한국의 유년인구와 생산가능인구 증감 추이

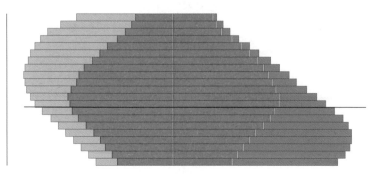

총인구의 감소: 2028년(5,194만 명)을 정점으로 급격한 감소.
2,501만 명(1960) → 5,178만 명('20) → 4,284만 명('60)

유년인구의 감소: 1972년(1,386만 명)을 정점으로 감소, 생산가능인구 및 총인구 감소의 원인.
1,059만 명(42.3%, 1960) → 630만 명(12.2%, '20) → 345만 명(8.0%, '60)

노인인구의 증가: 2059년(1,882만 명)을 정점으로 감소, 노인부양 부담 문제 야기.
73만 명(2.9%, 1960) → 813만 명(15.7%, '20) → 1,881만 명(43.9%, '60)

생산가능인구의 감소: 2018년(2,765만 명)을 정점으로 감소, 생산가능인구 내부의 고령화.
1,370만(54.8%, 1960) → 3,736만 명(72.1%, '20) → 2,058만 명(48.0%, '60)

▨▨ 0~14세 ▇▇ 15~64세 ▇▇ 65세 이상
자료 출처: 통계청, 〈장래인구추계〉(2019).

노인인구는 2.9%로 아주 드물었다. 그런데 100년 후인 2060년대에
는 정반대로 유년인구가 8.0%, 노인인구가 43.9%일 것으로 추정된
다. 유년인구 구성과 노인인구 구성이 정반대로 반전되는 현상을 보
이게 된다.

　　한국에서 20세기 후반부터 21세기 전반에 걸친 한 세기는 급격
한 인구 변동의 시대라고 할 수 있다. 유년인구의 감소와 노인인구
의 증가도 심각하지만, 인구의 가장 핵심 요소라고 할 수 있는 생산

가능인구의 증감 추이가 극적인 변동을 보이는 현상에 주목해야 한다. 1960년도에는 생산가능인구의 규모가 1,370만 명으로 전체 인구의 54.8%였다. 생산가능인구의 규모가 정점에 달했던 2020년에는 3,736만 명으로 전체 인구의 72.1%였다. 그러나 현재 추세로 추정했을 때 2060년도에는 생산가능인구의 규모가 2,058만 명으로 전체 인구의 48.0%로 변화하게 된다. 생산가능인구를 기준으로 보자면 20세기 후반은 지속적인 확대기였고, 21세기 전반은 지속적인 위축기다. 생산가능인구의 증감 양상은 2018년을 정점으로 거의 대칭적인 모습을 보인다.

문제는 한국의 정치, 사회, 경제가 이러한 급격한 인구 변동을 버티기가 굉장히 힘들다는 것이다. 인구가 늘어나고 줄어드는 변화의 폭이 문제일 뿐 아니라 그 변화의 속도가 큰 부담이 되는 상황에 처해 있다. 현재는 인구구성이 역전되는 시점으로, 2018년에 이미 생산가능인구가 팽창기에서 위축기로 전환되는 중요한 전환점을 지나갔다. 2025년에는 노인인구가 전체 인구의 20%를 넘어 초고령사회에 진입하고, 2028년부터 총인구가 감소할 것으로 예측된다.

고령화에 투영된 한국 현대사의 궤적

생산가능인구가 2020년을 기점으로 이미 축소되는 시기를 지났다는 진단인데 왜 이렇게 극단적이고 빠른 고령화가 우리나라만의 특별한 현상으로 나타나는 것인가?

그것은 다음의 인구피라미드 그림을 보면 바로 해석된다. 우리가 통상 보는 인구피라미드는 5세 간격인데 이 그림은 1세 간격으로 촘촘하게 그려졌다. 전체적으로는 현재 40대, 50대부터 60대 초반에

〈그림 27〉 한국의 급격한 고령화 원인

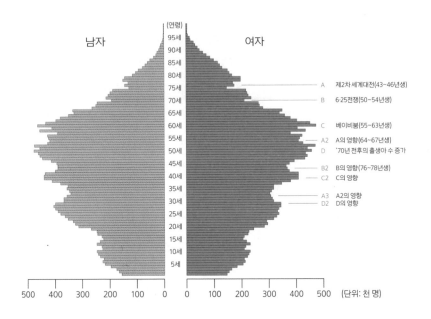

이르는 인구가 매우 많고, 그 밑으로 내려가면 인구가 아주 빠른 속도로 줄어듦을 알 수 있다. 이 인구피라미드에는 '한국 현대사의 궤적'이 그대로 투영되어 있다. 인구가 폭 꺼져 있는 A 부분은 제2차 세계대전의 흔적이다. 일제에 의해 태평양전쟁에 강제징병 되어 전쟁터에서 사망하는 사람들이 늘어나면서 인구 위축이 심하게 일어났다. 이시기의 인구 위축은 세계적으로 공통된 현상이었다. 라틴아메리카 정도를 제외한 전 세계가 전쟁을 겪었기 때문이다. 전쟁이 끝나자 유럽, 미국, 일본 등에서는 이내 '베이비붐'이 일어났다. 일본은 이 베이비부머를 '단카이(團塊) 세대'[66]라고 부른다.

---

66   '덩어리'라는 뜻으로 일본에서 제2차 세계대전 이후 1947~1949년에 태어난 세대를 일컫는 용어.

그러나 한국은 출산율이 복구되려는 시기에 6·25전쟁이 발발했다. 이 때문에 출산이 다시 억제되었다. B 부분이 또다시 움푹 들어간 건 그 때문이다. 휴전이 되고 평화가 돌아오면서 출산율이 급격히 올라가기 시작했다. C 부분이 바로 그 시기다. 이 시기에 태어난 이들이 한국의 베이비붐 세대인데 1955년에서 1963년 사이에 태어난 약 900만 명이 여기에 해당된다. 앞에서도 한 번 언급했지만, 1960년의 합계출산율은 무려 6.0이었다. 그 후 메아리 현상[67] 때문에 중간중간에 출생아 수가 줄어든 기간이 있었고 합계출산율도 점차 줄어들었지만 전체적으로는 50년대 후반부터 70년대 후반까지 약 20년의 기간 동안 매우 큰 인구집단이 생겼다. 이들을 '광의의 베이비붐 세대'라고 해도 무방하겠다. 한국의 베이비붐 세대는 다른 나라에 비해 규모가 상당히 크고 출현 기간도 길다. 제2차 세계대전과 6·25전쟁을 거치면서 유난히 긴 기간 동안 억제되었던 출산이 폭발적으로 증가했기 때문이다.

이 시기의 인구가 이렇게 크게 늘어난 또 하나의 요인은 영아사망률이 감소했기 때문이다. 과거 조선 시대나, 특히 일제강점기에는 식량 수탈이 극심해서 어린 나이에 많이 죽었다. 전형적인 다산다사(多産多死)형이었다. 그런데 6·25전쟁 이후 50년대 후반에 태어난 아이들은 이전 시대에 비해 그리 많이 죽지 않았다. 다산소사(多産小死)형으로 전환하면서 베이비붐으로 인한 인구 증가 효과는 증폭되었다.

그러다가 70년대 후반부터 출산율이 비약적으로 줄어들기 시작했다. 저출산 부분에서 이야기했듯이 도시화, 산업화, 가족계획과 같은 정책적인 영향, 그리고 여성의 역할 변화와 가족구조의 변화 등이

67　부모의 수가 적으면 출산아의 수도 줄어드는 현상. 출산율은 높아도 부모의 수가
　　적으면 출산아의 수는 적을 수 있다.

원인이다. 여기에서 발생한 문제는 50년대 후반부터 70년대 후반까지 20년의 '대규모 인구집단'과 그 이후 빠른 속도로 작아진 '소규모 인구집단' 사이의 대조가 아주 극단적이라는 것이다.

그림과 함께 설명을 들으니 한국 현대사를 다시 돌아보는 것 같다. 전쟁이 인구구조에 이렇게 깊은 흔적을 남기는지 몰랐다. 50년대 후반부터 70년대 후반까지 약 20년간 베이비부머가 출현한 데는 특정한 역사적 배경이 있지만, 거꾸로 이들이 사회에 미친 영향도 상당했으리라는 생각이 든다. 이 인구집단은 어떤 역사적인 궤적을 그렸는가?

50년대 후반부터 70년대 후반 사이에 형성된 대규모 인구집단인 베이비붐 세대는 한국 현대사에 여러 가지 사회현상을 일으킨다. 베이비붐 첫 세대인 1954년생이 초등학교(당시에는 국민학교)에 들어가기 시작한 60년대 초반부터 교실난이 극심해진다. 한 반을 80~90명으로 편성하고도 교실 수가 모자라 오전반과 오후반을 나누어 수업을 했다. 그들이 중학교에 갈 시점이 되면서 입시 전쟁이 격화됐다. 그래서 중학교 입시를 아예 없애버렸다. 이 세대가 고등학교에 들어가면서 고등학교 입시 전쟁이 심해지자 얼마 안 있어 고교 평준화가 추진되었다. 이어서 대학 입시 전쟁이 터지고 '치맛바람'과 사교육 열풍이 불었다. 대학 입시 제도가 초미의 관심사로 떠오른 것도 이즈음이다. 또 이들이 졸업할 때가 되면서 극심한 취업 전쟁이 시작되었다. 이어서 주택난이 뒤따랐다. 이 세대들은 그 고달픈 궤적을 잘 기억할 것이다. 이 20년간 형성된 대규모 인구집단은 한국 사회에 끊임없는 폭풍을 일으키면서 살아온 셈이다.

이외에도 이들이 한국 사회에 또 어떤 파장을 일으켜왔고 앞으로 어떤 영향을 줄 것인지를 볼 수 있는 자료가 〈그림 28〉이다. 1960년대

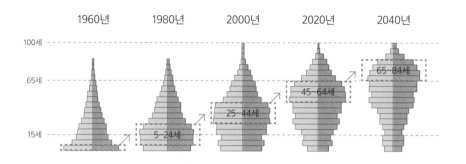

〈그림 28〉50년대 후반 70년대 후반 인구집단의 이동 추이

1960년   1980년   2000년   2020년   2040년

자료 출처: 통계청, 〈장래인구추계〉(각 년도).

우리나라 인구구조는 전형적인 피라미드형이었고 그 무렵 막 태동하기 시작한 베이비붐 세대는 가장 아랫부분에 위치해 있었다. 1980년이 되면 이 집단이 5~24세에 도달한다. 이 중에 80년대에 대학에 입학한 사람들이 이른바 '386'이다. 386은 60년대 생, 80년대 학번, 이 단어가 등장했을 당시 이들 집단의 나이인 30대의 앞 숫자만 따서 부른 것이다. 80~90년대의 대학생들은 숫자가 많았을 뿐더러 정치적으로 특별한 의미를 지닌 집단으로 부상했다. 2000년에 약 30대 전후의 나이였던 이들은, 2020년 현재는 적게는 45세에서 많게는 64세에 도달했다. 이 집단이 2020년을 기점으로 본격적으로 노인층에 진입한다. 20년 후인 2040년이 되면 이들은 65~84세를 구성하게 된다.

베이비붐 세대가 65세 이상으로 이동하면서 노인층으로 진입하는 숫자는 갑자기 많아지고 생산가능인구는 점점 위축되어가는 것이 2020년 이후 고령화 속도가 급속히 빨라지게 되는 이유이다. 여기에는 50년대 후반부터 70년대 후반까지의 '대규모 인구집단'과 그 이후의 '소규모 인구집단'이 극단적 대조를 이루는 인구구조가 바탕에 깔려 있다. 한국 사회에 폭풍을 일으키며 살아온 베이비붐 세대가 일으키는 마지막 회오리바람이 바로 고령화다.

2040년대 인구구조는 장수하는 노인이 많고 청년층은 수가 적은 '키가 크고 호리호리한 가분수' 형태를 보이게 된다. 그러나 그 이후 2060년쯤 되면 베이비붐 세대가 점차 소멸하면서 인구구조는 청·장·노년이 모두 적고 키는 더욱 커진 '가늘고 긴 원통형'으로 변화할 것으로 예측된다. 이것으로 21세기를 관통하던 고령화 현상은 종료된다.

'실질적인' 생산가능인구를 늘려야 한다

보통 '고령화' 하면 단순히 노인인구 증가로만 생각한다. 즉, 노인이 너무 늘어나서 걱정이라든가, 노인부양비가 증가한다고만 인식한다. 그런데 말씀을 듣고 보니 상당히 사회정치적인 문제이며 다양하고 복합적인 의미를 띤다. 고령화의 다양한 측면을 좀 더 짚어보자면 어떤 것들이 있는가?

고령화의 의미를 너무 협소하게 바라봐서 단순히 노인인구의 양적인 증가, 또는 노인부양비 부담의 증대로만 생각하는데 노인인구의 질적인 변화도 있다는 점을 간과해서는 안 된다. 일부에서는 고령화가 '기회'라고 해석한다. 현재의 40대, 50대가 미래의 노인인데 이들은 상당한 경제력과 더불어 노후를 맞는다. 새로운 노인들이 소비자로서 강한 구매력을 갖게 되면 고령친화산업이 발전하게 된다.

우선 복지용구, 가정용 의료기기, 건강관리용 의약품, 건강기능식품의 소비가 늘고 관련 산업이 발전한다. 노인들의 문화, 노인들을 위한 주택과 의복 등도 생긴다. 이미 문화적인 변화가 눈에 띈다. 문화생활에 어느 정도 관심이 있는 사람이라면 노년을 주제로 한 영화가 늘고 있음을 체감할 것이다. 요즘은 노인 패션모델이 등장해서 활동하기도 한다. 앞으로의 노인은 우리가 과거에 가졌던 이미지의 노인이 아닐 것이다. 경제력이 없고 고생을 많이 한 사람의 이미지가 아니라 건강도 좋고, 소비 능력도 있고, 문화적으로도 수준 높은 새로운 노인층이 형성되는 중이다. 노인이 가계와 사회에 부담만 되는 존재가 아니라 경제와 사회의 주역으로 활동하는 상황이 전개되는 중이라고 해석해야 정확할 것이다.

앞으로는 노인인구가 대한민국의 압도적인 대규모 인구집단이 되기 때문에 유권자로서 이들을 대상으로 한 노인 정치도 본격화할 것이다. 게다가 80년대, 90년대 학번들은 한국 사회에서 가장 정치 훈련을 많이 받은 집단이다. 이 집단이 노인층으로 진입하게 되면 이들의 정치적 주장이 매우 커지고 노인 관련 정책들에 대한 요구도 강력해질 것으로 예측된다. 나아가서는 이들이 청년 시절의 진보성을 유지하면서 노화하느냐, 또는 시간이 지나면서 보수화하느냐에 따라 대한민국 사회의 정치 이념 스펙트럼도 결정될 것이다. 또한 이들은 상당한 재산을 축적해왔기 때문에 그 구매력으로 경제도 좌지우지할 것이다. 노인문화 소비가 늘어날 것이고 노인용품 판매도 증가할 것이다. 노인들을 위해 최적화된 주택 수요가 크게 늘어날 것이라는 예측도 가능하다. 고령화는 사회적 부담만이 아니라 '기회'이기도 하다는 주장은 이런 예측들에 근거한다.

고령화는 노인의 수, 전체 인구 대비 비율, 노인부양비 등이 증가하는 현상을 뜻하기도 하지만, 그 노인들이 가진 정치력, 경제력, 문화력 등이 복합적으로 한국 사회 안에서 작동하는 현상을 의미하기도 한다.

2020년 '노인실태조사' 결과를 보면 노인층의 경제적 자립성이 크게 높아졌고 가구 형태도 1인 또는 부부 형태가 일반화되었다. 소득수준도 두

배 이상 높아진 것으로 보인다. 이런 면에서 고령화가 부정적인 것만이 아니라 긍정적인 요소들을 통해 사회 발전의 기회 요인으로 작용하는 측면도 있을 것이다. 그럼에도 불구하고 지적한 대로 생산가능인구의 감소는 큰 문제다. 생산가능인구의 축소에 대응하는 정책에는 어떤 것들이 있는가?

고령화 현상에서 깊이 들여다봐야 할 중요한 부분이 바로 생산가능인구의 감소 문제다. 아무리 노인인구가 증가하더라도 생산가능인구가 함께 증가하게 되면 비율적으로 균형이 유지되기 때문에 큰 문제는 생기지 않는다. 어떻게 하면 생산가능인구를 덜 줄어들게 하고 이들의 생산성을 어떻게 더 높이느냐를 고민하는 것이 고령화 대책의 핵심이다.

제일 원론적인 대책은 출산율을 증가시켜서 생산가능인구를 늘리는 것이다. 물론 이것은 가장 근본적인 방법이긴 하지만 어려운 점이 많다. 출산율은 높이기도 어렵지만, 출산율을 높여서 사회적으로 그 효과를 보려면 긴 시간이 필요하다. 일단 지표상으로 15세가 지나야 생산가능인구에 포함이 되고, 현실적으로는 25세나 30세쯤은 되어야 실질적인 생산 활동이 가능하다. 그러니 아무리 출산율을 올려도 20년, 30년 사이에는 생산가능인구를 늘리는 효과를 기대할 수 없다. 21세기에 생산가능인구가 줄어들고 이를 출산력 향상을 통해 극복하지 못한다는 것은 이미 정해진 운명과 같다.

생산가능인구를 늘리는 또 한 가지 방법은 이민자를 수용하는 것이다. 이미 한국은 점점 다민족·다문화 국가가 되어가는 중이다. 다민족 국가로 변해가는 것은 장기적으로 바람직한 방향이고 여러 국제기구가 권유하는 방식이기는 하다. 그런데 우리가 현재 경험하고 있는 것처럼 다민족 국가로 가는 길은 기존의 사회구성원들과 새로 유입되

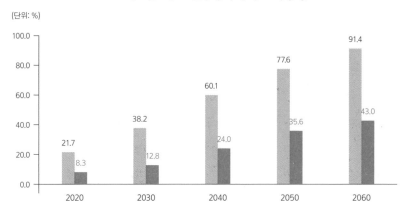

〈그림 29〉 노인부양비의 축소 가능성

(단위: %)

- 생산가능인구 15~64세 - 생산가능인구 15~74세

자료 출처: 통계청, 〈장래인구추계〉 2017~2067년(2019).

는 이민자들이 서로에게 서서히 적응해가는 과정이 없으면 상당한 사
회 갈등으로 이어진다. 이 점을 잘 고려해가면서 신중하게 가야 하는
길이다. 이와 유사한 맥락에서 모색할 수 있는 또 다른 가능성은 한국
만의 특별한 기회인 통일이다. 북한이 남한보다 훨씬 출산율이 높고
인구구조도 젊은 층이 두텁기 때문에 통일을 하면 한반도의 인구구
조도 상당한 변화가 가능하다. 그러나 안타깝게도 이것은 기약하기가
어려운 대책이다. 꼭 통일이 아니더라도 남북 간에 다양한 교류가 활
발히 이루어진다면 상당한 효과를 볼 수도 있겠지만, 이 또한 정책적
으로 기획한다고 해서 쉽게 성취될 성질의 일은 아니다.

　가장 현실적이고 정책적으로도 가치 있는 방식은 생산가능인구
를 '실질적으로' 늘리는 것이다. 우선 노인부터 생각해보자면, 지금의
60대, 70대 노인들은 이전 세대의 노인들과 달리 굉장히 건강한 편이
다. 그분들이 '실질적인' 생산가능인구가 되어준다면 이야기는 달라진
다. 만약 지금처럼 60세 전후에 은퇴하는 구조가 적절한 시점에 65세,

70세, 75세까지 일을 하고 근로소득을 올릴 수 있는 구조로 바뀌게 되면 그만큼 생산가능인구가 늘어난다. 생산가능인구가 종전의 15~64세에서 15~74세로 10년 더 늘어나면 노인부양비는 절반 이하로 크게 줄어든다. 65~74세 인구가 부양받는 인구에서 부양하는 인구로 변하기 때문이다. 2020년 현재, 65세 이상 노인은 815만 명이고, 65~74세 인구는 465만 명이다. 이것은 일부에서 논의되는 것처럼 노인의 정의를 65세 이상에서 75세 이상으로 바꾸는 명목상의 변경이 아니다. 노인을 건강하고 능력 있게 만들어주고, 적절한 일자리를 주어 근로소득을 올리게 하는 실질적인 정책들을 추진해야 한다는 의미다.

두 번째로 고려할 부분은 여성 인구다. 앞에서 보았다시피 출산과 양육 문제, 그리고 노인 부양 문제 등으로 여성의 비경제활동과 경력단절이 광범위하게 일어나는 중이다. 젊은 여성들의 교육 수준은 남성과 동일하거나 오히려 높은 수준인데 경력단절 때문에 대한민국 여성의 경제활동 참가율은 경제협력개발기구 회원국 평균에 비해 5% 이상 떨어진다. 여성들의 사회참여를 확대하는 방식으로 가면 사실상 생산가능인구는 늘어난다. 여기서 핵심 전략은 여성을 각종 돌봄 노동에서 벗어나게 하는 것이다. 돌봄은 크게 아동, 노인, 장애인, 그리고 환자 돌봄, 이렇게 네 가지로 나뉜다. 아동을 위한 보육 대책, 환자를 위한 간호간병서비스 등은 이들 분야에서 핵심적인 전략이다. 노인과 장애인 돌봄은 지역사회 통합돌봄 체계로 풀어가는 것이 중요하다. 이들 네 가지 돌봄을 전면적으로 탈가족화, 탈시설화 할 수 있다면 획기적인 사회개혁이 가능하고 생산가능인구도 크게 늘릴 수 있다. 2020년 현재, 15~64세의 생산가능인구 중 여성은 1,869만 명이며 이들 중 5%가 경제활동인구로 편입되면 약 94만 명의 노동력이 늘어나는 셈이 된다.

세 번째로 고려할 영역은 장애인이다. 2020년 현재 한국에는 총

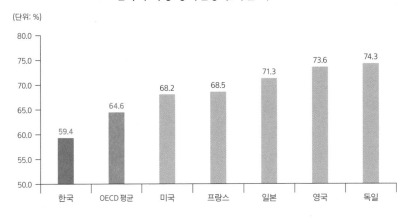

〈그림 30〉 경제협력개발기구 회원국과
한국의 여성 경제활동 참가율 비교(2018년)

(단위: %)

자료 출처: 한국경제연구원(2019).

98.5만 명의 '심한 장애인(종전 용어로는 3급 이상의 중증 장애인)'이 등록되어 있다. 이들에게 적절한 교통수단과 이동수단, 작업장에서의 보조기구들을 갖추어주고 장애 상태에 적절한 일자리를 제공해주면 상당수가 정규적인 노동 활동이 가능하다. 좋은 사회 시스템만 갖추면 장애인을 통해 수십만의 잠재적인 노동인구를 보충할 수 있는 것이다.

마지막으로 고려할 영역은 청년이다. 통계 목적으로는 15세 이상을 생산가능인구로 분류하지만, 이는 국제 비교를 위한 것이고 현실에서 20세 미만의 미성년이 생산 활동을 하는 일은 거의 없다. 과거에는 20대 초반에 일을 시작하는 경우가 많았지만, 지금은 청년들 대부분이 20대 후반이나 30대 초반이 되어서야 취업을 한다.[68] 이 상황을 조금 더 앞당길 수 있으면 생산가능인구가 사실상 늘어나는 효과

---

68 취업포털 인쿠르트의 조사(2020.4.22.)에 따르면 대학 졸업 후 첫 직장을 얻는 평균 연령은 2008년 27.3세, 2016년 31.2세로 나타났다.

를 볼 수 있다. 사실 이 부분이 청년 관련 정책의 핵심을 이룬다. 청년들이 조기 입직하게 하려면 좋은 일자리를 많이 공급해주어야 한다. 일자리를 조기에 구할 수 있으면 결혼을 할 가능성이나 주거가 안정될 가능성도 커지고 이는 출산율에도 긍정적인 작용을 할 것이다.

많은 청년이 '좋은 일자리'를 원하고 '나쁜 일자리'에는 취업하려고 하지 않는다. 이들이 대기업, 정부기관 또는 공기업 일자리만 찾고, 중소기업 등의 소위 '3D 업종'을 기피한다고 해서 어른들이 '요즘 젊은 것들'이라고 비난하는 일이 종종 있다. 이는 옳지 않은 처사다. 청년들을 비난할 것이 아니라 대기업과 중소기업, 정규직과 비정규직 등으로 분절된 노동시장과 일자리의 격차를 해소해주려는 노력을 해야 한다. 대기업이든 중소기업이든 격차가 없고, 중소기업에 취직했다가도 대기업으로 옮겨갈 수 있는 기회가 보장되는 산업구조와 노동시장이 만들어진다면 청년 구직난은 많이 줄어들 것이다. 여기서 발상의 전환을 할 필요가 있다. 새로운 미래 먹거리를 찾고, 좋은 일자리를 늘리려는 노력은 물론 중요하다. 하지만 노동시장의 통합성을 달성해서 '일자리 간의 격차'를 줄이지 않고서는 청년층의 이른 취직이 불가능하다.

생산가능인구 확대의 세 가지 길

생산가능인구 감소의 해결책으로 노인, 여성, 장애인, 청년 등의 경제사회 참여를 늘려 '실질적' 생산가능인구를 늘리자는 제안이 인상적이다. 이런 노력을 다각도로 전개해야 할 것이다. 그러나 지금 말씀하신 내용만으로 충분할 것 같지는 않다. 혹시 추가 전략이 있는가?

물론 앞서 제시한 대책들의 이행이 쉬울 것이라고는 절대 생각하

〈그림 31〉 평생건강 관리 체계의 구축

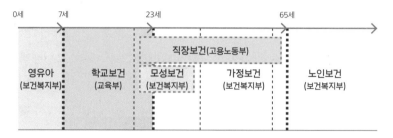

성장발육 관리, 성 상담, 금연, 금주, 스트레스 관리,
운동, 사고 예방, 비만 및 만성질환 관리 등

지 않는다. 그러나 불가능하지도 않다. 생각해보면 이러한 대책들은 서구 여러 나라의 고령화 대응 방식이기도 했다. 여성과 가족, 장애인 복지, 교육, 노동과 일자리 정책의 일환으로 이미 이런 정책들이 추진되고 있었기 때문에 고령화 대응에 도움이 되기도 했을 것이다. 다만 노인들이 좀 더 긴 시간 동안 일을 하게 해서 근로소득을 올려주는 방식은 서양에서는 시도되지 않았던 것 같다. 오히려 서구 노인들은 연금을 받으며 여가를 즐기는 시간으로 노후를 보낸다. 이와 달리 한국의 노인과 예비 노인들은 좀 더 긴 시간 동안 일을 하고 싶어 한다.[69]

이들 각 집단을 위한 공통의 정책으로, 또는 범국민적 정책으로 평생건강, 평생학습, 평생고용이라는 세 가지 요소를 바탕에 두는 것이 중요하다. 평생건강 프로그램은 고령화 대응책의 가장 기본이다. 일단 국민이 건강해야 다른 대책을 펼 수 있기 때문이다. 평균수명의 연장 속도보다 건강수명의 연장 속도가 더 빨라야 고령화 부담을 줄일 수 있다. 이미 발생한 환자를 치료하는 방식에서 질병을 예방하는

---

69 '2020년 노인실태조사'(2021. 6. 7., 보건복지부 발표)에 따르면 65~69세 인구 중 54.5%가 일하고 싶어 하는 것으로 나타났다.

방향으로 보건의료 체계가 전환되어야 한다. 영유아 건강부터 노인 건강에 이르기까지 보건복지부, 교육부, 고용노동부의 국민 건강 관리 활동을 종합해 평생건강 관리 체계를 구축해야 한다. 이런 시스템을 통해 국민들로 하여금 좋은 건강 습관을 가지게 하고 각종 질병을 조기발견, 조기치료 할 수 있도록 하여 질병 부담을 최소화해야 한다.

교육개혁은 학생 교육의 측면뿐 아니라 고령화 대책의 측면에서도 반드시 필요하다. 학생들의 창의력을 키워주는 것이 곧 생산가능인구의 생산성을 높이는 일이다. 또한 사회에 진출해서 학교에서 배운 내용을 활용할 수 있도록 전공별 정원을 조정하는 노력도 필요하다. 물론 개인의 자아실현을 돕고 건전한 시민을 육성하는 교육의 본질적인 역할을 잘 수행하는 것이 중요하다. 하지만 경제와 사회가 필요로 하는 인력을 공급하는 측면을 '도구적 교육'이라고 여기고 부정적으로만 볼 필요는 없다고 생각한다. 인력자원 수급계획을 세밀하게 적용하기는 어렵더라도 대학에서의 전공과 실제 직업이 전혀 무관하게 되어버리는 교육 낭비 현상은 줄여야 한다. 지금 한국은 그런 낭비를 하고 있을 여유가 없는 상황이다.

평생학습은 생산가능인구의 실질적인 보충을 위해 반드시 필요하다. 〈그림 32〉에서 볼 수 있듯이 2020년 전 국민 평균연령은 43.7세이지만 2060년에는 61.3세가 된다. 인구가 고령화되는 만큼 생산성은 하락한다. 그러므로 중·노년의 생산성 저하를 보충할 만한 평생학습 프로그램을 40~60대의 나이에 들을 수 있도록 하여 학교를 다시 다니는 만큼의 교육을 받게 하면 좋을 것이다. 개인적 차원에서는 노동력의 가치가 증가할 것이고, 국가 경제 차원에서는 노동생산성이 크게 보강될 것으로 기대된다. 우리나라 교육 정책에서 평생학습은 우선순위에서 한참 밀려난 '변두리' 정책일 뿐이지만, 좀 더 넓은 관점에서 보면 입시 정책보다는 평생학습 정책이 압도적으로 더 중요하다.

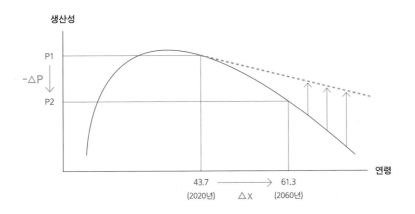

〈그림 32〉 평생학습의 중요성

고등학교를 졸업하면 곧바로 대학에 가야 한다는 고정관념도 빠른 입직을 저해하여 '실질적 생산가능인구'를 축소시키는 요인 중 하나로 작용한다. 왜 대학을 반드시 열여덟 살(만 나이 기준)에 들어가야 하는가? 청년들이 고등학교 졸업 후 취직을 먼저 하고 일을 하다가 나중에 필요할 때 대학에 가는 나라도 많다. '학교에서 취업으로 (school to work)'의 길로만 가는 게 아니라 '학교에서 취업으로, 다시 학교로(school to work to school)'로 가는 'S-W-S-W' 방식이 되도록 하는 것이다. 이것을 '순환교육(rotational education)'이라고 한다. 다소 극단적이지만 스위스의 대학 진학률은 20%밖에 되지 않는다. 그러나 세계에서 가장 발전된 나라가 되었다. 우리나라도 일을 하다가 필요에 따라 대학에 진학할 수도 있는 교육 모형으로 가야 한다. 교수보다 나이 든 성인도 대학에 진학하는 것이 특별한 경우가 아니라 누구나 선택할 수 있는 인생 경로의 하나로 여겨지는 사회로 만들어간다면 실질적 생산가능인구는 많이 늘어날 수 있다.

양극화 대책에서 검토한 바와 같이 노인, 여성, 장애인 등의 고용이 늘어나려면 다양하고 유연한 근로 형태가 만들어져야 한다. 노인,

여성, 장애인이 자신의 생활 조건과 건강 상태에 따라 가능한 만큼만 일할 수 있다면 훨씬 더 많은 이들의 취업이 가능할 것이다. 사용자 측에서도 노인, 여성, 장애인 노동자들의 노동생산성에 따라 합리적 인 임금을 지불할 수 있어야 한다.

그 방식 중 하나가 '임금피크제'다. 노동자들의 노동생산성은 일 정한 나이에 정점에 달한 이후 점차 감소한다. 따라서 그에 맞추어 임 금도 줄여나가되, 반대급부로 근속 연수를 늘려주는 것이 임금피크제 의 골자다. 임금 삭감으로 줄어드는 수입보다 근속 연수가 연장되어 늘어나는 수입이 더 많으면 총수입은 늘어나므로 노동자들의 수용성 이 커질 것이다. 사용자들은 생산성에 맞는 임금을 지급하기 때문에 고령자를 오랫동안 고용하더라도 손해가 없다. 그런데 2015년 박근 혜 정부가 모든 공공기관에 임금피크제를 도입시키면서 그 절감액으 로 신입직원 채용을 늘리도록 했다. 임금피크제의 원래 의도는 근로 연수를 늘림으로써 노인 고용을 늘리는 것이었는데, 청년 고용 확대 방식으로 변질되면서 원래 취지에서 벗어나버렸다.

〈그림 33〉 임금피크제도의 기본 개념

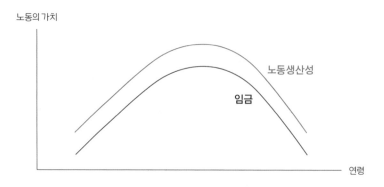

시장에서 자연스럽게 생기는 노인 일자리 외에 정부가 노인들

의 일자리를 만드는 의식적인 노력도 필요하다. 한국노인인력개발원은 시장에서의 취업 알선, 노인 인턴십 등을 지원하고, 공공부문에서는 노노케어[70] 등 공공형 일자리도 늘리는 일을 추진하는 기관이다. 한국노인인력개발원이 목표로 하는 노인 일자리 개수가 2022년 기준 84만 명인데, 같은 해 노인의 수가 902만 명임을 생각하면 이 목표가 다 달성이 되지 않는다고 하더라도 상당한 의미가 있겠다.

통계상으로 2011년 29.1%, 2017년 30.6%였던 노인고용률이 2020년에는 34.1%로 크게 증가했다.[71] 여기에 대해서는 "한국의 노인은 수입이 없기 때문에 세계에서 가장 일을 많이 한다. 즉, 쉬어야 할 노인이 일로 내몰리고 있다"는 분석과 "문재인 정부에서 일자리 창출 사업을 적극적으로 한 결과"라는 평가가 엇갈린다. 양자의 성격이 혼재된 결과라고 본다. 국민연금을 비롯한 노인소득 보장제도의 미비로 인해 소득이 없는 한국의 노인들이 유난히 일을 많이 '해야 한다'는 사실은 이미 오래전부터 알려져 있었다. 동시에 은퇴한 노인들이 여전히 좋은 건강과 좋은 능력으로 더 오래 일하기를 원하는 것도 사실이다. 문재인 정부에서 늘린 노인 일자리에 대해서도 평가가 상반된다. 노인들의 '고용률을 올렸다'는 긍정적 평가와 불안정한 일자리를 늘려 '일자리의 질을 떨어뜨렸다'는 부정적 평가가 공존한다.

노인들이 '더 오래 일을 하고 근로소득을 올릴 기회를 주어야 한다'는 주장과 반대로 '일찍 은퇴해서 여가를 즐길 수 있도록 해야 한다'는 주장도 서로 엇갈린다. 무엇을 우선순위에 놓을지 사회적인 가치 판단과 협의가 필요하다. 노인들의 기본적인 삶을 보장하는 노인소득 보장제도가 충실해지고 그 바탕 위에서 건강과 능력을 가진 노

---

70   건강한 노인이 병이나 다른 사유로 도움을 받고자 하는 노인을 돌보는 것.
71   통계청, 〈고령자통계연보〉, 2021.

인들에게 더 많은 일을 할 수 있는 선택지가 주어지는 정책의 적절한 배합이 이루어진다면 노인인구의 증가는 생산가능인구가 위축 중인 21세기 한국에 매우 큰 기회의 보고가 될 수 있다.

반복해서 말하지만, 평생건강, 평생학습, 평생고용의 세 가지 요소의 강화를 추진하여 청년층이 좀 더 일찍 입직하고, 노인이 좀 더 오래 근로소득을 올리며, 여성과 장애인의 경제사회 활동 참여가 늘어난다면 '실질적인 생산가능인구'는 크게 늘어날 수 있다. 〈그림 34〉는 청년과 노년층에서 생산가능인구가 늘어나고, 생산가능인구의 경제활동 참여율과 생산성도 높아지는 상황을 도식적으로 표현한 것이다.

〈그림 34〉 생산가능인구 증가 대책에 의한 '실질적인 생산가능인구'의 증가

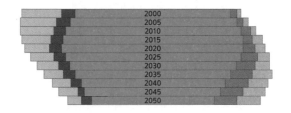

▬ 0~14세 ▬ 15세 이상 중 증가한 생산가능인구 ▬ 기존 생산가능인구(15~64세)
▬ 65세 이상 중 증가한 생산가능인구 ▬ 65세 이상 중 생산불가능인구
자료 출처: 통계청, 〈장래인구추계〉(2019).

새로운 노인이 온다

노년부양비 증가 문제를 해결하는 차원을 넘어 복합적인 정책 추진을 통해 고령화에 대응한다면 경제사회적으로 여러 기회들이 창출될 것으로 보인다. 앞서 고령화 대책을 크게 두 가지 방향에서 제안했다. 하나는 노인인구에 대한 대책이고, 또 하나는 생산가능인구를 늘리는 대책이다. 특히 생산가능인구를 늘리는 대책은 평생학습, 여성의 사회참여 확대,

청년의 조기 취직 등처럼 통합적인 사회정책으로 접근해야 함을 보여주었다. 그렇다면 다른 측면에서 검토해야 할 대책은 없는가? 가령 산업적인 측면에서는 어떤가?

고령화 대책은 단순히 노인복지 대책이어서는 안 된다. 그런 고정관념을 깨야 한다. 사회·경제정책 전반의 종합적인 대책으로 수립해야 하고, 그렇게 하면 단순히 생산가능인구만 늘리는 효과뿐 아니라 노인, 여성, 장애인의 복지 증진은 물론 산업, 노동, 젠더 등 사회 전반에서 질적인 고양을 이룰 수 있다. 내용은 앞에서 상당 부분 설명한 바 있다.

또한 노인 대책이라고 하면 주무부처를 보건복지부로만 한정하기 쉬운데 사실 그렇지도 않다. 노인의 소득 보장, 건강 대책 등 보건복지부 소관의 노인 관련 정책 외에 국토교통부가 주관하는 주거 문제도 노인 대책에서 그 중요성이 크다. 노인들이 시설에 들어가거나 병원에 입원하지 않고 '살던 곳에서 나이 들기(ageing in place)'를 할 수 있으려면 노인에 적합하게 주택을 개조해주어야 한다. 예를 들어 문턱을 없애거나 벽에 난간을 설치한달지, 화장실 바닥을 미끄럽지 않게 해주는 등 가정 내에서 벌어질 수 있는 사고를 예방하고 살기에 편리하게 집수리를 해주는 것이다. 새마을운동 시절에 변소, 부엌, 지붕 등을 개조해주던 정부 사업을 상기해봄직하다.

서구에서는 '지원주택(supportive housing)'이라고 부르는 사회주택도 대폭 늘어나야 한다. 지원주택은 1~2인 가구가 입주할 수 있는 장기임대주택으로 복지서비스와 결합한 아파트나 주택단지를 의미한다. 아파트형을 예로 들자면 1층 이외의 상층부는 모두 주거공간이지만, 1층에 공동식당과 공동거실, 그리고 직원실이 배치되어 있다. 주민들은 식당에서 하루 세끼를 먹고, 거실에 모여 대화를 하거나 각종 치료 프로그램을 같이하기도 한다. 주야간 교대로 이들을 보살펴주는 직원들이 상주해서 야간 긴급 상황에도 직원 호출이 가능하다. 지원주택은 고소득자뿐 아니라 중산층, 저소득층도 큰 부담 없이 입주할 수 있도록 저렴한 가격에 대량 공급되어야 한다. 그래야 병원에 입원하거나 요양시설에 입소하는 비율이 줄어들고, 노인들이 자신의 공간에서 자신의 일상을 지키면서 품위 있게 삶을 영위하다 세상을 떠날 수 있는 여건이 조성된다. 지원주택은 입소시설이 아니라 장기임대주택이기 때문에 입주자는 언제라도 자유로이 드나들 수 있고, 가족이나 손님도 맞이할 수 있다. 서구에서는 전체 노인인구의 2~10% 정도에 지원주택을 공급하고 있다. 우리나라도 한국토지주택공사가 이미 저소득층을 대상으로 장기임대주택 사업을 실행 중인만큼, 노인과 장애인 대상의 지원주택도 충분히 공급할 여력이 있다고 본다.

노인 대책에는 주거지역 주변의 환경을 정비해주는 대책도 포함되어야 한다. 우리나라 도로는 보행자 친화적이지 않다. 노인과 장애인들은 지팡이를 짚거나 휠체어를 타고 이동해야 하는데 이들의 사정을 고려해 조성된 보도가 드물다. 불편함은 말할 것도 없거니와 사고도 빈번하다. 어린아이들은 유아차[72]를 타고 다녀야 하는데 보도블록 상태를 보면 고개를 가로젓게 된다. 우리나라의 도로는 개념부터가 자동차 위주여서 보행자는 우선순위에서 밀린다. 건널목 신호도 마찬가지다. 충분한 보행시간을 주지 않아 젊은 사람들도 종종걸음으로 건너가는 일이 부지기수인데, 노인, 장애인, 아동, 아동과 동행하는 가족들은 훨씬 더 건너기 불편하고 어렵다. 소위 '교통약자'들이 밖에서 쉽게 돌아다닐 수 있도록 보도블록이나 도로 체계를 보행자 중심으로

72　'유모차'는 영유아 돌봄을 여성의 노동으로 한정하는 뉘앙스를 주는 단어라는 지적이 있어 서울시여성가족재단은 2018년 '유모차' 대신 유아가 중심이 되는 '유아차'라는 단어를 쓸 것을 제안한 바 있다.

바꿔야 한다. 흔히 저상버스를 장애인 편의시설로만 생각하는데, 모든 교통약자에게 필요한 시설이다. 요컨대 한국의 저출산·고령화 대책에는 반드시 물리적인 환경 개선이 포함되어야 한다.

노인복지는 단순히 건강보장을 해주거나, 연금을 올려주는 것으로 끝나서는 안 된다. 노인들의 다양한 욕구를 해결해주고, 그들이 원하는 다양한 상품을 공급해줘야 한다. 그런 산업을 '고령친화산업'이라고 한다. 예를 들어 노인들을 위한 패션상품, 문화상품도 필요하며 노인 맞춤형 운동시설과 스포츠용구도 만들어져야 한다. 트로트 가요 열풍도 고령화 현상과 무관하지 않다. 다양한 의약품, 건강기능식품은 물론이거니와 지금보다 훨씬 더 발전된 형태의 가정용 의료기기도 출시되어야 한다. 가령 휴대성이 강화된, 더욱 웨어러블한 형태의 기기들 말이다. 이는 정보산업의 발전과도 연결된다. 4차 산업혁명과 결합된 노인 대책이 필요하다. 앞에서 얘기한 주택개조, 지원주택 공급, 도로정비 등도 결국 고령화에 따른 산업적 수요의 한 부분으로 수렴된다. 고령화는 부담이기도 하지만 노인 구매력 확대에 상응하며 산업이 발전할 기회인 이유다.

한국의 고령화에는 급속한 경제발전의 역사가 투영되어 있어서 노인층의 경제력은 빠르게 높아지는 중이다. 이미 전기 고령자 연령층이 된 50년대 후반 출생자들은 이전 세대 노인들보다는 월등한 구매력을 갖추었다. 미래의 노인이 될 지금의 50대, 40대들은 또 이들과 다른 차원의 구매력을 가지고 있다. 구매력이 강한 인구집단이 노인층으로 계속 진입하는 중이기 때문에 노인인구의 경제적 힘이 급속히 증가할 것은 자명하다.

이런 상황에서 한국 고령친화산업 발전이 지체되고 있는 것은 아주 우려된다. 2020년 현재, 고령친화산업 규모는 약 72조 원 정도로

〈그림 35〉 한국과 일본의 고령친화산업 규모

한국 고령친화산업 규모
- 27조 원(2012년) → 39조 원(2015년) → 72조 원(2020년)
※ 한국보건산업진흥원 발표 자료(2020)
- 2020년 기준 전체 GDP의 약 3.7%

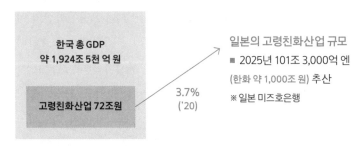

한국 총 GDP
약 1,924조 5천 억 원

고령친화산업 72조원

3.7%
('20)

일본의 고령친화산업 규모
- 2025년 101조 3,000억 엔
(한화 약 1,000조 원) 추산
※ 일본 미즈호은행

※ 고령화율(2020): 한국 15.7%, 일본 28.9%.

추산되나,[73] 현실적으로 노인, 장애인들이 구매하는 고령친화상품들은 일본, 중국, 미국, 유럽 등 외국산 제품이 아주 많다. 개인 부담으로 구입하는 의복, 문화상품 등 각종 고령친화상품의 사적 소비량도 물론 크게 늘겠지만, 건강보험이나 노인요양보험, 정부 예산 등으로 노인·장애인들에게 지급하는 각종 의약품, 복지용품, 의료기기 등의 급여가 확대되면서 공적 소비도 비약적으로 늘어날 것이다. 고령친화산업의 국산화 비율이 하루 속히 높아지지 않으면 폭증하는 사적·공적 소비에 부응하는 물량 공급을 외국 기업들이 가져가게 된다는 의미다. '기회로서의 고령화'를 한국 경제가 활용할 수 있으려면 고령친화산업을 적극적으로 발전시킬 대책이 필요하다.

아주 의미 있는 포인트다. 노인 대책이라고 하면 복지나 의료, 돌봄을 주

---

73   한국보건산업진흥원 발표 자료(각 년도).

로 생각했었는데 주거와 환경 정비 대책, 산업적인 대책으로까지 생각의 폭을 넓힐 수 있었다. 이런 대책들이 필요하다는 것은 기존 노인과 다른 새로운 노인이 나타나고 있다는 점과도 깊은 관련이 있는 것 같다.

앞에서도 이야기했듯 한국 근현대사는 극단적으로 변화 속도가 빨랐기 때문에 각 세대의 성장 배경이 다르고 그만큼 노인층의 성격도 세대별로 압축적인 변화를 보인다. 우리는 노인이라고 하면 가난하고 질곡 많은 인생을 산 사람의 이미지를 많이 연상하지만, 그런 이미지에서 벗어난 노인들이 탄생하고 있다.

30년대생 노인층이 많았던 2008년도 노인실태조사에서는 전체 노인 10명 중 3명 정도가 무학자였는데, 40년대생 노인층이 많았던 2020년 조사 때는 고졸 이상 비율이 34.3%로 나타났다.[74] 현재 50대인 386세대는 그보다 교육 수준이 더 높다. 강한 경제력과 높은 교육 수준을 바탕으로 사회적·정치적 영향력을 행사하는 노년층이 곧 등장하게 된다. 이 '새로운 노인'들은 과거와는 다른 노인들이다. '가난하고 힘든 노인'이 아니라 '여유 있고 말끔한 노인'으로 변화하는 것이다.

청년 세대보다 더 큰 경제력을 가진 노인층이 대거 등장하는 시대에는 노인 대책도 다른 차원으로 수립되어야 한다. 예를 들어 지금의 노인들이 가진 장기요양 니즈(needs)와 앞으로 10년, 20년 이후의 노인들이 가질 니즈는 완전히 다름을 이해해야 한다. 가령 30년대생들은 온돌방을 좋아했지만, 50년대생 노인은 침대와 의자가 아니면 생활이 불편하다. 20년 후에 노인인구가 몇 명으로 늘어난다는 단순한 사고방식으로는 제대로 된 대책이 나오지 않는다. 앞으로의 노인

---

74   보건복지부, 〈2020년 노인실태조사〉(2021. 6. 7.) 발표 자료.

층이 필요로 하는 것이 무엇인지를 예측할 수 있으려면 40대를 포함한 인구 패널을 구축해서 그들의 건강, 교육, 소득, 문화 등이 어떤 상태이고 어떻게 변화해가는지를 추적 조사해야 한다. 지금은 중년인 40대의 직업, 소득, 재산, 저축액, 그리고 어떤 종류의 연금에 얼마나 가입 중인지를 조사하면 30년 후 이들의 노인소득을 예측할 수 있다. '저출산고령사회위원회'의 고령사회 기본계획, 중장기 로드맵에도 이런 고민이 담겼어야 했는데 그렇지 못한 것 같다. 보건복지라는 시선을 넘어서서 경제와 산업, 그리고 문화를 아우르는 총체적 대책이 필요하다.

개별제도 개편으로는 노후 빈곤을 해결할 수 없다

한국의 노인 빈곤율과 자살률이 세계 최악이라는 사실은 이미 오래전부터 널리 알려졌고, 많은 사람을 가슴 아프게 한다. 새로운 노인층의 등장이 여러 방면에서 기회이기도 하겠지만, 노인 불평등과 양극화가 훨씬 더 확대될 여지에 대한 우려도 염두에 두어야 하지 않나?

당연한 지적이다. 한국의 노인 빈곤 문제는 매우 심각하다. 고령화 대책으로서의 노인소득 보장제도는 근본적인 설계를 다시 해야 한다고 생각한다.

노인소득은 그 노인들이 생산가능 연령 시기를 어떻게 지냈느냐에 따라 결정적인 영향을 받는다. 노인의 경제 수준은 젊은 시절에 어떤 직업을 가지고 얼마나 소득을 올렸는지, 그 결과 어느 정도의 재산과 저축을 갖고 있는지에 좌우된다. 근로소득이나 영업소득이 없어진 후 소득의 원천은 금융수익, 임대수익 등의 재산소득이거나 연금소득이 주가 되는 경우가 많다. 물론 일부 노인은 기초연금(약 65%의 노인), 기초생활보장의 생계급여[75] 등 공적 이전소득을 수령하거나, 자식들로부터 생활비(사적 이전소득)를 받기도 한다.

재산 부분은 잠시 접어두기로 하고 노년의 가계 수입은 어떤 연금제도에 가입했었느냐가 매우 중요하다. 군인, 공무원, 사학 공적연금 가입자들은 연금소득이 매우 높은 데 비해, 국민연금 가입자들의 연금소득은 훨씬 낮다. 2022년 1월 말 통계 기준, 월평균 연금수급액은 57만 원 정도인데 이것으로는 기본적인 생활도 어렵다. 100 200만 원을 받는 사람도 상당하지만 이 금액도 충분하다고는 할 수 없다. 군인, 공무원, 사학 공적연금 가입자들이나 국민연금 가입자 중 상위 소득자들은 여러 종류의 민간연금도 들었을 가능성이 높다. 공적연금에 더해서 개인적으로 가입한 민간연금 수급액이 많은 노인은 연금소득이 더 늘어난다.

반면 국민연금조차 가입하지 못한 집단은 연금소득이 아예 없는 상태다. 이런 분들은 짐작건대 젊은 시절에 벌어놓은 돈도 많지 않을 것이다. 청장년기 노동시장에서의 격차와 노후의 연금소득 격차가 더해져서 노인소득은 굉장한 차이를 보이게 된다. 한국 노인의 상대빈곤율이 다른 경제협력개발기구 회원국들에 비해 압도적으로 높다는 지표는 이런 상황을 고스란히 반영한다.[76] 다행스러운 점은 한국 노인의 상대빈곤율이 2011년 46.5%에서 꾸준히 감소해 2020년에는 38.9%로 줄어들었다는 것이다. 노인 빈곤율 개선에서 가장 중요한 역할을 한 제도는 기초연금인 것으로 분석된다.[77] 2008년 기초노령연

---

[75] 기초생활보장 생계급여 수급자 비율은 총인구 중 4.0%이나 노인인구로 한정하면 8.5%에 달한다(보건복지부, 〈국민기초생활보장 수급자 현황〉, 2020 참조).

[76] 2018년 기준으로 한국은 43.4%, 경제협력개발기구 회원국 평균은 13.1%이다 (OECD, 〈Pensions at a Glance 2021: OECD and G20 Indicators〉, OECD Publishing, Paris, https://doi.org/10.1787/ca401ebd-en 참조).

[77] 통계청, 〈가계금융복지조사〉, 각 년도.

금 10만 원으로 시작해서 2014년 기초연금으로 이름이 변경되고 지급액도 20만 원으로 인상되었다. 이어서 2018년 25만 원, 2021년 30만 원으로 추가 인상되었다. 노후에 연금소득이 없거나 아주 낮은 분들에 대해서 기본소득을 어떻게 확보할 수 있도록 할 것인지가 노인 빈곤의 예방과 탈출을 위해 중요한 과제라는 점은 분명하다. 이런 맥락에서 노후소득 보장제도가 근본적으로 재설계되어야 한다. 최근 추진된 노인 일자리 사업이 노인 빈곤에 미친 영향도 앞으로 면밀한 분석이 필요하다.

현행 노인소득 보장제도의 또 다른 문제는 근로소득 획득이 중지된 이후 연금 수령이 가능한 시기까지 간격이 너무 벌어진다는 점이다. 제도나 개인에 따라서 차이가 있지만, 가령 55세나 60세에 은퇴한다고 치면 연금 수령이 가능한 나이까지 약 3~4년간의 공백이 생긴다. 그 사이는 무소득 기간이다. 이는 고용제도의 설계와 노후소득 보장제도 설계가 따로 놀아서 생기는 정책의 허점이다. 게다가 요즘에는 자녀들의 취직과 결혼이 점차 늦어지는 추세라 부모들이 60대에 목돈을 쓸 일이 많아지고 있다. 이런 목돈 소요가 은퇴 후에, 특히 무소득 기간과 겹치면 경제적 부담이 아주 커진다. 현행 노후소득 보장제도는 이런 사회 변화를 잘 반영해 설계되지 못했다. 서구에서는 여러 가지 사회보장제도 덕분에 젊은 시절에도 목돈이 들어갈 일이 별로 없다. 병이 들어도 의료비 부담이 없고, 교육이 무상이라서 교육비 부담도 없다. 결혼식을 거창하게 하는 사회적 분위기도 아니고, 집도 당사자가 장기대출을 받아 마련한다. 60대가 되면 자식들이 모두 독립했기 때문에 자신이 생활하고 여가를 즐길 만큼의 돈만 있으면 된다. 한국에서는 자식들이 부모에게 의존하는 기간이 훨씬 길다. 한국의 사회적 여건이 서구와는 다른데 제도는 이를 반영해주지 못하니 상당한 공백이 발생한다. 이것이 한국의 청년, 중년들이 노후를 걱정하게 만드는 요인이다.

국민연금 제도를 개혁해야 한다는 논의가 나온 지는 이미 오래되었다. 그러나 본격적인 개혁은 제대로 시도된 적이 없었다. 제시되는 개혁 방향도 다양하다. 정치적 지향이나 이론적 배경에 따라 다르고, 유사한 논리를 가진 학자들끼리도 서로 다른 대안으로 대립하는 일이 많다. 국민연금의 보험료와 소득대체율 조정에 대한 견해가 다르고, 군인, 공무원, 사학 등 특수직역연금 개혁에 대한 견해도 다르다. 기초연금과 국민연금 중 무엇을 더 강화할 것인지를 두고도 생각이 다르다. 그래서 무엇이 개혁이고 무엇이 반개혁인지도 불분명하다. 더구나 지금 거론되고 있는 개혁 방안들이 다른 제도와 서로 충돌하는 일이 많다는 것도 큰 문제다. 기초연금을 인상하면 성실하게 보험료를 납부해온 기존의 국민연금 가입자보다 혜택이 많아지는 모순이 생긴다. 기초생활보장 생계급여 수급자는 기초연금을 받지 못하는 불만이 더 커질 것이다. 이런 모순은 각각의 제도를 도입할 때, 전체적인 위상을 제대로 잡지 않았거나, 타 제도와의 연결점을 충분히 검토하지 않아서 생긴 문제다. 시정에 돈이 너무 많이 든다거나 저항이 너무 심하다는 것을 이유로 들어 모순점을 발견하고도 묵과하기도 한다. 해결을 미루니 사태가 더 악화한다.

난마와 같이 얽힌 각종 노후소득 보장제도는 각각의 제도를 개별적으로 개편하는 것으로는 해결이 불가능하다. 일자리와 고용제도, 기초생활보장과 각종 연금의 관계, 기초연금과 국민연금, 3개 직역연금 등 노후소득에 관련된 상황과 제도 전체를 놓고 종합적으로 구상하고 합리적으로 재설계를 해야만 풀릴 문제다.

개편 방식은 제도를 중심으로 재설계할 것이 아니라, 수요자인 노인의 입장에서 노인 가구의 가계소득을 구성하는 방식으로 설계해야 한다. 서로 다른 사회경제적 배경과 건강, 근로 능력, 가계소득의 현재 구성 상태 등을 분석하고 집단별로 적절한 수입구조를 설계할 필요가 있다. 노인 가구의 성격에 따라 근로소득 등의 시장소득, 국가 예산에서 오는 이전소득, 각종 사회보험에서 오는 연금 형태의 이전 소득 등을 적절히 배합해 노후소득을 구성하고 이를 근거로 각종 제도를 재조정하는 것이다. 물론 이 일이 쉽지는 않을 것이다. 또한 가계 중심 분석이 완벽한 근거가 될 수도 없다. 그러나 수요자 중심으로 전체 제도를 재조정하는 기회가 우리 역사에서 한 번은 이루어져야 한다. 그렇지 않으면 부분적인 개혁은 거듭 시도되겠지만 본질적인 문제는 여전히 잔존한다. 같은 주장, 같은 논쟁을 반복하면서 수십 년을 다시 또 허비할 수는 없지 않은가?

6장

통합적 접근

복합 위기를 넘어설 유일한 해법

지금까지 풀리지 않는 우리 사회의 난제를 양극화, 저출산, 고령화 세 가지 문제로 포착하고 그 실태를 구체적으로 짚고 대책도 알아봤다. 문제별로 개별 대책을 강구하는 것도 필요하지만 세 가지 문제들은 서로 얽힌 사안이므로 대책도 통합적으로 구상해야 할 것 같다. 또한 사회정책뿐만 아니라 산업정책과 경제정책을 함께 고민하기 위해서 통합적인 접근을 가능케 하는 방안도 고민도 해야 할 것이다. 그런데 지금까지의 대책은 부처별, 사안별로 나누어 접근하는 방식을 취해왔는데 이렇게 해서 통합적인 접근이 이루어질 수 있겠는가?

양극화, 저출산, 고령화 대책이 지금까지 실효성이 부족했던 중요한 요인 중 하나가 통합적인 접근이 이루어지지 않았기 때문이라고 생각한다. 부처 간에 칸막이를 친 채로는 문제 해결을 위한 종합적 구상이 나오기 어렵다. 여기에는 노동, 보건, 복지, 여성, 주택, 교통 정책 등이 같이 들어가 있어야 하고, 당연히 경제와 산업에 대한 구상도 포함되어야 한다. 조세, 재정과 각종 사회보험에 대한 생각도 같이 필요하다. 하지만 이러한 것들을 종합적으로 구상할 수 있는 체제가 지금은 없다.

물론 어떤 정책은 해당 부처가 담당해야 잘되기도 하지만 어떤 정책은 범부처적인 측면이 있기 때문에 부처 간 업무 조정이 필요하다. 어떤 분야는 단기적인 조정뿐 아니라 장기적인 기획이 필요하다. 그래서 정부 안에는 많은 위원회가 존재한다. 그러나 대부분의 위원회는 자주 만나기가 어렵다. 예를 들어 총리가 위원장인 위원회가 셀수도 없이 많은데 어떻게 이 모든 위원회를 총리가 다 운영할 수 있겠나? 그래서 부처 간 조율, 종합 계획이나 장기 대책이 지속적으로 요구되는 분야는 참여정부 때 설립된 '국정과제위원회'와 같은 조직이 필요하다.

당시에 '고령화및미래사회위원회'나 '빈부격차차별시정위원회' 등은 해당 분야에 대해 범부처적이고 장기적인 구상을 하도록 임무를 설정했다. 저출산, 고령화, 양극화 문제에 대해 어느 한 부처에 국한하지 않는 종합 구상을 하도록 하고 단기 대책뿐 아니라 장기적인 방향 모색을 해서 국가 정책의 큰 그림을 그릴 수 있게 시도했다. 정부의 모든 기능을 두고 이런 일을 하는 별도 조직이 필요한 것은 아니지만, 횡적인 정부조직을 두어 매트릭스 조직 방식으로 추진해야 할 분야가 분명 있다. 내가 2003년 '고령화및미래사회위원회'의 위원장을 맡았던 경험이 있어서 그 경험을 자화자찬하는 것이 아니라 그것이 가치 있는 시도였다는 점을 말씀드리는 것이다.

참여정부 때 '고령화및미래사회위원회' 후신으로 대통령 직속의 '저출산고령사회위원회'가 있었는데 그때는 왜 그런 방식으로 정책 추진을 못했나?

참여정부 후반기에 '고령화및미래사회위원회'를 '저출산고령사회위원회'로 바꾸면서 중요한 변화가 있었다. '고령화및미래사회위원회'는 대통령 직속으로 위원회가 설치되었고 위원장은 민간인으로, 위원은 정부위원(장관)과 민간위원들이 대등하게 참여하는 방식으로 운영되었다. 즉, 어느 부처도 지배적인 위치에 있지 않았다. 보건복지부 관련 업무가 가장 많기는 했지만 보건복지부 장관도 정부위원 중 하나일 뿐이었다. '저출산고령사회위원회'는 대통령이 위원장을, 보건복지부 장관과 민간인 간사가 공동간사를 맡도록 했다. 표면적으로는 대통령이 위원장이니 위원회의 격이 높아진 것으로 보이지만 사실은 명목상일 뿐, 보건복지부가 주관하고 타 부처가 수동적으로 참여하는 위원회가 되고 말았다. 따라서 활동 내용도 범부처적이라기보다 보건복지부 중심 사안으로 국한되는 경향이 생겼다.

위원회는 여러 분야에 걸친 복합적인 정책들을 하나의 묶음으로 놓고 종합적인 집행 전략을 세워야 한다. 해야 할 정책들의 목록을 가지고 되어가는 대로 집행하는 것이 아니라, 누가, 무엇을, 어떤 수순으로 해야 할지 전략을 정하고 그에 따라 강력히 추진해야 한다. 예를 들어 기업체들이 더 가족 친화적이도록 촉진하는 역할을 보건복지부나 고용노동부가 하기는 어렵다. 이런 일을 할 수 있는 힘을 가진 기관은 공정거래위원회나 국민연금 기금운용본부 같은 곳들이다. 이러한 기관들에서 기업들이 ESG 경영을 하게끔 정부 영향력을 발휘해야 한다. 저출산, 고령화 문제를 풀지 않았을 때에 가장 큰 피해를 보는 곳이자 기업들에 영향력을 발휘할 수 있는 곳이 국민연금이다. 국민연금은 그 기업의 재정 상태가 어떠한가에 따라 연금재정 투자를 결정할 수가 있어서 기업에 큰 영향력을 행사할 수 있다. 그러나 국민연금이 주주권 행사에 적극 나서 기업의 경영에 영향력을 행사하려고 하면, 경영권을 침해하는 연금사회주의라는 비난이 쏟아지고 국민연금은 주주권 행사에 주춤하게 된다. ESG 경영을 고려한 조달 체계도 큰 효과를 보지는 못하고 있다. 말로는 기업의 사회적 기여를 외치고 ESG 경영을 강조하면서 왜 그것을 제도로 실현하자고 하면 반대에 부딪히는 것인가? 이런 식으로 차일피일하는 동안 한국 사회의 난제들은 걷잡을 수 없이 악화일로를 걸어왔다.

따라서 전략들을 총괄하여 챙기면서 부처별 업무 배분과 업무의 우선순위를 기획하는 일종의 양극화·저출산·고령화 문제 해결의 헤드쿼터 같은 강력한 조직이 존재해야 한다. 그렇지 않으면 우리 정부의 여러 구조상 부처 간 정책 조율은 불가능하다. 이것은 누구나 다 아는 일이다.

경제정책과 사회정책은 분리될 수 없다

과거 참여정부에서 2년간 대통령실 사회정책수석으로 계셨는데 양극화, 저출산, 고령화 대책을 세우는 것은 사회정책수석실의 중요한 역할이기도 했지 않은가?

대통령실 사회정책수석실(현재는 사회수석실)이 원래 그런 역할을 해야 하는데 사회정책수석 혼자서는 힘이 모자란다. 사회정책수석을 맡아보니 관여해야 할 사안에 끝이 없었다. 대통령실은 현안 대응을 해야 할 사안들이 너무 많다. 노동문제가 생기면 노동분쟁 대책을 세워야 하고 교육, 환경, 복지, 보건 등에서도 쫓아다닐 일이 한두 가지가 아니었다. 범위가 넓고 현안이 많아 현실적으로 양극화, 저출산, 고령화 정책을 모두 챙기는 일이 불가능했다. 그럼에도 대통령실은 현안 대응만 하는 것이 아니라 정기적인 기획 기능을 강화해야 한다고 생각한다. 대통령실은 국가의 장기 발전 기획 기능과 국정 현안 대

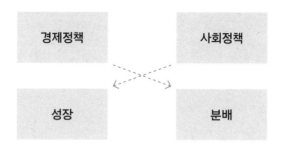

〈그림 36〉 경제정책과 사회정책의 교차 수행 방식

| 경제정책 | 사회정책 |
| 성장 | 분배 |

응 기능을 균형 잡힌 양 날개로 설정해야 한다.

우선 필요하다면 국가의 장기 발전을 기획하는 조직을 대통령실 내외에 별도로 두고 장기 발전 정책의 추진력이 취약해지지 않도록 해야 한다. 그렇지 않으면 급한 일을 처리하느라 중요한 일을 미루게 된다. 대통령실이 현안 대응에 너무 매몰되면 장기적인 발전 구상을 가질 수 없다. 앞에서 말한 '국정과제위원회'도 한 가지 방법이다. 물론 다른 방식도 있을 것이다.

두 번째는 경제부처와 사회부처가 협조가 되게끔 묶어주는 동력이 필요하다. 얼핏 보면 양극화, 저출산, 고령화가 사회문제로 보이지만, 사회부처가 할 수 있는 일보다 경제부처가 해야 할 일이 훨씬 많다. 이 부분도 앞에서 여러 차례 지적하고 강조한 바 있다. 그런데 경제부처가 양극화, 저출산, 고령화로 인해 나타나고 있거나 나타날 현상에 대해 다양한 관점을 갖고 정책을 만들지는 않는다. 그러나 이런 대책들은 처음부터 사회부처가 할 수 있는 일이 아니다. 사회문제의 영역이기는 하지만 해결책을 사회부처에서 수립, 추진할 수가 없다. 그래서 경제정책의 사회정책적 성격과 사회정책이 경제정책으로서 가지는 가치를 분명히 인식해야 한다. 국민연금을 어떻게 운영하느냐 하는 것은 사회정책인 동시에 경제정책이다. 기금 운용은 연금 기금을 늘리기 위한 목적도 있지만, 산업에 자금 지원을 하는 경제정책이기도 한 것이다. 보건복지부 장관 또는 고용노동부 장관은 본인이 하는 복지와 노동 정책이 경제정책으로서 어떤 의미를 가지는지를 인식하고 일을 수행해야 한다. 또 경제부처는 기업들이 어떤 형태로 고용을 하고 임금을 지급하는지를 살펴야 한다. 이것은 곧 분배정책이기도 하기 때문이다.

　나는 가끔 이런 비유를 한다. "천국과 지옥을 가서 보니 사람들이 모두 아주 긴 숟가락으로 밥을 퍼서 먹었다. 지옥에서는 그 숟가락으로 자기 밥을 퍼먹으려고 하니 밥이 흐트러져서 한 톨도 못 먹고 다들 굶주리고 있었다. 반면 천국에서는 그 숟가락으로 자기 밥을 퍼서 앞 사람 입속에 넣어주고 상대방도 그렇게 했다. 덕분에 서로 웃으면서 밥을 배불리 먹을 수 있었다." 경제부처와 사회부처 간 협력도 같은 맥락으로 봐야 하지 않을까? 경제부처가 사회정책을 잘 수행해주고 사회부처가 오히려 경제정책을 잘 수행해주면, 훨씬 더 좋은 정책이 수행될 수 있을 것이다.

3부

한국이 복지국가가 되지 못한 2가지 이유

7장

보건복지 인프라

한국형 복지정책의 빛과 그림자

지금까지 국가의 역할과 우리 사회의 풀리지 않는 난제들을 살펴봤다. 국민의 삶과 기본권을 보장해주기 위해서는 기존의 난제를 비롯해 새롭게 등장할 문제들에 어떻게 대응할 것인지가 중요하다. 이는 정부가 복지의 요체인 사회보장제도를 어떤 방식과 어떤 수준으로 제공할 것인지의 문제로 집약된다. 따라서 이쯤에서 우리나라의 사회보장제도 전반을 짚어볼 필요가 있겠다. 대한민국 사회보장제도를 큰 틀에서 개괄적으로 설명한다면 어떻다고 할 수 있나?

우리나라 사회보장제도라고 하면 흔히 5대 사회보험과 1개의 공적부조를 가리킨다. 다섯 개의 사회보험은 국민건강보험, 국민연금, 노인장기요양보험, 고용보험, 산재보험이고 기초생활보장제도는 공적부조에 속한다. 또 이것들을 기본으로 해서 다양한 사회서비스가 제공된다. 예를 들어 장애인요양보험은 따로 없지만, 보건복지부가 여러 가지의 장애인 복지제도를 시행 중이고, 보육 지원을 위한 아동

복지제도도 많다. 이러한 다양한 제도를 모두 합쳐서 사회보장제도, 또는 사회복지제도라고 한다. 사회복지제도는 사회보험, 공공부조, 사회서비스, 사회수당 이렇게 네 가지로 분류하기도 한다.

사회보장제도는 국민의 안정된 삶을 위협하는 사회문제에 대한 국가적 차원의 대처다. 새로운 사회문제들이 나타남에 따라 사회보장제도는 역사적으로 계속 확장되었다. 가령 4대 사회보험에 노인장기요양보험이 추가(2008년 7월부터 시행)되면서 5대 사회보험으로 넓어졌고 사회수당도 지급될 뿐 아니라 아동수당이나 장애인수당도 생겼다. 웬만한 복지제도는 다 갖춘 셈이다. 복지의 의미를 좀 더 넓게 포괄한다면 교육부의 교육정책이나 국토교통부의 주거정책 같은 부분도 복지정책에 포함된다. 보통은 복지의 영역이라고 생각하지 않지만 사실상 복지의 한 부분을 구성하는 영역도 많은데 생활교통이 대표적이다. 외국에서는 생활교통도 복지 영역으로 다루기도 한다. 따라서 사회복지제도를 생각할 때 5대 사회보험과 1개의 공적부조로 한정하지 말고 시야를 넓게 보아야 할 것이다.

우리나라 사회보장제도는 1960년 공무원연금법 도입을 시작으로 해서 오랜 기간에 걸쳐 오늘날까지 발전을 거듭해왔다. 우리나라 사회보장제도는 다른 나라와 공통적인 것도 있고 우리나라만의 특수한 것도 있을 텐데, 우리나라 사회보장제도의 특징은 무엇인가?

우리나라 사회보장제도는 보험료로 재정을 마련하고 일정하게 운용하여 혜택을 제공하는 형태인 사회보험 방식을 많이 채택하고 있다. 조세 방식의 요소가 없지는 않지만, 비중이 적다고 해석할 수 있다. 조세를 통해서 혜택을 제공하는 제도도 있는데, 그중 제일 중요한 것이 교육이다. 특히 초등학교 교육은 거의 전적으로 정부가 제공하고, 중학교나 고등학교까지도 대부분 정부가 국공립학교를 통해서 직접 제공하고 있다.[78] 이런 것이 우리가 일상에서 체험하는 조세 방식 사회서비스 제공의 한 예다.

교육을 제외한 사회보장제도는 대부분 사회보험 방식으로 제공되는데 여기에서 우리나라 복지제도의 중요한 특징이 비롯된다. 첫째로는 사회보장제도 수혜 여부가 '고용 상태와 강력하게 연결'이 된다는 것이다. 사회보험 방식을 취하게 되면 국민건강보험의 지역가입자 같은 예외도 있지만, 시장에 고용된 집단을 주 대상으로 하게 되기 때문에 가입자가 고용시장에서 차지하는 위치에 따라 관리된다. 보험료도 소득(주로 근로소득)을 기준으로 고용자와 피고용자가 분담한다. 공무원의 경우에는 정부가 일정 부분의 보험료를 분담하는데 이것은 국가로서 국민에 대해 부담해주는 것이 아니고 고용자로서 피고용자인 공무원에 대해 부담하는 것이다. 자영업자는 고용자이자 피고용자이기 때문에 별도의 제도를 구성해야 한다. 우리나라는 자영업자 비중이 커서 이 인구집단 때문에 사회보장제도에 여러 가지 문제가 발생하고 있다. 사회보장제도는 나라마다 차이가 크고 국가별 상황에 맞게 제도가 구성된다. 우리나라는 고용시장이 불안정하기 때문에 이와 강력히 연결되어 작동하는 사회보장제도도 불안정한 성격이 상당히 강하다.

두 번째 특징은 한국은 '사회서비스 생산조직과의 조화'가 굉장히 중요하다는 점이다. 앞에서 사회보장제도는 급여를 현금으로 직접 받는 현금급여와 사회서비스로 받는 현물급여, 두 가지 형태가 있다고 말했다.

---

78   교육에서 정부가 국공립학교를 통해서 직접 제공하고 있는 비율은 초등학교 98.8%, 중학교 80.5%, 고등학교 60.2%이다(2021년 기준).

〈그림 37〉 한국 사회보장제도의 현금급여와 현물급여

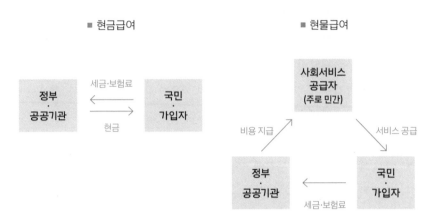

한국의 경우에는 이 구분이 단순한 학술적인 분류에 그치는 것이 아니라 현실적으로 매우 중요한 의미를 갖는다. 2장('새로운 시대, 국가의 역할에도 '뉴노멀'이 필요하다')에서 언급했듯이 현물급여를 주는 사회보장제도로는 건강보험, 노인장기요양보험, 산재보험을, 현금급여 형태로는 각종 공적연금을 들 수 있다. 두 가지 요소를 함께 가진 혼합형도 있는데 고용보험의 실업급여는 현금급여이지만 직업능력 훈련은 현물급여다. 또한 기초생활보장의 생계급여는 현금급여이고, 의료급여는 현물급여이다. 현금급여와 현물급여의 비중은 나라마다 차이가 있다.

현물급여는 그 서비스를 만들어내는 생산자 또는 공급자가 반드시 필요하다. 즉, '해당 서비스의 생산자를 경유'해야만 한다. 그래서 서비스 공급자의 역할이 매우 중요하다. 건강보험이 대표적이다. 건강보험은 양질의 의료서비스를 국민에게 제공하는 것이 목표다. 그런데 그 의료서비스는 의료 생산자가 생산을 해서 공급한다. 이 때문에 건강보험이 제대로 역할을 수행하기 위해서는 좋은 의료를 생산할 수 있는 생산조직이 잘 구축되어야 한다. 이것이 '사회서비스 생산조직과의 조화'가 잘 이루어져야 한다는 말의 의미다. 그런데 이 부분이 한국에서는 여러 가지 문제를 일으킨다.

공공재원과 민간 공급의 충돌을 해결하려면

'사회서비스 생산조직과의 조화'가 한국에서는 왜 여러 가지 문제를 일으키고 있다는 것인가?

다시 건강보험을 예로 들면, 한국에서는 의료기관이 생산한 의료 서비스의 내용이나 진료비 청구 및 지급과 관련하여 건강보험과 공급자 사이에서 여러 가지 마찰이 빚어진다. 공적보험이 원하는 서비스의 생산을 민간 공급자들이 담당하기 때문에 다양한 충돌이 일어나는 것이다. '공공재원'과 '민간 공급'의 충돌이라고 할 수 있다. 이런 상황은 노인장기요양보험, 산재보험 등에서도 비슷하게 벌어진다.

반면 유럽에서는 정부가 조세 수입을 재원으로 해서 보건의료 및 복지 서비스의 생산조직을 직접 운영하나(조세-공영 형태), 사회보험을 재원으로 해서 공공-민간 혼합형의 공급자에게 비용을 지불하는 방식으로 운영하나(사회보험 형태) 큰 차이가 없다. 서구의 사회보험 제도 운영에서 이런 충돌이 적은 것은 민간 공급자들이 공공적이기 때문이다. 유럽의 병원은 민영이라고 해도 '개인'이 설립한 병원이 없다. 대개 지역에서 돈을 모아 '집단적'으로 설립한 병원들이다. 이들은 '비영리 법인'으로 등록되어 있고 실제로 비영리적으로 운영하고 있기 때문에 공공병원과 행태적인 차이가 없다.

한국의 민간병원은 '개인'이 설립, 운영하는 병원이 대다수이고, 비영리 법인의 형태를 가지고 있더라도 사실상은 영리적이고 개인 지배적인 운영을 하는 곳이 많다. 이를 당연하게 여기기도 한다. 심지어 공공병원도 이익을 남기라는 압력을 받는 일이 흔하다. 방식은 다르지만, 교육, 보육, 노인요양, 장애인복지 등 '서비스'를 필요로 하는 복지 분야는 모두 공급자가 결정적으로 중요하다는 공통점을 가진다.

그래서 현물급여 형태의 복지제도를 개혁하려면 재정 체계의 개혁뿐 아니라 생산 체계의 개혁을 반드시 같이 고려해야 한다. 공적보험(건강보험) 개혁 따로, 공공의료 개혁 따로 생각하는 사고방식으로는 안 된다. 반드시 그 두 가지를 연결시켜서 보아야 한다. 좋은 서비스 생산자가 없으면 국민건강보험공단이 아무리 노력해도 재정을 효과적으로 쓸 방법이 없다. 노인장기요양보험도 마찬가지다. 장기요양의 공공 비율은 1%밖에 되지 않는다. 대부분은 민간 공급자들이다. 공공성이 충분한 요양 입소시설이나 재가기관을 늘려야 한다. 공급자들이 잘해주지 않으면 공단이 아무리 잘해봐야 효과는 제한적이다.

사회보험자와 생산조직이 얼마나 긴밀히 연결되어 있는지는 학계나 언론도 놓치는 경우가 많다. 보험급여의 범위, 수가, 진료비 지불제도 등도 중요하지만 그것만 가지고는 개혁이 안 된다는 얘기를 하고 싶다. 사회보험과 서비스 공급자의 관계가 갈등으로 가득 차서는 안된다. 서로 협조하고 의존하는 관계가 되도록 하는 것이 중요하다.

왜 이렇게 우리나라는 사회서비스 생산조직으로서 공급자 문제가 발생하게 된 것인가? 특히 의료에서는 왜 그렇게 되었나?

현대 병원의 발상이라고 할 수 있는 중세 유럽의 병원은 수도원, 수녀원에 붙어 있는 종교시설이자 접객시설(hospitium)[79]이었다. 성

---

79 'hospitium'은 'hospitality(환대, 접대)'의 어원이다. 또한 'hospital(병원)', 'hotel(호텔)', 'hostel(호스텔)'의 어원이기도 한데, 이 장소들의 공통점은 접객, 숙박의 기능이 있다는 것이다.

지순례 등을 하는 여행자들이 머무르거나 아프면 요양을 하는 곳이었고 수녀, 수사들이 잠자리와 식사를 제공하며 이들의 안위를 위해 기도도 해주었다. 병원은 종교개혁 이후 국립, 왕립으로 확대되었다. 이후 산업혁명으로 부르주아 계층이 늘어나자 이들의 기부로 민간병원인 '자발적 병원(voluntary hospital)'도 늘어났다. 종교적인 의미는 약해져갔지만 병원은 저소득층을 대상으로 한 자선적 성격을 가지고 있었다. 이런 역사적 기원을 가지고 태동한 유럽의 병원은 19세기 이후 과학적 의료가 형성된 이후에도 초기 병원의 자선시설이자 비영리기관으로서의 성격을 유지 중이다.

이런 서양의 전통이 동아시아에서는 일본의 메이지유신(明治維新, 1868~1889년) 때 중요한 역사적인 왜곡을 겪게 된다. 일본은 이와쿠라 사절단(岩倉使節団, 1871~1873년)[80] 파견을 계기로 서양문물을 배워왔는데 의료는 독일의 의학과 의료제도를 도입했다. 일본도 원래는 독일식 공공병원을 지으려는 의도를 가지고 있었으나, 세이난(西南) 전쟁(1877년)[81]으로 재정이 고갈되자 의사들이 의원을 차려 돈을 벌면 병원을 세워 경영하는 방식의 제도를 채택하게 된다. 이러한 과정에서 의료는 돈을 버는 행위이고, 의사가 개인사업 형태로 병원을 세울 수 있다는 개념이 생겼다. 병원은 입원 환자, 의원은 외래 환자를 본다는 개념도 흐려졌다. 이렇게 왜곡된 서양 의료의 개념이 당시 식민지였던 대만과 조선에 그대로 전파되었다. 이러한 역사적 배경에서 한국, 대만, 일본은 공공병원이 적고, 민간병원을 의사가 개인적으로

---

80 1871년 메이지유신 후 일본 정부가 서구에 파견한 해외사절단으로 서구의 과학기술, 사회와 경제구조 등에 대한 정보를 수집하여 일본의 근대화를 촉진하는 임무를 맡았다.

81 1873년 신정부의 무사 계층 해체 정책에 불만을 품은 무사 계층이 중앙정부와 대립하여 일으킨 내전.

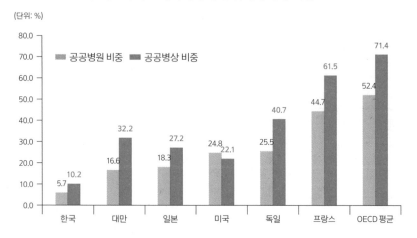

(단위: %)

자료 출처: 2020 OECD Health Data(2018년 기준).
주) 대만은 2017년 기준 자료를 활용함.

설립·운영하는 독특한 제도를 가지고 있다.

우리나라가 의료보험(1977년)을 도입했을 때 중요한 왜곡이 또한 차례 일어났다. 의료보험은 보건의료 재정을 공공부문에서 확대하는 정책이었기 때문에 늘어나는 의료 수요에 대비하기 위해 공공병원의 공급도 같이 늘리는 정책을 동시 진행하는 것이 상식적인 방식이었다. 그러나 박정희 정부는 그런 개념이 전혀 없었다. 개인적으로 나도 그 증인 중 한 명이다. 70년대에 의과대학과 보건대학원을 다닐 때 '의료는 민간이 중심이 되어야 하고, 공공은 보조적인 역할만 해야 한다'라고 모든 교수님으로부터 교육을 받았고 당시에는 그게 당연히 맞는 말인 줄로만 알았다. 나중에 더 공부하고 곱씹어 생각해보니 그게 아니었다. '의료는 공공이 중심이 되고, 민간은 보조적인 역할'을 하는 것이 세계적으로 훨씬 보편적인 현상이었다. 그러나 당시 정부는 '의료는 민간 중심'이라는 개념밖에는 없었기에 민간병원에 장기 저리 차관을 제공하는 등 각종 지원책으로 병상을 늘리도록 유도했다. 결과적으로 〈그림 39〉에서 보는 것처럼 의료보험이 도입되기 직전에는 40%대를 유지하던 공공병상 공급 비중이 그 이후 급속히 떨어져 10%로 위축되는 과정을 밟았다. 공공병상의 절대 수가 줄어든 것은 아니지만 민간병원이 폭발적으로 팽창하면서 공공병상의 비율이 줄어든 것이다. 공공재원을 늘리면서 공공공급은 줄이는 모순된 정책의 결과가 한국, 대만, 일본 3국 중에서도 공공병상 비중이 유난히 작은 우리나라 보건의료 체계의 현 모습이다.

〈그림 39〉 공공재원 비중과 공공병상 변화 추이

(단위: %)

➔ 경상의료비 중 공공재원 비중(%)   ➔ 공공병상 비중(%)

자료 출처: 김용익, 〈한국 보건의료체계의 모순적 구조와 보건의료 '개혁'의 충돌〉, 건강정책학회 (2010. 4. 11.). 그 이후 자료는 추가한 것임.

의료뿐 아니라 복지 분야의 공공 비중도 매우 낮다. 한국 복지시설의 원형은 일제강점기와 6·25전쟁 이후 미국의 지원을 받은 '고아원'과 '양로원'이다. 이들은 민간이 설립하되 국가가 비용을 대주는 위탁운영 방식으로 운영되었다. 이는 과거에 일본이 채택한 방식이었다. 1950~60년대에는 외국에서 들어온 원조금이, 그 이후는 국고 및 지자체 예산 등이 재원으로 쓰였다. 복지시설의 88.3%는 민간이고

11.7%만이 공공이다. 그러나 공공시설 대부분이 민간에 위탁되어 있어 사실상 공공이라고 보기 어렵다. 공공직영은 전체 시설의 0.9%에 불과하다. 노인장기요양 분야는 2008년 사회보험 방식으로 전환되었다. 그러나 노인요양보험시설 중 공공의 비중은 8.9%이고 그중에서 공공직영의 비중은 0.8%이다. 1%도 안 되는 것이다. 공공재정과 민간 공급을 혼합한 사회복지 공급 체계 또한 보건의료 공급 체계 이상으로 극단적인 형태를 띤다.

그래서 각종 복지예산과 사회보험(건강보험, 요양보험, 산재보험 등)으로 구성된 '공공재정'과 압도적 다수인 '민간 공급자'와의 사이에 심각한 갈등과 부조화가 계속되고 있다. 의료서비스 생산자와 연결되어 운영되는 민간보험인 자동차보험과 실손보험에서도 이런 갈등은 반복된다. 물론 다른 나라들도 재정 체계와 공급자 사이의 갈등이 전혀 없는 것은 아니다. 그러나 갈등의 정도가 한국보다 덜하다. 우리나라도 보건의료를 비롯한 서비스 공급자의 공공 비중이 컸다면 이 갈등 관계는 훨씬 완화될 수도 있었을 것이다.

좋은 직장 다니는 사람이 혜택도 더 받는 '복지의 역설'

한국은 사회보장이 '고용 상태와 강력하게 연결'되어 있어서 고용제도가 불안정해지면 사회보장제도도 불안정해진다는 말은 굉장히 중요한 포인트 같다. 그러면 사회보장제도가 고용시장과 직결되어 나타나는 또 다른 문제는 없는가?

사회보험 방식은 노동시장에 참여하는 사람을 기본적인 대상으로 한다. 이런 사람들을 가입시켜 보험료를 거두고 그 기금으로 가입자 중 위험을 당한 사람들을 보호하는 것이다. 쉽게 얘기하자면 직장

〈그림 40〉 한국의 사회복지시설 현황

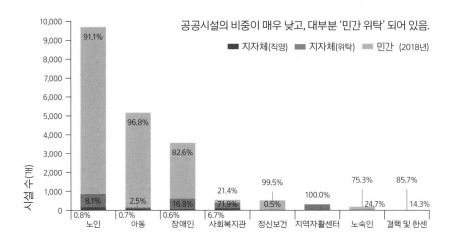

(단위: 개[%])

구분	지자체(직영)	지자체(위탁)	민간	합계
노인	77(0.8)	793(8.1)	8,895(91.1)	9,765(100)
아동	36(0.7)	127(2.5)	4,992(96.8)	5,155(100)
장애인	22(0.6)	601(16.8)	2,964(82.6)	3,587(100)
사회복지관	31(6.7)	333(71.9)	99(21.4)	463(100)
정신보건	-	2(0.5)	425(99.5)	427(100)
지역자활센터	-	249(100.0)	-	249(100)
노숙인	-	37(24.7)	113(75.3)	150(100)
결핵 및 한센	-	1(24.7)	6(75.3)	7(100)
합계	166(0.9)	2,143(10.8)	17,494(88.3)	19,803(100)

자료 출처: 보건복지부, 〈보건복지 통계연보〉(사회복지시설 현황)(2019).

을 가진 사람을 기본적인 대상으로 삼는다. 그로 인해 안정적인 직장에 취업한 사람은 사회보장제도에 가입되지만, 미취업자는 그렇지 못하는 일이 많다. 노동시장에서 우월한 위치에 놓인 사람은 좋은 소득을 통해 재산 축적이 가능함은 물론이고, 각종 사회보험제도에 모두 가입할 수 있으며, 개인적으로 민간보험에 들 여유 또한 가진다. 기업복지의 혜택도 후하게 받는다. 상식적으로 생각하면 취직도 못하고 수입이 적은 사람에게 복지 혜택이 더 가는 것이 맞는데, 사회복지제도가 사회보험 형식을 취하다 보니 오히려 고용시장에서 소외된 사람이 복지에서도 사각지대에 놓이게 되는 역설적 상황이 발생한다. 결국 사회보장제도가 불평등을 개선하기는커녕 심화시키는 역작용을 하게 된다. 이른바 '복지의 역설', '분배의 역설'이다.

사회보장제도의 성공 여부를 가르는 관건은 해당되는 사람들을 모두 가입시키는 것이다. 즉, '가입의 보편성(universality)'이 일차적으로 중요하다. 하지만 한국에서는 고용과 아주 강한 연관성을 가지도록 제도가 설계되어 있어서 국민연금은 물론이고, 산재보험, 고용보험 등에서 복지 수혜자가 되어야 할 사람들이 상당수 제도에서 빠져 있다. 사각지대가 넓은 상태에서 보험급여를 확대하면 오히려 불평등을 악화시킬 우려가 크다. 문재인 정부에서 건강보험의 급여 확대를 시도한 것은 건강보험 가입이 보편성을 가졌다는 전제조건이 있었기 때문에 가능했던 것이다.

더구나 앞에서도 여러 차례 언급했지만, 한국은 고용시장 자체가 상당히 불안정하다. 한국과 같이 불안정한 노동시장을 가진 나라에서 사회보험 방식의 복지제도가 타당한지는 그 자체가 큰 의문이다. 지금이라도 조세 방식의 제도로 전환을 하거나, 그러한 요소를 늘려나가는 노력이 필요하다.

비정규직, 5인 미만 사업장에서 일하는 사람들, 자영업자가 그러한 경우일 텐데 가령 이들이 국민연금에 가입하지 못하면 결국 노후소득도 없게 되지 않은가?

취직을 했더라도 정규직이 아닌 비정규직일 경우, 60% 이상이 국민연금 미가입자다. 5인 미만 소규모 사업장 노동자들은 20% 이상이 국민연금을 들지 못하고 있다. 법적으로는 1인 이상 근로자 모두 국민연금에 가입해야 한다고 명시되어 있어도 기업주들이 보험료 부담을 피하기 위해서 근로자가 국민연금에 들지 않도록 한다. 노동자들 스스로도 당장 돈이 필요해서 매달 일정액을 납부해야 하는 국민연금 가입을 꺼리는 경우도 많다. 또 우리나라는 자영업자 비중이 20% 정도로 아주 높은데 다수의 영세 자영업자들 역시 국민연금에 가입하지 않는다. 이런 방식으로 국민연금의 사각지대가 광범위하게 형성되어 있다. 결국, 현재 한국 노동시장에서 무직자는 국민연금 보험료를 내지 않음으로 인해 노후에도 가난을 벗어날 수 없게 된다. '빈곤의 영속화'다.

따라서 노동자의 지위에 따라 사회보험 혜택에서 차별을 받아야 하는 현재의 분절된 노동시장을 중장기적으로 통합하는 노력을 기울여야 하고, 단기적으로는 노동시장에서 배제된 사람들을 사회보장에 편입시킬 수 있는 제도 개혁과 개선이 필요하다.

8장

사회보장 재정

지속 가능한 복지국가를 위한 실현 전략

우리나라 사회보험제도는 보험료가 높다는 비판을 받는다. 이것은 사실인가?

보험료가 '많다'라고 하는 것은 아마도 가계 수입 대비 보험료가 많다는 뜻이겠다. 그런데 일률적으로 적거나 많다고 할 순 없겠고, 비교 기준에 따라 보험료 부담 정도가 다를 듯하다. 가령 건강보험의 경우, 세대별 소득을 1분위부터 10분위로 나눠서 사용자(회사) 부담분과 국고 지원분을 빼고 순전히 '본인이 내는 보험료' 대비 보험 혜택의 비중을 살펴보면, 고소득층인 10분위만 혜택에 비해 보험료를 많이 낸다. 나머지 1~9분위는 납부한 보험료보다 건강보험으로 받는 혜택이 더 크다. 쉽게 말해 만일 건강보험이 없었다면 대부분의 가계는 현재 납부하는 보험료보다 더 많은 진료비를 내야 했을 확률이 크다.

건강보험료 액수도 서구에 비하면 평균적으로 훨씬 낮은 것이 사실이다. 다른 사회보험의 보험료 부담 역시 서구보다 아주 낮은 수준

〈그림 41〉 월 가계 부담 보험료 대비 급여비 10분위별 현황(2020년)

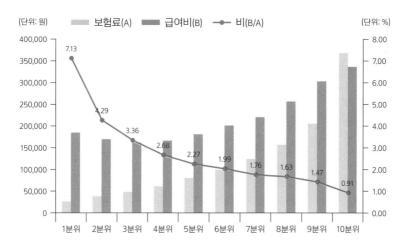

자료 출처: 국민건강보험통계(2021).

이다.

건강보험료를 올리면 보험 재정이 늘어나서 국민 부담이 높아진 다고 하는데 이것도 사실이 아니다. 진짜 문제는 국민들이 부담하는 총의료비가 커지느냐 하는 것이다. 앞에서 얘기했던 대로 선택지는 두 가지다. 하나는 '평소에 보험료를 더 내고 병원에 갔을 때 본인 부 담금을 적게 낼 것이냐', 또는 '평소에 보험료를 조금 내고 병원에 갔 을 때 비용 부담을 소화할 것이냐'이다. 두 선택지의 관계는 완전히 '대체적(trade-off)'이다. 하나를 택하면 하나는 포기해야 한다. 한국 의 건강보험은 세계적 기준에서 보았을 때 보험료가 낮고 본인 부담 은 큰, '저부담-저급여' 형태. 만일 '고부담-고급여' 형태로 이행하 더라도 그 총액은 일정할 수밖에 없다. 보험료는 매달 지출되지만 병 원비 절감의 혜택은 병원에 갈 때만 받게 되므로 이로 인한 착시 때문 에 보험료가 높다고 느껴지는 것이다.

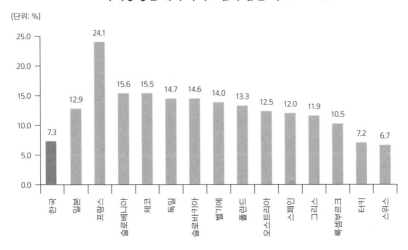

〈그림 42〉 경제협력개발기구 회원국들의
국내총생산 대비 사회보험 부담률 비교(2019년)

(단위: %)

자료 출처: 경제협력개발기구 통계(2019년 12월 기준). 주1) '8대 사회보험'은 건강보험, 고용보험, 산재보험, 국민연금, 장기요양보험, 공무원연금, 군인연금, 사학연금으로 구성함. 주2) 경제협력개발기구 회원국은 우리나라와 같이 '별도 사회보험 담당기관이 사회보험료를 징수하는 국가'로 한정하여 비교함(국세청 징수 제외). 주3) '일본'은 2018년도 자료를 활용함.

병원비로 본인 부담금을 많이 내게 되면 두 가지 문제가 생긴다. 첫째, 가계에 예기치 않은 큰 부담이 되어 가계가 불안정해질 수 있다. 따라서 평소에 건강보험료를 좀 더 납부하도록 하여 갑작스러운 고액의 병원비 부담 위험으로부터 가계를 보호하는 것이 더 안전하다. 둘째, 건강보험 적용이 되지 않는 의료, 즉 비급여 진료는 건강보험의 적용을 받는 의료보다 가격의 상승 속도가 빠르다. 그러므로 보험료를 올리더라도 모든 진료에 대해 건강보험 적용이 되도록 제도를 개편해나가는 편이 장기적으로 유리하다. 이런 점에서 '고부담-고급여' 형태가 국민들에게 훨씬 더 유리하고 사회적으로도 바람직하다.

현행 건강보험의 '저부담-저급여' 형태는 또 다른 문제로 이어진다. 대다수 국민이 비싼 민간보험을 통해 갑작스러운 고액의 병원비 부담에 대응하는 것이다. 사회보험이 2000년대 초반 이후 지금까지 급여 확대를 신속하게 해주지 못했던 틈새를 민간보험이 파고 들어서 크게 팽창했다. 결과적으로 국민의 '총보험료(공보험료+사보험료)' 부담이 증대되었다. 특히 보험 가입자가 지출한 실제 의료비를 보상해주는 실손보험은 비급여 진료의 종류를 늘리고 단가를 올리는 역할을 해서 '비급여 진료비의 앙등'을 증폭시키고, 과잉 진료 문제도 일으킨다. 이는 국민은 물론이고, 공보험에 피해를 줄 뿐 아니라 사보험에도 '자기 파괴적' 피해를 일으키는 원인이다.

'기금 고갈'에 대한 오해와 진실

국민들은 보험료 부담이 크다는 것 외에 보험료의 형평성 등에 대해서도 불만이 많다. 이런 측면에서 건강보험, 국민연금, 산재보험을 관리하는 공보험자의 역할이 중요해 보인다. 더불어서 사회서비스 공급자의 생산비를 얼마나 잘 통제하는지도 중요한 지점 같다. 우리나라 공보험자에 대한 교수님의 시각이 궁금하다.

사회보험에서 보험자는 다음의 역할들을 잘 이행해야 한다. 우선 보험료를 공정하고 형평성 있게 걷어야 한다. 그다음으로 재정을 유능하게 관리해야 한다. 마지막으로 서비스의 질을 제고하되 생산비를 적절히 통제해서 지출을 효율적으로 사용해야 한다. 현재 한국의 사회보험 보험자들은 이 세 가지 부분 모두에서 많은 지적을 받는 중이다.

보험료의 공정성, 형평성 부분부터 살펴보자. 건강보험료 부과의 공정성 문제를 해결하기 위해 2018년 부과체계 1차 개편[82]이 있었고 상당히 중요한 진전이 이루어졌다. 그러나 이 문제를 근본적으로 해결하려면 지금처럼 재산이나 자동차에도 보험료를 차등적으로 부과하는 것에서 완전히 벗어나 소득만을 기준으로 하는 소득 중심 단일 보험료 방식으로 과감히 전환해야 한다. 소득 자료의 경우 대부분을 정부가 보유하고 있기 때문에 직장가입자, 지역가입자를 비롯해 피부양자로 등록된 가족 구성원 모두의 총소득 파악이 가능하다. 보험료 산정의 근거가 확실한 것이다. 건강보험의 소득 중심 단일 보험료 방식 추진은 정부·여당의 의지만 있으면 현재 충분히 실현 가능한 상태다. 소득으로 잡히는 부분을 모두 총소득으로 넣으면 부과 기반이 늘어나서 오히려 전체적으로는 보험료율을 낮출 수도 있다.

산재보험은 '위험률'을 기반으로 보험료를 매기는 현행의 보험료 체계를 바꿔야 한다. 사업장에서 산업재해가 발생하면 해당 사업장이 납부해야 하는 보험료가 올라간다. 이는 자동차보험처럼 사고를 내면 보험료가 올라가는 전형적인 민간보험의 방식이다. 문제는 보험료 인상을 막기 위해 기업의 산업재해와 직업병의 은폐가 계속 일어난다는 것이다. 따라서 위험률 기반의 보험료 산정 방식에서 '연대성 기반 보험료'[83] 방식으로 바꿔야 한다.

재정 관리 부분은 사회보험 중에서도 특히 국민연금의 큰 화두다. 보험자의 재정 관리 능력이 보험료와 보험 급여에 미치는 영향은 막대하다. 건강보험이나 산재보험, 고용보험도 이 부분에서 예외일 수는 없다. 사회보험자들도 보험계리,[84] 자금 운용의 능력을 갖추고 전략적인 재정 관리를 할 수 있어야 한다.

---

82 2018년 7월에 시행된 정책으로 지역가입자의 보험료에서 재산 비중은 낮추고 소득 비중을 높였으며, 2022년 9월부터 시행 중인 2단계 개편에서는 소득 비중을 더욱 높여 소득 중심의 보험료 부과체계를 강화했다.

83 사회보험의 기본 원리로서 위험률과 관계없이 소득이 많은 가입자가 보험료를 더 내고 소득이 적은 가입자는 보험료를 덜 내는 것.

84 보험 원리로서 위험률을 계산하여 보험료를 책정하는 것을 가리키는데, 여기서는 경제 상황이나 질병 등 외부 변수에 대한 변동성을 분석하고 예측하는 것을 뜻함.

서비스의 질과 생산비 통제도 큰 문제다. 앞에서 우리나라의 의료서비스는 압도적으로 민간 공급에 의지하고 있으며 그로 인한 문제가 상당하다고 지적했다. 현행 건강보험과 산재보험 등은 보험자가 서비스 공급자에게 진료의 대가를 지불하는 '진료비 지불제도'가 행위별 수가제도로 되어 있다. 행위별 수가제도란 진찰료, 검사료, 처치료, 입원료, 약제비 등의 가격을 별도로 매긴 뒤 합산해 진료비를 산정하는 제도다. 즉, 진료 행위에 따라 비용을 각각 매기는 것이다. 이는 진료의 다양성과 의사의 전문성을 인정한다는 장점이 있지만, 서비스 공급자로 하여금 과잉 진료를 하게 만드는 요인으로 작용한다. 진료 행위에 따라 수가가 책정되기 때문에 수가를 많이 받기 위해 의사들이 불필요한 진료를 남발할 수도 있다는 말이다. 이 때문에 건강보험에서는 환자에게 제공되는 의료서비스의 종류나 양과 관계없이 요양기관별(종합병원, 병·의원) 및 입원일수별로 미리 정해진 일정액의 진료비만을 부담하는 포괄수가제 요소를 일부 도입했다. 그러나 각 수가 항목에 대한 원가 계산이 되어 있지 않고, 수가의 수준이 균일하지 못해 의료 공급자는 물론 소비자의 불만도 가중된 것이 현실이다. 소위 '문재인 케어'로 불리는 건강보험 비급여 항목의 급여화 정책, 새로운 수가를 부여하는 건강보험 급여 확대 정책이 상당한 진전을 보았으나 아직은 절반의 성공이라고 할 수 있겠다. 반면, 노인장기요양보험은 정액수가제를 채택 중인데, 이로 인해 서비스 공급자들이 요양서비스 질을 낮추어 원가를 절감하려는 경향이 강하다. 모든 제도가 다 그렇지만 진료비 지불제도 역시 방식에 따른 장단점이 있기 마련이고 공급자의 성격에 따라 다양한 반응이 나타난다. 이를 수급자 중심에서 폐해가 없도록 적절히 조율하는 것이 보험자의 역할이다.

'기금이 고갈될 것이다'라는 비판도 많다. 특히 국민연금의 경우가 그렇고 건강보험이나 산재보험도 '재원 고갈' 이야기가 많이 나온다. 이는 근거가 있는 지적인가?

사회보험의 기금 고갈에 대해서는 개념 설명이 좀 필요한 것 같다. 건강보험, 장기요양보험, 산재보험 같은 단기보험은 '기금'이라는 개념이 없다. 왜냐하면, 매년 예산을 세워서 소위 양출제입(量出制入)[85]을 하는 방식이기 때문에 '잔액' 개념밖에 없다. 단기보험은 일정한 잔액을 유지해야 하지만, 장기보험이나 가계와는 달리 저축을 할 필요는 없다. 잔액을 유지해야 하는 이유는 예기치 않은 급여비 증가나 보험료 수입 감소로 발생할 수도 있는 재정 위기에 대비하기 위함이다. 이에 대한 안전장치로 2, 3개월 정도의 '준비적립금'을 유지하면 충분할 것 같다. 단기보험의 재정 문제로 '기금 고갈'을 지적하는 것은 기금 개념에 대한 이해가 부족하거나 사회보험에 대한 불안감을 조성하려는 특정 집단의 의도 때문일 것이다. 보험자가 재정 관리를 잘하고 있다는 전제 아래에서 잔액이 부족하다면 보험료를 올려야 하고, 과다하다면 급여 확대, 수가 인상, 보험료 인하 등 관계 당사자들의 이익에 부합하는 조치를 취해야 한다. 가령 내가 국민건강보험공단 이사장으로 재직할 당시 2018년 말 기준, 건강보험 누적 적립금은 20조 6,000억 원에 달했는데 이는 매우 과다한 규모의 적립금이었다. 따라서 급여 확대를 통해 국민에게 혜택을 주고 수가를 조정하는 데 10조 원을 활용하기로 했던 것이다. 이를 두고 단기적으로 '적자 확대'이고, 중기적으로 '기금 고갈'이라고 공격하는 것은 잘못이다. 단기보험들은 잔액 부족이 일어나지 않도록 매년 보험료를 융통성 있게

---

85   지출을 헤아려보고 수입 계획을 세우는 것.

조정하고 있다.

기금 고갈 문제를 고민해야 할 사회보험은 공적연금, 특히 국민연금인데 국민연금은 장기보험의 성격을 가지고 있다. 한국처럼 적립식 방식을 채택하여 거액의 기금을 형성한 나라는 세계적으로도 전례가 별로 없다. 한국의 경우 2021년 말 현재 국민연금 기금 규모가 949조 원인데 2035년에 최대 규모(1,715조 원)로 적립되었다가 2057년에는 기금이 '고갈'될 것으로 예측된다. 물론 이 예측은 인구지표의 변동, 경제 사정, 기금 운용 성과 등에 따라 오차가 있을 수 있다. 하지만 현실적으로 기금 고갈이 예측되는 것은 사실이다. 이에 대해 국민연금 옹호론자들은 '국가가 있는 한, 연금 수급을 정지할 수는 없다'라고 설득하고, 정치인들은 선거철이면 유권자의 환심을 사기 위해 '연금 지급 국가책임제' 방식을 언급하며 국민 불안을 무마하기도 한다. 물론 공무원, 군인, 사학 연금과 같이 상대적으로 작은 집단을 대상으로 한 공적연금은 적자가 나면 국고 지원을 해주었고 지금도 해주고 있다. 그러나 일반 국민을 대상으로 한 국민연금이 2035년 이후 기금이 점차 소진되어 국가가 그 적자를 메꿔주어야 한다면 그 규모는 엄청날 것이다. 이것은 사실상 국고 지원이 아니라 국민연금을 '부과식'으로 제도 개편을 하게 된다는 뜻이 된다.

즉, 국민연금 기금 고갈 문제의 핵심은 부과식이냐, 적립식이냐 하는 제도 설계의 방식과 깊이 연결된다. 부과식은 매년 걷는 보험료로 그해의 연금을 지급하는 방식으로, 건강보험 같은 단기보험 방식이다. 적립식은 개인이 낸 보험료를 기반으로 노후에 연금을 지급받는, 현행 국민연금과 같은 장기보험 방식이다.

초창기 국민연금 설계자들은 출발은 적립식으로 하지만 조만간 부과식으로 제도 개혁을 해야 한다는 생각을 갖고 있었다고 한다. 1970년대에 박정희 대통령에게 국민연금 시행을 건의할 때, 이들은 국민연금이 산업 발전을 위한 자본동원의 수단으로 기능할 수 있다고 설득했다. 부과식으로는 대통령을 설득할 수 없으리라 판단해서 '국민저축' 방식의 적립식을 건의한 것이다. 의료보험은 제도 제안 이후 채택되어 1977년 시행되었지만, 국민연금은 보류되었다가 1988년 전두환 정부에 이르러서야 도입되었다. 자료를 보면, 그때도 적립식을 고려했을 뿐 부과식을 검토한 흔적은 없다. 그 이후 논의된 모든 국민연금 '개혁' 방안도 적립식을 유지한 채 보험료 인상, 보험 급여 삭감 등 기금의 수명을 연장하는 방식을 고민했을 뿐 부과식으로 근본적인 제도 변경을 위한 논의는 없었다.

그런 점에서 2007년 노무현 정부 시절, 유시민 보건복지부 장관이 당초 계획에 없던 '기초노령연금(현재는 '기초연금'으로 명칭 변경)'을 도입했던 것은 연금 개혁의 돌파구이자 의미 있는 제도 개편이었다. 당시 보험료 인상은 불가능했지만, 연금수령액을 20년간 점차 줄이는 대신 70세 이상 노인에게(2008년 7월부터는 65세 이상 노인에게도 확대 지급) 기초연금 10만 원을 주는 것으로 타협이 이루어졌다. 기초연금은 '연금'이라는 명칭에도 불구하고 사실은 연금제도 밖에서 국고로 지급되는 노인 '수당'이다. 이후 박근혜, 문재인 정부를 거치면서 기초노령연금은 그 명칭이 기초연금으로 바뀌고 지속적으로 증액되어 2021년에는 지급액수가 최대 30만 원까지 올랐다. 또한 소득 하위 70%까지 수급할 수 있어 실질적으로는 '부과식'으로 지급되는 연금의 역할을 톡톡히 하는 중이다.

안타깝게도 국민연금은 기금 고갈 문제에 대한 명확한 해결 방안이 여전히 묘연하다. 또한 1,300만 명 이상[86]이나 되는 광범위한 제

---

86 국민연금 가입자 연령군(18~59세) 인구수 3,213만 명(2019년 12월말 기준) 중 비경제활동인구, 납부예외자, 장기체납자 등의 사각지대는 1,305만 명에 이른다(국회 입법조사처, 〈국민연금의 사각지대 현황과 입법화 동향〉, 2020. 9. 22. 발표 자료 참조).

도의 사각지대로 인해 발생하는 불평등 문제의 해결도 갈 길이 멀다. 국민연금은 현행 대한민국 사회보장제도의 아킬레스건이자 뜨거운 감자다.

복지제도, 근본적인 재설계가 필요하다

민간 공급에 강하게 의지함으로써 발생하는 한국 사회보장제도의 문제점들과 기금 고갈을 둘러싼 진실에 대해 살펴보았다. 더불어서 현행 사회보장제도가 성립하기까지 어떠한 역사적 맥락을 밟아왔는지도 알 수 있었다. 말씀을 듣고 보니 '기금'이나 '장기/단기보험' 등의 개념에 대한 잘못된 이해와 프레임 때문에 사회보장제도가 마치 국민 삶에 부담을 주는 제도로 비판받는 것 같다. 이와 같은 인식의 개선은 어떻게 해야 되는가?

우리나라 사회보장제도에서 국민에게 부담을 주는 방식으로 설계된 부분은 별로 없다. 물론 부분적으로 제도 개선을 해야 할 부분은 수없이 많지만 큰 틀에서 봤을 때 국민 삶에 이익이 된다는 뜻이다. 사회보험제도 운영 시 보험료를 내는 사람과 혜택을 받는 사람의 불일치, 가입자가 돈을 내는 시점과 받는 시점의 불일치는 불가피하다. 그로 인해 보험료 부담이 커 보일 뿐이다. 그러나 평생 부담하는 보험료와 평생 받는 혜택의 총량을 비교해보면 국민의 절대다수가 사회보장제도를 통해 이익을 보고 있다.

이쯤에서 사회보장제도가 경제와 선순환 구조를 그려야 한다는 말을 다시 하고 싶다. 사회보장제도가 경제발전과 선순환 구조를 만들도록 정부가 정책적인 노력을 하고 국민도 올바른 개념에 대한 이해가 필요하다. 그런데 걸핏하면 보수 언론은 정부가 복지정책 좀 펼치려고 하면 '보험료 폭탄론' 내지는 '기금 고갈론'을 들고 나와서 정책 추진을 막아선다. 하지만 이들의 주장과 달리 사회보장제도를 수급자 중심으로 제도 정비를 하고 이를 통해 국민 생활을 지원해주지 않으면 경제가 더 불안정해진다. 정부가 사회보장에 들이는 비용은 가계를 거쳐 구매력으로 전환된다. 정부의 '재정'도 민간의 '시장'과 마찬가지로 '돈'을 순환시키는 펌프로 작동한다. 경제는 시장과 재정이라는 두 개의 펌프로 작동하면서 돌아간다는 이해가 필요하다. 시장이 수요와 공급을 통해 돈을 순환시킨다면, 재정은 세입과 세출을 통해 순환을 시키는 차이가 있을 뿐이다.

국가 재정이 사회보장제도 운영에 투입되어 사회 전체에 이익을 남기는 구조를 만들고, 국민도 여기에 동의해가도록 정치권과 언론이 협조해야 한다. 정치적 이해를 앞세워 잘못된 프레임으로 여론을 선동하고 국민 삶을 더 나은 방향으로 지원하는 정책 추진을 가로막아서는 안 된다. 앞으로는 사회보장제도를 구상할 때, 사회투자로 성장을 만들어가는 전략이 성립되도록 그 개념을 새로이 해야 한다.

그렇게 하려면 각각의 사회보장제도를 지엽적으로 개선해나가는 것을 넘어서서 큰 틀에서의 종합적인 개편이 필요해 보인다. 구체적인 전략에는 무엇이 있는가?

우선 한국의 복지제도를 한 번은 근본적으로 '재설계'하는 개념으로 개편해야 한다. 재설계를 할 때는 사회보장제도 하나하나를 바꾸기보다 통합적으로 개선해야 한다. 사회보장제도를 넘어서서 이를 포괄하는 복지제도 전체를 종합적으로 재설계해야 한다. 예를 들어, 국민연금 기금 고갈 문제 해결에만 중점을 둘 것이 아니라 노후소득 보장제도를 어떻게 재구성할 것인지의 개념으로 접근해야 한다. 단순히 건강보험 재정의 증감만 보기보다는 국민 건강 상태와 총의료비가 어떻게 변하는지를 파악하는 것이 중요하다. 심지어 자동차보험, 실손보험, 퇴직보험 등 민간보험과의 관계는 어떻게 설정할 것인지를 함께 고려하는 방향으로 가야 된다.

그다음 계층별, 집단별, 연령별로 통합적 재설계를 해야 한다. 가령 어떤 사람이 60세에 퇴직했는데 국민연금 수급은 65세부터 가능하다면 5년간의 무소득 기간이 생긴다. 이 시기에 자녀의 결혼으로 목돈이 필요해 저축을 써야 하는 상황이 된다면 노후소득원이 심각하게 고갈되는 문제가 발생한다. 이런 사례는 주변에서 매우 흔하다. 그런데 현행 노후소득 설계에서는 이와 같이 변화한 사회적 상황이 신속하게 반영되지 못했다. 고용제도와 연금제도가 연계되지 못하고, 저출산, 고령화 상황이 제도에 반영되지 못했다.

제도 개선과 더불어 인프라 개혁도 동반되어야 한다. 특히 현물급여 사회보장제도가 그렇다. 장애인 복지를 예로 들면, 우리나라는 전반적으로 의료 접근성이 나쁘지 않은 편이지만 장애인의 의료 접근성은 아주 안 좋다. 장애인들이 휠체어를 타고 갈 수 있는 병·의원은 많지 않다. 청각장애인을 위한 수화통역이 되는 병원도 거의 없다. 얼마 전에 어느 국립대학병원에 가서 강연을 했는데 강단에 장애인 경사로(램프)가 없었다. 그때 내가 다리를 다쳐 휠체어를 타고 있었는데 결국 다른 사람들이 들고 올라가야 했다. 그뿐이 아니다. 원장실 옆 장애인 화장실을 좀 가자고 했더니 창고로 쓰고 있었다. 국립대학병원도 그러니 다른 곳은 말할 것도 없다. 장애인 건강검진율도 굉장히 떨어지는데 장애인 검진 시설이 없어서 그렇다. 제도 사이에 가지가지 허점이 있다. 최근 사회문제로 대두 중인 '간병 살인'도 이런 허점들로 인한 돌봄 부담이 원인 중 하나라고 본다. 공공성 제고와 통합적인 돌봄 체계를 바탕으로 공공 인프라와 통합돌봄을 합치는 작업이 절실하다. 국가가 문제투성이인 현행 복지제도의 재설계를 미루는 것은 굉장히 비겁한 행위다.

　마지막으로 사회보장제도의 종합적 개편 방향에는 '가입의 보편성'이 따라야 한다. 가령 노인장기요양보험은 가입 대상 노인을 확대해야 된다. 산재보험은 '고용되어 있지 않더라도 일하는' 사람을 최대한 포괄해야 된다. 최근 이런 주장을 하는 사람들은 암묵적으로 '고용되어 일하는 사람'의 의미가 담긴 '노동자' 대신 '일하는 사람', '일하는 인구' 등으로 표현한다. '가입의 보편성' 확보는 국민연금의 경우 특히 중요한 지점이다. 국민연금 자체의 개혁이 어려우면 기초연금 액수를 획기적으로 올려서 최저생계비는 기초연금으로 확보할 수 있게 하는 것도 하나의 방안이라고 생각한다. 기초연금 상한액을 노인 최저생계비 정도인 70만 원 수준으로 올려 전 국민 대상으로 확대하는 것이다. 국민연금을 소득비례연금으로 바꾸는 구상도 가능하다. 현재는 수당인 기초연금을 진짜 연금화해서 기초연금 관리 업무를 보건복지부가 아닌 국민연금공단에서 통합적으로 관리를 하도록 개편하는 방안도 가능하다.

　물론 연금 개혁은 전 국민의 의견을 수렴해야 하는 대규모 개혁임을 잘 안다. 연금 개혁을 둘러싸고 여러 이해관계가 얽혀 있기 때문에 섣부른 시도가 어렵다는 것도 안다. 그래도 제일 안 좋은 것은 아무 일도 안 하는 것이 아닌가?

4부

'한국형 복지국가'로의 대전환을 위한 3대 로드맵

9장

정당정치의 발전

복지정책 추진을 위한 정치적 능력

지금까지 한국 사회의 해묵은 난제들과 이를 해결하기 위한 국가의 역할에 대해 알아보았다. 특히 3대 난제인 '양극화, 저출산, 고령화' 대책을 모색하는 가운데 한국의 복지제도 전반에 대해 톺아보는 기회를 가졌다. 관건은 앞서 제시한 방안들을 '어떻게 현실화할 것인지' 여부다. 결국 '정치'에 대한 이야기가 될 수밖에 없겠다. 여러 형태로 국정에 참여한 경험에 비추어 볼 때, 앞서 제안한 대책들의 현실화를 위해 가장 중요한 대목이 무엇이라고 보는가?

국가의 역할 변화도, 복지국가의 형성도 정치 행위의 결과이기 때문에 당연히 이런 성취를 이루어낼 정치적인 주체가 존재해야 한다. 그래서 정당의 중요성이 많이 강조된다. 그중에 제일 널리 알려진 것이 '권력자원(power resource) 이론'[87]이다. 관련 통계의 국제적인

---

87   발테르 코르피 스웨덴 스톡홀름대 교수가 주장한, 복지국가의 발전 이론이다.

비교를 분석해본 결과, 사회민주주의 정당이 오랫동안 강력히 집권할수록 복지국가로 발전되었다는 주장이다. 이런 이론에 기대어 진보 정당이 필요하다는 결론이 도출되었고, 한국에서도 진보 정당이 발전해야 복지국가가 이루어질 수 있다는 생각을 많이 하게 되었다.

'권력자원 이론'은 노조의 힘이 세고 진보 정당이 강할 때 복지국가가 발전한다는 이론인데, 이 이론의 핵심 주장은 스웨덴, 핀란드 같은 북유럽 복지국가의 사례를 통해 경험적으로도 확인되었다. 그런데 한국은 노동조합도 약하고 진보 정당도 제대로 힘을 못 쓰는 상황이어서 고민이 클 수밖에 없다. 복지국가로 가는 길에 진보 정당의 존재는 필수불가결한 것인가?

반드시 그렇지만은 않다고 생각한다. 역사적으로 보면 진보 정당이 아닌 정당, 심지어 보수당에 의해서 복지제도의 중요한 성과를 이루어낸 사례도 많다. 최초의 복지제도인 사회보장제도를 이룩한 인물로 여겨지는 비스마르크[88]도 19세기 후반 독일의 보수 정치인이었다. 그리고 우리가 많은 부분 차용해온 일본의 복지제도도 사실상 자민당에 의해 만들어졌다. 또 진보 정당이 복지제도의 기반을 형성한 다음에 보수당이 집권했을 때 이전 정부의 복지제도를 무너뜨리지 않고 발전시킨 사례도 많다. 전형적으로 영국의 복지제도를 확립한 클레멘트 애틀리[89]의 노동당 정부가 물러난 이후로 보수당이 20여 년간 장기 집권했는데 이 보수당 정부들은 영국의 복지체제를 무너뜨린 것이

---

88 빌헬름 1세와 함께 독일 통일을 주도한 재상. 세계 최초로 사회보험을 도입했다.
89 영국의 정치인. 1945년 선거에서 승리하고 노동당 내각을 성립시켜 총리가 되었다. 주요 기간산업의 국유화를 추진하고 국가무상의료(NHI) 실현 등으로 '요람에서 무덤까지'라는 구호로 상징되는 영국의 복지제도를 확대했다.

아니라 오히려 발전시켜왔다. 미국의 케네디와 존슨 대통령의 민주당 정부도 미국의 복지제도를 크게 발전시켰다. 존슨 대통령은 베트남전쟁 때문에 대내외적으로 많은 비난을 받은 대통령이었지만 미국 복지제도의 성과에 한해 평가한다면 큰 공을 세운 인물이다.[90] 그 이후 닉슨의 공화당 정부는 그 체제를 무너뜨리지 않았다. 우리나라도 의료보험을 최초로 도입한 대통령은 박정희다.

그런데 여기에 잘 거론되지 않는 숨겨진 부분이 있다. 일본 자민당이 복지국가를 만든 배경으로 자민당과 충분히 정권을 두고 겨룰 만큼의 세력이었던 사회당의 존재를 빼놓을 수 없다. 사회당은 일본의 제2차 세계대전 패전 이후 70년대까지 자민당과 양당 중심 구도를 이룰 만큼 강력했다. 또한 당시 일본 노동조합과 사회운동 세력도 활발한 운동을 전개했다. 19세기 비스마르크가 강력한 복지정책을 추진할 수 있었던 것도 당시 독일에서 사회주의 노동운동이 강하게 전개되고 있었기 때문이다. 비스마르크는 지금 우리가 아는 4대 사회보험 중 의료보험, 산재보험, 국민연금(1893~1899년) 등을 제도화했지만, 그 이전에 '사회주의자 탄압법(1878년)'과 같은 탄압정책을 선행했다. 노동운동에 대해 탄압과 회유를 병행한 것이다.

우리나라 역대 보수 정부 중 최근의 복지정책 추진 사례를 살펴보면, 박근혜 대통령은 '박근혜 복지'라고 통칭되는 복지정책을 폈는데, 건강보험에 4대 중증질환 보장성 강화 대책을 만든 것이 대표적이다. 이것도 이명박 대통령 시기에 시민사회에서 강력하게 전개되었던 '복지국가 운동'이 만들어낸 시대정신을 반영한 정책이다. 보수당

---

90   린든 B. 존슨 대통령은 '위대한 사회(Great Society)'를 내세우면서 미국의 교육, 빈곤 퇴치, 보건의료 등에 중요한 발전을 이루어냈다. 미국의 대표적인 공공보험인 메디케어(Medicare, 65세 이상 노인 대상)와 메디케이드(Medicaid, 저소득층 및 장애인 대상) 제도 등도 이때 도입된 것이다.

이라고 해서 사회적 압력에 의해 마지못해 복지정책을 추진하는 것은 아니다. 복지국가의 방향성에 동의하는 보수주의자도 많다. 그러나 강력한 여론과 사회운동의 존재가 복지국가를 만드는 데 매우 중요한 역할을 하는 것은 분명하다. 복지국가로 가는 길에서 진보 정당의 역할도 그러한 맥락에서 이해할 수 있겠다.

한국의 경우는 진보 정당의 영향력이 크지 않다 보니 대다수 국민이 정당 중에서 민주당을 복지국가를 위한 정치적인 매개체로 여기는 경우가 많다. 민주당이 이런 역할을 할 수 있다고 보는가?

역사적으로도 대한민국을 복지국가로 만드는 정치적인 역할은 줄곧 민주당이 수행해왔다. 김대중 정부 때 시행된 건강보험의 통합 일원화, 의약분업 실현, 기초생활보장 도입 등은 우리나라 사회보장제도의 가장 기본적인 틀을 구성했다. 또 그때 노인장기요양보험에 대한 연구도 본격화되어서 이후 노무현 정부 때 제도 마련의 이론적 기반이 되었다. 노무현 정부는 김대중 정부의 뒤를 이어 사회보장제도의 핵심 부분인 보험급여 확대를 추진했다. 그 결과 건강보험의 암 보장성이 강화되었고, 노인장기요양보험의 도입으로 노인장기요양 서비스가 크게 늘어났다. 보육서비스도 노무현 정부가 육아지원 제도를 만들면서 비약적으로 발전했다. 장애인복지 종합대책을 만들어 장애수당의 확대와 장애인 활동보조인 제도 등을 도입한 것도 노무현 정부의 성과다. 아동, 장애인, 노인의 복지에 역사적인 전기를 마련한 시기다. 문재인 정부 들어서는 소위 '문재인 케어'라고 하는 건강보험 보장성 강화가 국민적 지지를 받았다. 아동수당이 도입되고 기초생활보장 생계급여의 부양의무자 기준이 폐지되었다. 하지만 민주당이 복지 확대를 위한 역할을 만족스러울 정도로 수행했느냐 하는 점에 대해 비판적인 견해가 많은 것도 사실이다. 민주당이 정권을 잡고 의석 수가 늘어났다고 해서 반드시 복지가 발전하는 것은 아닌 듯하다.

이 문제와 관련해서 우리나라 정당 제도의 전반적인 문제점을 함께 짚어볼 필요가 있다. 우리나라 정당 제도의 문제 중 하나는 정책 기능이 너무 취약하다는 것이다. 당이 국정을 이끌어갈 수 있는 '정책적인 능력'이 있고, 실제로 구현할 수 있는 '인적 자원'을 확보하고 있어야 국정의 방향을 주도할 수 있는데, 우리나라 정당은 진영을 막론하고 그 점에서 반성할 부분이 많다고 생각한다. 정책위원회의 현안 정책 수립 능력을 비롯해 당 연구원 같은 정책연구기관들의 기능도 대폭 강화되어야 한다.

이와 비슷한 맥락에서 한국 정당의 중요한 결함을 하나 더 꼽자면 당원을 훈련시키는 기능이 없다는 것이다. 서양 정당들은 청년당원 때부터 정치 훈련을 시키고 당의 문화를 가르친다. 가령 지방의회도 진출하게 하고, 본격적인 중앙 정치인으로 성장할 수 있도록 청년 정치 인재를 육성하는 과정이 있다. 민주당에서는 그런 과정을 찾아보기가 어렵다. 내부 인재 육성책이 부재하니 선거철만 되면 외부 영입 방식으로 인물을 보충한다. 당이 제대로 발전하려면 사람도 당이 키우고 정책적인 방향도 당이 모색할 수 있어야 하는데 한국의 정당들은 그런 점에서 부족한 부분이 많다.

모자란 정책 기능과 인력을 보충하기 위해 한국의 정당들은 관료에 의존하는 안이한 편법을 쓴다. 어느 당이든 집권하면 당의 정책 전문위원으로 행정부 출신을 받아들이고 대통령실도 행정관, 수석비서관, 정책실장 등을 비롯해 심지어 비서실장까지 관료에서 충원하는 모습을 볼 수 있다. 이런 방식은 국무총리실 등에서도 반복된다. 결국 집권당과 대통령실의 정책 입안 과정에서 상당 부분을 관료에게 의존하는 결과로 이어진다. 정책 추진 및 조율은 '당정협의'라는 과정을 통해 이루어지는데, 당의 정책 구상 능력이 부족해서 사실상 정부가 낸 초안에 당이 의견을 내어 조율하는 정도로 지나가는 일들이 많다. 그런 당의 '의견'조차 사실은 내부에 파견된 관료에 의해 만들어지는 경우가 많음을 고려하면 집권여당에 미치는 관료의 영향력은 막강하다.

정부의 의견은 입법 과정에서도 묻게 되어 있다. 담당 부처가 반대하면 사실상 입법을 할 수 없다. 법의 내용상 예산이 소요되는, 소위 '예산부수 법안'들은 담당 부처 외에도 기획재정부의 동의를 받아야 한다. 국회의 입법 기능에 대해서 행정부가, 실제로는 담당 관료들이 거부할 권한을 갖고 있는 것이다. 헌법 제53조 2항에 의한 대통령의 법률안 거부권은 사후적인 거부권이지만, 관료들은 법안이 만들어지는 과정에서 사전적인 거부권을 행사할 수 있는 셈이다. 물론 이러한 행정부의 입법 거부권은 필요한 측면이 있다. 예산을 함부로 낭비하지 않도록 한다든지, 행정적으로 안 좋은 법안이 국회에서 잘못 만들어지는 것을 억제하는 순기능을 하기 때문이다. 그러나 국민 삶에 꼭 필요한 법들이 관료들의 반대로 입법이 어려워지는 사례도 비일비재하다. 기초생활보장의 사각지대를 줄이기 위해서 부양의무자를 축소하자는 법안이 20여 년간 수없이 제출되었으나 경제 관료들의 반대로 최근 들어서야 비로소 축소할 수 있었다.

이런 방식으로 '집권당에 의한 관료 통제'가 아니라 '관료에 의한 집권당 통제'가 일어난다. 그래서 집권당이 바뀌어도 정책은 바뀌지 않는 것이다.

한국 관료들의 조직과 문화는 기본적으로 박정희 시대에 만들어졌다. 그 이후로 관료들은 강한 보수 성향을 가지게 되었다. 특히 경제, 군사, 외교, 법무 등 핵심 부처의 관료들은 보수 색이 매우 강하다. 그래서 보수적 정당에서 진보적 정당으로 정권이 바뀌어도 실제 정책은 여전히 보수 일색인 상황이 나타난다. 정치적인 정권 교체는 있었지만, 관료들의 권력은 한 번도 교체된 적이 없다.

정당, 특히 진보 성향의 정당은 독자적인 정책 능력과 이를 각 부처에서 관철시킬 인물들을 충분히 확보하지 않는 한, 정권이 교체되어도 정책을 통해 자신들의 정치 이념을 펼치는 것이 불가능하다. 흔히 관료들의 저항 때문에 당론을 관철하기가 어렵다고 하지만, 사실은 당론 자체를 만들지 못하는 일이 더 많다고 본다. 이 빈틈을 관료들에게 의지하고 있지는 않은지 반성할 일이다.

'자영업자들의 모임'이 된 정당

한국 정당들의 정책 능력이 취약한 이유, 정권이 바뀌어도 국민 입장에서 정책적인 변화를 크게 실감할 수 없는 배경 등 중대한 대목을 짚어주었다. 결국 이 문제들을 해결하려면 정당 스스로 정책 역량과 인적 훈련을 강화해서 관료 의존도를 획기적으로 줄이고, 정책 능력을 겸비한 정치인을 양성하는 작업이 필요하겠다. 이런 문제는 비단 어제오늘 일이 아닐 텐데, 왜 여전히 답보 상태에 머물러 있는가?

당에 대한 관료의 우위 또는 정치에 대한 행정부 권력의 우위는 꼭 관료들이 의도해서 그렇게 되었다고는 생각하지 않는다. 우리나라 정당 제도가 아직 충분히 발전되지 않았기 때문에 관료 권력이 '상대적으로' 더 강한 상태에 있다고 보는 것이 적절하겠다. 박정희 대통령 시대를 돌이켜보자. 그 시대의 정당 제도는 매우 낙후된 것이었던 반면, 군부의 힘은 굉장히 강했다. 막강했던 군사독재 권력은 관료들을 손발로 삼아 정치를 통제했다. 그 군부의 권력이 전두환, 노태우 대통령 시절을 거치면서 급속히 줄어들었다. 반면 여야를 막론하고 노태우, 김대중, 김영삼, 김종필 등이 이끌던 각 정당들은 정치적 탄압이 사라진 새로운 상황에 적응하기에도 바빴다. 독재적 정치권력은 줄어들고 이를 민주적 정치권력이 대체하지 못한 빈 공간을 상대적으로 발달해 있던 관료들이 파고들게 된다. 나름의 행정적 전문성과 판단 능력을 발판으로 정치집단을 능가하는 독자적인 힘을 가지게 된 것이다.

군사독재 권력이 사라지면서 나타난 또 하나의 현상은 앞에서도 한 번 짚었지만 '정부에 대한 시장의 우위'다. 박정희 시대에는 군사독재 세력이 기업을 육성했고, 그렇게 성장한 기업들이 나중에 재벌이 되었다. 정치권력이 주도해서 육성한 종속적인 자본이라고 할 수 있겠다. 재벌 기업 성장의 배경에는 당시 경제기획원이 주도한 공식적인 측면과 '정경유착'이라는 말로 대변되는 비공식적인 측면이 있다. 그런데 군사독재 정치권력이 사라진 노태우, 김영삼 정부 시기를 거치면서 기업들의 발언권은 하루가 다르게 커져갔다. 우리나라가 'IMF 경제위기'를 극복해가는 국면이었던 김대중 정부 집권 시기의 경우, 겉보기로는 기업들이 '구조조정'되어 일부 재벌이 사라지는 일도 있었지만, 전반적으로 기업들의 발언권은 점차 강화되어가는 방향으로 나아갔다.

특히 김대중 정부가 IMF 경제위기를 극복하는 과정에서 경제 관료들의 판단이 중요했다. 그러면서 민주당이 경제 관료에 의존하는 새로운 관계가 형성되었다고도 볼 수 있다. 이런 현상은 김대중 정부에 이어 노무현 정부에 걸쳐 지속적으로 나타났다. 문제는 그 당시에 민주당이 정책적인 능력의 취약성을 깊이 있게 느꼈더라면 정당 제도의 발전을 위해 정치 능력과 인재 양성 능력을 발전시키는 투자를 했어야 하는데 그렇게 못했다는 데 있다.

그래도 그즈음 정당법, 정치자금법 등이 개정되어 돈을 적게 쓰는 정치를 지향하고, 정책 능력을 보강하려는 정치 개혁이 시도되었던 것은 기억할 만하다. 그때 도입된 제도가 선거공영제와 정당공영

제 방식이다. 정당 운영비를 국고로 보조하도록 하고 보조금의 30% 이상을 '정책연구소'에, 여성과 청년 정치 발전을 위해 각 10% 이상을 쓰도록 했다.[91] 만약 이때 법의 취지대로 정당들이 정책 개발과 인재 개발에 충분히 돈을 썼더라면 지금쯤 굉장한 변화가 있었을 것이다. 이 규정은 정당 발전에 아주 좋은 계기로 작용할 수 있었다. 문제는 중앙당 당료의 숫자를 100명으로 제한한 것이었다.[92] '돈 안 드는 정당 운영'이라는 취지에 따른 것인데 사실상 불가능한 일이다. 이 때문에 실제로는 연구소 지원으로 들어온 돈의 대부분을 당료를 고용하는 데 쓰고 있다. 정책위원회의 정책전문위원 대부분이 '정책연구소'의 연구원으로 등록되어 있고 정책 관련 업무를 하지 않더라도 당료를 당의 연구원으로 고용해서 인건비를 보조해주는 상황이다. 일종의 편법인데, 이런 식으로 정당의 정책 기능 발전이 한없이 지체되고 있다.

우리나라 정치 체제를 두고 흔히 '거대 양당정치'라고 한다. 전두환, 노태우 군부독재 권력 이후 보수당도 정책 기능이 취약하다는 측면에서는 민주당과 다르지 않다고 보는가?

정당의 정책 기능 지체는 민주당뿐 아니라 보수당도 똑같다. 정당의 고전적 정의는 '동일한 정치적 목표'를 구현하기 위해서 모여든

---

91 정치자금법 제28조 ② 경상보조금을 지급받은 정당은 그 경상보조금 총액의 100분의 30 이상은 정책연구소 [「정당법」 제38조(정책연구소의 설치·운영)에 의한 정책연구소를 말한다. 이하 같다]에, 100분의 10 이상은 시·도당에 배분·지급하여야 하며, 100분의 10 이상은 여성정치발전을 위하여, 100분의 5 이상은 청년정치발전을 위하여 사용하여야 한다.

92 정당법 제30조 (정당의 유급사무직원수 제한) ① 정당에 둘 수 있는 유급사무직원은 중앙당에는 100명을 초과할 수 없으며, 시·도당에는 총 100인 이내에서 각 시·도당별로 중앙당이 정한다.

사람들의 조직이다. 그런데 우리나라 정당은 그 '공통의 목표'라고 하는 부분에 대한 고민이 아주 부족하다. 예를 들어, 독일의 사회민주당은 그 시대의 시대정신을 분석하고 그에 발맞추어 당의 강령을 만드는 데 치열한 노력을 기울인다.[93] 그런데 우리나라 정당에서는 그런 노력을 찾아보기가 힘들다. 물론 각 당에는 정강이 있고 기본 정책도 있지만 사실상 사문화된 것이다.

그래도 지난 10여 년간 여·야당 국회의원들의 정책 활동이 크게 늘어난 점은 높이 평가해야 한다. 개별적으로 의원들의 정책 활동이 늘어나고 정책에 대한 이해도 깊어졌다. 국회 토론회도 굉장히 많이 열린다. 그런데 이런 활동은 당의 기획으로 일어난다기보다 의원들의 개인기에 의존하는 사례가 많다. 이를 두고 어떤 사람은 '한국의 정당은 정치 자영업자들의 모임'이라는 말까지 한다. 당 차원의 정책 개발, 당으로서의 이념 개발 모색 등이 필요하다. 당의 이념과 정책에 깊이 동의하는 청년들이 젊은 시절부터 당에 들어와서 정치 훈련을 받고, 당의 이념에 충분히 젖어든 사람들이 중견 정치인으로 성장했을 때 정당 제도가 진짜 발전한다. 그런 분위기에서 대통령도 나와야 한다. 현재까지의 모습으로만 판단하면 우리나라 정당들은 이런 방향으로 개선될 것 같지가 않다. 안타까운 일이다.

> 그동안 학자들이 정책 정당으로서의 능력 강화를 부르짖는 것은 많이 들었지만, 현장을 경험해본 분의 목소리로 정당 내부의 내밀한 문제들을 구체적으로 들려주시니 문제의식이 더 생생하게 다가온다. 정치인들이 정당 내부 혁신에는 눈길을 그다지 주지 않고 관료들에 지나치게 의존하

---

93   토비아스 곰베르트 외 지음, 한상익 옮김, 《사회민주주의의 기초》, 한울, 2012. 이 책은 독일 사회민주당 재단인 에버트재단이 발간한 3권의 책 중 첫 번째 책이며, 에버트재단 한국사무소가 주관하여 번역한 책이다.

고 있으면서도 관료에 대한 민주적 통제는 강조하는 경향이 많이 보인다. 그런 주장을 학자들도 쉽게 펼치는데, 사실 이것은 민주적 통제만으로 풀 수는 없는 문제 아닌가?

이는 당의 능력과 관료의 능력 간의 불균형에서 발생하는 문제이기 때문에 기본적으로 당이 (정책) 능력을 키우는 것이 문제 해결의 핵심이다. 당이 관료 의존에서 벗어나고, 관료들을 통제할 수 있는 실력과 인재의 풀을 키우는 것이 급선무다. 구체적 방안을 하나 제시한다면, 정치자금법에 정해진 대로 30%의 정당보조금을 정책연구소에 투입해서 정책 능력을 작심하고 키워야 한다는 말을 꼭 하고 싶다.

대통령이 관료들에 너무 의존한다는 비판도 많다. 그런데 대통령 입장에서는 모든 사안에 대해 신속하고 정확하게 상황 판단을 해야 하는데 당 또는 당 출신 참모들이 뒷받침을 못해주면 관료들에게 의존할 수밖에 없게 된다. 필연적인 수순이다. 시민사회 쪽에서도 나름 인재들이 대통령실에 들어간 일이 많았지만, 그들이 다 해결해줄 수도 없는 일이다. 대통령실에서 판단이 안 되는 부분은 관료에게 의존하지 않을 수 없다. 역대 정부에서 이런 일이 반복되었다.

전에는 '대통령이 당을 소유한다'라는 말이 나오기도 했다. '정당의 사당화' 현상의 뿌리도 당이 이념·정책적인 공동체라기보다 정치인의 개인기에 의존하는 집단이기 때문이라고 보인다. 개인기가 매우 뛰어난 사람이 당을 이끌어 대통령이 되면 그가 당을 지배하게 된다. '대통령이 당의 아들'인 것이 아니라 '당이 대통령의 아들'이었다. 과거에 김대중 대통령을 따르는 사람들이 모인 곳은 김대중의 당이었고, 김영삼 대통령을 따른 사람들이 모인 곳은 김영삼의 당이었다.

노무현 대통령 때부터는 그러한 관계를 벗어났다. 노무현 대통령이나 이명박 대통령이 당을 만든 것은 아니었기 때문이다. 그런데 이

번에는 '대통령이 당과 분리된다'라는 말이 나오게 되었다. 이 역시 뿌리는 같은 것으로 보인다. 대통령과 소위 '자기 정치'를 하는 당의 주요 정치인들의 이해관계가 어긋나면 대통령실과 당이 분리되는 현상을 보인다.

앞으로 정당 제도가 발전되면 당의 울타리에서 성장한 인재들이 당이 만든 이념과 정책을 가지고 대통령이 될 것이고, 만일 개헌이 되면 내각제에서는 총리가 될 것이다. 확실한 '당의 아들'이 대통령이 되는 시대가 와야 한다. 이것이 정당 제도가 발전하는 단계다.

정책 역량이 없으면 정치적 역량도 없다

정치인들이 가끔 '정책이 중요한 게 아니다, 정책이 없어서 우리가 못했나?'라고 한다. 역량 있는 정책 집행, 일관성 있는 정부 운영, 정권 재창출 등을 그저 정치의 문제 혹은 리더십과 거버넌스의 문제로만 해석하면서 정책 역량의 중요성은 과소평가하는 사람들도 꽤 있다. 어떻게 생각하는가?

그런 주장에 대해서는 찬성하기 어렵다. 정치를 하는 이유, 정권을 잡는 이유가 무엇인가? 국가와 사회에 기여하고자 하는 것이고, 세상을 바꾸기 위해서다. 정책 역량이 부족하거나 없으면 변화를 이끌어내고 이를 통해 사회에 기여하는 일이 불가능하다. 정권을 잡고서도 사회를 변화시키지 못하면 그 정권은 무능한 것이다. 그렇다면 정권을 잡아봐야 무슨 의미가 있겠는가? 그 당의 사람들이 이런저런 자리에 앉아서 권력을 행사하고 복록을 누리는 것 외에 어떤 의미도 없다. 집권을 했으면 집권한 값을 해야 된다. 정책이 정치의 목적이다.

'정책은 이미 다 존재한다'라고 얘기하는 분들도 있는데, 그것도 천만의 말씀이다. 해야 하는데 안 하고 있는 일, 못하고 있는 일들이 도처에 깔렸다. 정책은 이미 다 있다고 하는 분들은 아무것도 모르는 분들이다.

> 현실적으로 민주당에 복지국가의 과제가 많이 주어진다. 그럼에도 진보 정당이 지금보다는 훨씬 더 힘을 가져서 제 역할을 해야 민주당에 대한 견제가 가능하고, 때로는 힘을 보태서 복지국가의 방향으로 더 나아가 도록 해야 하기 때문에 진보 정당의 존재는 여전히 포기할 수 없지 않느 냐는 목소리도 있다. 어떻게 보는가?

과제가 이중적이라고 생각한다. 하나는 민주당의 정당적 발전이 고, 또 하나는 진보 정당의 확대와 약진이다. 그리고 민주당과 진보 정당의 협조 내지는 연립정부 형태 등을 다양하게 모색해야 할 것이 다. 하지만 여기에는 복잡한 정치적 상황이 있기 때문에 원론적으로 말할 수밖에 없다.

진보 정당이 한국의 정치 지형에서 확대, 발전하려면 선거제도의 개혁 없이는 불가능하다. 소선거구·다수대표제로는 진보 정당이 발 전할 돌파구가 없다. 중선거구제와 비례대표제로 변화해야 된다.

소선거구·다수대표제는 소선거구 내에서 최다 득표한 한 명이 당선되는 방식인데, 한국 정치의 굴레와 같은 제도다. 소수 정당 진 출의 장애물로도 작용하지만, 표의 등가성 문제와 지역 대표성 문제 가 심각하다. 이 제도에서는 도시 지역 유권자 1명이 행사하는 표의 가치와 농촌 지역 유권자 1명이 행사하는 표의 가치가 현저히 차이 가 난다. 예를 들어 성남시 분당구 유권자는 23만 명인데 전남 무안군 은 5만 명이다. 대도시 지역은 하나의 시·구를 2~5개로 나누고, 농촌 지역은 4개의 군을 하나로 묶어도 표의 등가성을 절대 만들어낼 수가 없다. 지역 대표성을 갖기도 불가능하다. 서울 강남구는 3명, 수원시는 5명의 국회의원이 있다. 반면 농촌은 일례로 속초·인제·고성·양양, 완주·무주·진안·장수, 밀양·의령·함안·창녕을 묶어서 각각 국회의원이 1명뿐이다. 여기에 무슨 지역 대표성이 있는가? 현행 선거제도는 등가성도 대표성도 성취가 불가능한 방식이다.[94]

소선거구제에는 숨겨진 문제가 더 있다. 지역구 규모가 작기 때문에 국회의원과 지역구민의 개인적 인간관계가 중요해지고 국회의원들이 지역구 활동에 시간을 많이 써야 한다. 지역구 '바닥 작업'을 하느라고 국회 전문위원회 일정을 잡지 못하는 일도 많다. 지역 주민들과의 생활밀착형 정치도 중요하지만, 지역구에 신경 쓰느라 국회의원들이 정책을 고민할 시간이 부족해지는 것은 큰 문제다. 이런 상황을 강제하는 소선거구제를 중·대선거구제로 전환해 시·도 단위 비례대표제만이라도 도입하게 되면, 국회의원들이 지역구 활동보다는 정책적인 활동으로 전국적 명성을 높이는 전략을 쓰게 될 것이다. 소위 말해서 '공중전'을 할 수 있게 된다. 지역구를 구석구석 돌아다녀야 하는 소선거구제로 국회의원을 뽑는 한 대정치인은 나오기가 어렵다.

중·대선거구제와 비례대표제를 도입하면 각 정당은 득표한 만큼 국회의원을 배출할 수 있게 된다. 자기 표가 사표(死票)가 될 가능성이 줄어들기 때문에 유권자는 자기가 지지하는 정당에 투표하는 것을 망설일 필요가 없다. 결국, 비례대표제는 여러 개의 크고 작은 정당이 동시에 활동하는 다당제가 보편적으로 현실화된다는 뜻이자, 복수의 정당이 공동으로 연립정부를 구성할 가능성이 커진다는 뜻이기도 하다. 그렇게 되면 진보 정당도 국회의원을 다수 배출할 수 있고 연립정부를 통해 정부 운영에 참여할 기회가 생긴다.

---

94 최태욱, 《한국형 합의제 민주주의를 말하다》, 책세상, 2014.

이는 정당이 정책 역량을 키울 수밖에 없는 토양으로 이어진다. 거대 정당이 의석수를 무기로 '밀어붙이기' 식의 정책 입안을 강행하는 일이나 지역구 이해관계에 얽힌 '밀실, 쪽지 정책' 추진은 어려워진다. 연립정부를 구성하기 위해서는 당의 강령과 정책들을 보고 그 당과 정치적·정책적 연합을 할 수 있는지를 따지게 되는데, 이런 과정을 통해 다소 불완전했던 정책이 입체적으로 발전할 여지가 생긴다. 협상과 타협을 할 수 있는 정치적 능력이 키워짐은 물론이다. 연립정부 방식이 겉보기에는 불안정해 보이지만 사실은 상당히 안정적으로 진행되는 국정 운영 방식이다.

복지국가를 구성하기 위한 정책이 더 발전적인 방향으로 추진되기 위해서도 승자독식 방식이 아닌 득표수만큼 의석수에 반영되는 비례대표제가 필요하다. 이를 바탕으로 연립정부를 구성하는 방식으로 가야 된다. 이것은 역사적인 경험이다.[95] 민주당 입장에서는 국회 의석수만 생각하면 당장은 손해인 것처럼 보일지 모른다. 하지만 좋은 진보 정당과 연정을 하면 진보성의 보충도 가능해지고 국민적 지지 기반을 넓힐 수 있다. 한국 정치와 경제사회의 발전을 위해 선거구제의 변화는 필수적인 과정이다.

---

[95] 비례대표제와 연결한 복지국가 탄생과 전 국민을 대상으로 한 보편적, 포용적 성장에 관한 역사적 사례는 발드윈(Baldwin)의 덴마크, 스웨덴 분석(1990)에서 확인할 수 있다.

10장

정부조직의 개편

수평과 수직을 아우르는 통합적 조직 운영

지금까지 국가 역할의 재설정을 위해 정치 부문에서 필요한 변화를 살펴봤다. 우리 사회의 수많은 난제를 풀고 시민의 불안을 줄이기 위해서는 특히 사회정책이 더 강화되어야 한다. 사회정책이 낙후된 원인으로 연구자들은 사회정책을 담당하는 부처가 정부 내에서 힘이 약하거나 역할이 미약하다고 지적하면서 정부조직 개편을 많이 주장해왔는데, 이런 견해를 어떻게 보는가?

정부조직 개편은 필요할 수 있다. 그런데 사회부처의 재구조화 같은 것은 기능적 개편이라고 생각한다. 본질적인 개혁을 하려면 예산과 인사 부처를 개편해야 한다. 국가 역할의 재설정을 위한 정부조직 개편의 핵심은 '예산'과 '인사'이기 때문이다.

우리나라의 예산 작성은 기획재정부(이하 '기재부')가 주도한다. 각 부처가 4월까지 작성한 예산 요구서를 기획재정부 예산실이 모아서 8월에 내년도 예산의 '정부안'을 만든다. 예산실은 그사이 3~4개월간 각 부처와 협의하고 조정하는데 그 과정에서 발휘하는 예산실의 힘이 막강하다. 정부안은 9월에 국회로 넘겨져 심의 과정을 거친 뒤 '국회안'으로 만들어지고 12월 초에 의결한다.

이런 방식의 특징은 대통령실, 국회, 여당 등의 정책적 의지가 기재부가 만드는 정부안에 반영될 가능성이 매우 제약된다는 것이다. 기재부와 각 부처는 대통령과 집권당의 '뜻을 받들어' 예산 작업을 한다고 하지만 참 막연한 얘기다. 물론 예산안에 집권 세력의 의지가 반영되는 것은 사실이다. 하지만 어떤 부분을 반영할지가 기재부에 의해 '선택'되는 것도 사실이다. 정부안을 만들 때 모든 부처는 기재부에 가서 협의하고 '허락'을 받아야 한다. 특히 사회부처들은 이 벽을 매우 힘들어하고 사전에 '자기 검열'을 하게 된다. 국회는 정부안을 심의를 할 권한이 있고 실제로 국회 심의를 거치면서 상당한 변화가 일어나기도 한다. 하지만 국회가 본격적으로 예산을 심의할 수 있는 시간은 11월 한 달 정도밖에 안 된다. 정치적 타협과 부분적인 조정이 가능할 뿐이다. 정부안의 기본적인 틀을 바꿀 수는 없다. 예산을 계획하는 과정에서 '정치권력에 대한 관료 권력의 우위', 그리고 '타 부처에 대한 기재부의 우위'가 관철된다. 결국 정부 각 부처의 실질적인 활동을 통제하는 곳은 집권당이 아니라 기재부가 된다. 이 구조를 깨지 않으면 정부의 역할 변화는 일어날 수가 없다고 본다.

참여정부 시절, 예산 제도가 어떤 식으로 변화해야 하느냐를 두고 참조할 만한 중요한 시도가 있었다. 우선 '상향식(bottom-up)'이 아니라 '하향식(top-down)'으로 예산을 수립했다. 당시에 대통령과 집권당의 의향을 반영하여 각 부처에 예산 상한액(소위 '실링')을 할당해주고 그 범위 안에서 부처가 자율적으로 사용 계획을 수립하도록 했다. 어떤 부처가 10조 원의 예산을 할당받았다면 세부적인 예산 활용 내역은 그 부처의 조직들이 협의하여 자율적으로 계획을 수립하는 것이다. 이렇게 하면 대통령과 집권당의 의향이 예산에 반영되면서도, 각 부처가 하고 싶은 일은 내부적으로 조정이 가능해진다. 당시 기획예산처는 예산 할당 계획을 만들고 각 부처가 계획을 잘 세우고 있는지 감독하는 역할을 했다.

당시 추진된 예산 개혁의 두 번째 핵심은 그때까지 1년 단위로 예산을 세우던 것을 5년 단위의 중기재정계획으로 만들기 시작했다는 것이다. 정부가 5년 단위로 재정을 어떻게 관리하겠다고 하는 예산 계획을 매년 한 해씩 바꿔가며 작성했다. 장기재정계획도 만들었는데 그것은 30년짜리 예산 계획이었다. 30년 후에 우리나라가 어떠한 목표를 가져야 하고 그 목표를 달성하기 위해 들어갈 돈이 어느 분야에 얼마 정도일 것이라는 장기계획을 세웠다. 그것이 〈비전 2030〉이다.[96]

'톱다운' 예산 제도는 이명박 정부 시절 다시 '바텀업' 제도로 회귀했다. 장기재정계획은 없어졌고 중기재정계획만 살아남았다. 그러나 중기재정계획에 의한 단기재정계획의 구속력은 굉장히 느슨해졌다. 그리고 이명박 정부는 2008년 2월, 기획예산처와 재정경제부를 통합하여 기획재정부로 개편했다. 국가 재정을 관리하는 부처의 규모가 확대됨에 따라 기재부가 타 부처에 미치는 영향력은 훨씬 더 커졌다.

정부조직 개편의 핵심은 '예산'과 '인사'다

참여정부 때 '톱다운' 방식으로 예산 제도의 개선이 있었다고 했다. 이때 '실링'을 정하는 주체는 대통령실이었는가?

---

96 정부·민간 합동작업단, 〈비전 2030, 함께 가는 희망 한국〉, 2006. 8.

기획예산처가 대통령실과 협의하고 조율했다. 2, 3년을 그렇게 했는데 정부 예산안을 만드는 과정에서 그동안 기획예산처가 행사한 막강한 권한이 대부분 사라지는 시도였기 때문에 관료들 저항이 극심하기도 했다.

흔히 예산의 거버넌스 개혁이라고 하면 재정경제와 기획예산 부처를 붙이느냐 떼느냐에 대해서만 얘기하는 경우가 많다. 그러나 예산 기능의 정부조직 개편은 재정경제와 기획예산 기능의 분리 여부('수평적 분할')뿐 아니라 대통령실과 예산 부처의 권한 관계('수직적 분할')를 동시에 고려해야 한다. 현재 기획재정부는 두 기능이 통합된 형태이고 지나치게 거대한 부처가 되어서 바람직하지 않다고 본다. 분리하는 것이 맞을 것이다. 또한 매년도 예산편성의 방향을 설정하고 각 부처 또는 각 사업에 대한 예산의 액수를 할당하는 부분까지는 대통령실이나 대통령의 직할 조직이 직접 해야 한다. 즉, 하향식(톱다운) 예산 방식을 재도입하고 각 부처별, 주요 사업별 상한액(실링)을 정하는 권한을 대통령실이 직접 행사하는 수직적 분할도 필요하다는 것이다. 그렇게 결정된 '틀'을 대해서 각 부처가 구체적 예산편성을 하거나, 또는 예산부가 조정하는 작업은 관료 조직이 하면 된다. 이러한 가로·세로 분할을 하는 개편을 해야 한다.

그리고 정부가 예산안 수립 과정 초기부터 국회와 협의를 해야 된다. 초안을 만들 때부터 협의를 해야 국회의 민주적 통제가 가능하다. 행정부가 정부안을 다 만들어 두꺼운 예산안을 갖다 놓고 국회에 예산심의를 하라고 하면 그건 심의가 아니고 도장만 찍는 것에 불과하다. 본질적인 예산심의가 불가능하니까 소위 '쪽지 예산' 문제가 벌어지는 것이다. 이는 국회의 무능이나 국회의원들의 행태보다는 제도의 잘못이 크다.

대통령실에 예산과 관련된 역할을 하는 자리가 필요하다고 했다. 실제로 문재인 정부 들어서 대통령실 직제개편 당시 대통령 비서실장 직속으로 재정기획관을 신설했었다. 지금 말씀하신 것처럼 예산실을 두는 수준까지는 아니었지만 재정기획관을 둬서 일정 정도 예산을 민주적으로 통제하는 역할을 하도록 했는데 왜 효과적으로 작동하지 못했나?

지금 얘기한 것 같은 개념으로 재정기획관이 쓰이지 않고, 예산부처와 연락사무소 같은 형태로만 쓰였다고 들었다. 단순히 대통령실에 사람 하나를 둔다고 해결될 문제가 아니라 재정기획관이 주도하는 '대통령실 예산조직'이 존재하고 상당한 권한을 주어야 했다. 또한, 정부조직 개편도 더불어서 추진되어야 했는데 그렇지 못했다. 백악관이 그런 제도를 두고 있다. 백악관은 예산 초안을 직접 만들고 그것을 구체화하는 작업을 각 부처가 한다. 이런 방식으로 가야 대통령이나 집권당의 의향이 반영된 정책에 예산이 쓰이는 유용하고 효과적인 흐름이 만들어진다.

국회가 예산을 주도해야 한다는 말도 있다. 그런데 우리나라에서 예산편성권을 국회가 가지면 아마 대통령실이 버티지 못할 것이다. 내각책임제가 되면 집권당 내각에서 예산권을 가지면 된다. 내각책임제에서는 재무부처 장관이 예산권을 행사하는 것이 당연하다. 그것이 당이나 다를 바 없기 때문이다. 대통령 중심제에서는 대통령이 예산권과 인사권을 쥐지 않으면 통제가 안 된다. 그러나 국회가 정부 예산 편성 과정에서 사전적 의견 제시가 불가능한 부분이나, 정부안이 제출된 후에 사후적으로도 과감한 수정을 하기가 너무 어렵게 되어 있는 부분은 제도 개선이 필요한 것 같다.

역대 민주당 정부의 정책 실패를 놓고 전문가들이나 학자들은 인사 문제

를 많이 지적한다. 인사라는 것은 워낙 가정법이 많이 통해서 이 사람이 하면 이랬을 것이고 저 사람은 저랬을 것이라고 말들이 많이 나온다. 정책에서 인사가 그렇게 중요한 문제인가?

예산은 액수라든가 결과라든가 비교적 명확한 평가의 근거가 있지만, 인사는 잘했는지 못했는지 판단하기가 어렵다. 그런 만큼 '상상'과 '가정'에 바탕을 둔 아쉬움과 비판도 많이 따른다. '인사(人事)가 만사(萬事)'라는 말처럼 인사만큼 중요하고 어려운 일도 없을 것이다. 좋은 인사를 하려면 우선 좋은 인물 자원이 있어야 한다. 그다음으로 어떤 인물을 어떤 자리에 쓰는 것이 좋은지를 판단해야 한다. 마지막으로 좋은 인사가 지속 가능한 인사 체계가 필요하다.

국정에 쓸 수 있는 인재의 풀은 이미 광범위하게 파악되어 있다. 정부가 자료가 없어 '브레인 헌팅'을 할 수 없다는 말은 사실이 아니다. 인사 검증을 할 때 소위 '전문성', '관리 능력', '정치적 성향' 등을 종합해서 판단하는데, 이 세 가지를 두루 만족시키는 인재가 많지 않다는 것이 문제다. 전문성은 있는데 관리 능력이 없어 조직을 엉망으로 만드는 경우나, 정권 창출에 기여한 인물이라고 해서 전문성이 전혀 없는 인물을 기용하는 경우, '논공행상'이라는 비판을 받는다. 국정 운영을 하려면 반드시 실무 능력이 필요하기 때문에 전문성과 관리 능력을 갖춘 사람 중에서 정치적 기여도가 큰 사람을 발탁하는 순서가 순리에 맞는다고 생각한다. 이런 기준에 맞는 인사를 '낙하산'이니 '코드 인사'라고 비판하는 것은 지나친 일이다. 물론 능력이 필요한 자리에 정치적인 이유로 무능력자를 임명하는 것은 과학적인 인사가 아니다.

예산과 인사는 대통령이 행정부를 통해 국정을 운영할 때 필요한 핵심적 권한이다. 따라서 정부의 중요 직책에 대한 대통령의 인사권은 확고하게 행사되어야 한다. 그리고 인사 판단이 정확히 이루어지도록 대통령실이 인사권 행사를 위한 충분한 정보와 인력을 갖추어야 한다. 대통령실의 인사 능력이 부족하면 잘못된 인사의 파장이 일파만파로 퍼져 국정 운영에 부정적 영향을 미치기 때문에 인사를 잘하기 위한 원칙의 수립과 행정력 보강은 반드시 필요하다.

한 가지 지적할 문제는 현재 대통령실이 공식적으로 허용된 범위를 훨씬 넘어서서 인사에 관여한다는 점이다. 대통령실이 인사를 할 수 있는 자리는 대통령의 이름으로 임명장이 나가는 자리다. 그런데 장관 이름으로 임명장이 나가는 작은 공공기관의 인사도 대통령실이 결정하거나 심지어 각 부처의 내부 인사까지 대통령실이 상당 부분 관여한다고 한다. 이것은 권한의 범위를 넘어서는 것이다. 대통령이 임명할 수 있는 자리의 숫자를 필요한 만큼 늘리되 형식과 실질을 일치시키는 편이 좋다고 생각한다. 장관에게 선임의 권한을 주었으면 실제로 장관이 하게끔 해야 한다. 법적 근거와 실제 인사 행위의 간극이 큰 것이 현실인데 이는 대통령실의 과도한 인사 개입이 관행처럼 작동한 결과다. 이것은 국가 기능이 틀을 잡지 못하던 구시대의 유물 중 하나다.

또 한 가지는 인사청문회다. 인사청문회는 대통령이 행정부 수반으로 고위 공직자를 임명할 때 국회의 검증 절차를 밟게 한 제도로 도덕성과 국정 능력, 두 가지를 검증하는 것이 목적이다. 그런데 능력 검증은 안 하고 도덕성 검증에만 치중하니까 '적합한 사람을 고르는 제도'인 인사청문회가 '적합한 사람을 배제하는 제도'가 되어버렸다. 이러면 국정이 굉장히 취약해진다. 인사청문회의 전면 도입은 노무현 정부 때 정부 혁신의 일환으로 시작되었다. 그런데 도덕성 검증을 공개적으로 하게 된 부분에서 문제가 생겼다. 결과적으로 극심한 정치 투쟁이 벌어졌다. 물론 도덕성 검증은 필요하다. 그러나 어떤 인물이 도덕적으로 약간의 흠결이 있다고 해서 국가에 기여를 못하는 것은 아니다. 국민의 일반적 상식 기준에서 용인할 만한 수준이라면 그 흠결에 과도하게 집착하면 안 된다고 본다. 업무 능력과 관계가 없는 도덕성 검증은 비공개로 진행하고 해당 직위를 수행할 때 필요한 자질과 관계가 없는 개인의 비밀은 보장하는 제도적 장치가 필요하다. 여기에 국민적 동의 수준을 고려한 정치권의 합리적 기준 마련 등이 있으면 좋을 것이다. 개인의 정보를 철저히 보호해주는 사회에서 인사청문회 후보들만 예외가 되는 것은 합리적이지 않다.

중앙정부는 장기적 시각으로 '큰 그림' 그려야

예산과 인사 부분의 개혁 방향에 대해 이야기했는데 정부 실패의 또 다른 배경으로 대통령실이나 행정 부처들이 단기적인 현안 대응에만 급급한 풍토가 지적된다. 나라의 중장기적인 미래 비전을 위한 일에는 너무나 소홀하고, 그러다 보니 구조 개혁의 기반을 마련하는 데는 거의 힘을 쏟지 못한다는 지적은 상당히 중요하다. 이 부분은 어떻게 보는가?

정부조직들이 현안 대응과 중장기 발전계획을 동시에 잘할 수 있으면 최상이지만 현실은 그렇지 못하다. 내각은 물론이고 대통령실도 현안 대응에 너무 급급해하면 안 된다. 국가 운영의 중장기계획 수립은 행정부처가 해야 할 본연의 일인데 현업에 매인 경우가 너무 많다. 그래서 중앙부처가 하고 있는 여러 가지 현업 업무를 대폭 다른 기관으로 이양해서 업무의 군살을 빼주는 것이 중요하다.

두 가지 방식이 가능하다. 하나는 많이들 지적하는 바와 같이 지방자치단체에 중앙부처 업무를 이양하는 것이다. 지방에서 할 수 있는 일은 모두 걸러 권한을 넘겨주고 자율적으로 가용한 예산을 배정해주든지, 아니면 지방 재원으로 세목을 넘겨주든지 해야 한다. 이것은 흔히 지방을 활성화하는 방식으로 제안되는 정책이지만 중앙부처의 짐을 덜어주어 국가의 미래를 구상하고 기획하는 여유를 가지게 하는 방식이기도 하다.

두 번째는 각 부처의 업무를 소속 공공기관에 대폭 이양하는 것이다. 특히 지방자치단체로 넘길 수 없는 업무, 예를 들어 전국적인 통일이 필요한 업무, 기술적인 난이도가 높은 업무 등을 각 부처가 직접 수행하는 부담을 줄이는 방식으로 유용하다. 건강보험을 예로 들면, 보험급여의 세부 항목이나 수가 수준, 보험료 부과의 세목들까지 보건복지부가 결정할 필요는 없다. 이런 일은 국민건강보험공단이나 건강보험심사평가원이 정하면 된다. 보건복지부가 해야 할 일은 건강보험의 중장기 기획, 급여 확대의 방향, 재정의 배분 등 큰 틀을 고민해야 한다.

이와 같은 업무 이양이 가능하려면 행정부처들이 기왕의 업무를 자기들의 권한이자 소속 기관을 통제하는 수단이라고 여기는 사고방식을 버려야 된다. 영국의 마거릿 대처 총리가 한 일 중에 정부가 공공기관과 계약을 맺는 행정 개혁이 있었다. 한국식으로 풀어 설명하자면 이렇다. 건강보험에 대해서 국민건강보험공단이 해야 할 역할과 목표가 무엇이라는 것을 보건복지부와 국민건강보험공단이 논의해서 정하고 이를 계약한다. 계약 기간이 종료된 후에는 보건복지부가 공단의 업무 성과를 평가하고 결과에 대한 상벌을 준다. 이런 방식은 국토교통부와 한국토지주택공사, 문화체육관광부와 한국관광공사 등 많은 경우에 동일하게 적용 가능하다. 기획재정부는 500개도 넘는 공공기관, 공기업을 직접 감독·평가하려고 하지 말고, 각 부처가 공공기관 및 공기업과 계약을 잘 체결하고 평가를 잘 수행하는지를 지도·감독하면 된다.

이렇게 현안 대응 업무는 이양하고 중앙부처는 정책·기획 업무에 집중해야 한다. 관료들의 저항이 예상되지만 정부가 의지를 갖고 추진해야 할 필수적인 행정 개혁이다. 급한 일을 하느라고 중요한 일을 못하고 있는 이 상황을 벗어나야 한다. 국가를 운영해야 하는 중앙정부가 시시콜콜한 잡사에 사로잡혀 있는 현실이 안타깝다.

외국의 중앙부처는 어떻게 운영되는가? 영국의 예를 들긴 했지만 좀 더 구체적으로 설명하면 우리나라와 어떻게 다른가?

영국에서 중앙정부가 하는 일은 국가 운영의 기획, 재정의 배분, 외교·국방의 현안 대응 등이다. 기획 업무를 일상적으로 하지만 어떤 중요한 정책적 문제가 대두되면 별도의 위원회를 구성해서 그 과제를 연구하게 한다. 2년 정도 연구하고 여러 당사자의 의견을 모아 기본 구상을 잡고 보고서를 내도록 한다. 이것을 '백서(White Paper)'라고 한다. 국회가 이것을 더 논의하고 구체화해서 법안을 만들 정도가 되면 다시 보고서를 낸다. 이것은 '청서(Blue Paper)'라고 한다. 이런 식의 임시위원회를 둘 수도 있고, 지속적으로 관리를 해야 할 과제에 대해서는 상설위원회를 둘 수도 있다. 위원회를 만들기 위해서는 정치인들과 행정 관료들이 '이것이 문제다'라는 점을 분명히 인식해야 된다. 그리고 자기들이 할 수 있는 것보다는 더 많은 아이디어를 던져줄 전문가가 필요하다고 생각하면 전문연구집단을 만들게 해서 이들에게 연구를 '의뢰(commission)'한다. 그렇게 구성된 위원회 중 수준이 높은 것이 '왕립연구위원회(Royal Commission)'다. 영국 복지제도의 기본 구상이 담긴 '베버리지 보고서(Beveridge Report)'도 이런 위원회 보고서 중 하나였다.[97] 베버리지 보고서는 영국 정부가 주도해서 역사의 전기를 마련한 사례이기도 하지만 세계적으로도 미친 영향력이 막중했다. 국영의료체계(National Health Service)을 시행한 30년 동안 영국의 건강 불평등이 어떻게 변화했는지를 추적한 '블랙 리포트'는 대중적으로도 큰 인기를 끌었다.[98]

> 정부의 역할 변화는 체계적인 노력이 장기적으로 이루어져야 하는데 대통령실 산하 정책실이나 정부부처의 속성상 아무래도 단기 정책에 급급해서 할 수밖에 없다. 말씀하신 것처럼 '국정과제위원회'와 같은 별도의 조직을 통해서 모색하는 방식이 매우 필요할 것 같다. 국정 운영에 참여하신 경험을 바탕으로 '국정과제위원회'가 어떤 식으로 구성되면 효과적으로 운영될 수 있는지 조언을 부탁드린다.

김대중 정부 때 '국민의삶의질향상기획단', '의료보험통합추진기획단' 등 앞서 제시한 형태의 위원회들이 운영되어 성과를 거두었다. 일종의 태스크 포스 같은 조직들이었다. '국민의삶의질향상기획단'은 '생산적 복지'라는 김대중 정부의 복지 구상을 만들어냈다. '국정과제위원회'[99]는 노무현 정부 때 마련된 형태로 대통령 소속으로 장관급 민간인 위원장을 두고 해당 부처 장관들과 민간 전문가가 다수 위원으로 위촉되었다. 또한 산하에 사무국을 두어 여러 부처의 공무원들이 파견되었다. 업무를 진행할 사무국이 있는 조직과 없는 조직은 일의 추진력이 전혀 다르다. '국정과제위원회'는 운영 원칙이 있었다. 첫 번째는 중장기계획 수립과 이와 관련해 국가가 꼭 추진해야

97　영국에서 1941년 6월에 창설된 '사회보험 및 관련 사업에 관한 각 부처의 연락위원회' 위원장 윌리엄 베버리지가 1942년에 사회보장에 관한 문제를 조사·연구하여 영국 정부에 제출한 보고서.

98　이 보고서의 이름은 작성자인 더글러스 블랙의 이름을 따서 붙였다.

99　2021년 6월 말 기준, 대통령 소속 위원회는 규제기획위원회 등 2개의 행정위원회와 경제사회노동위원회 등 20개의 자문위원회 등 총 22개다.

될 일, 두 번째는 여러 부처에 걸친 사안이어서 조정이 필요한 일을 업무로 한다는 것이었다. 그런 원칙하에 구성된 조직이 '정부혁신위원회', '국가균형발전위원회' 등이었다. '빈부격차차별시정위원회' 과제는 여성부, 보건복지부, 노동부 등 여러 부처에 걸쳐 있었고 '저출산고령사회위원회' 과제는 해당되지 않는 부처가 없었다. 이들 위원회의 과제는 모두 국가의 장기 발전을 도모하는 것이었다.

이런 위원회들은 정부의 정규 조직이 아닌 만큼 대통령의 정치적 지원이 필요하다. 물론 예산, 인력도 필요하지만, 대통령이 종종 직접 보고를 받고 후속 대책을 지시해주며 메시지를 발신하는 정치적 지원을 해주어야 한다. 당시 노무현 대통령은 이들 위원회의 보고를 혼자 받지 않고 해당 위원회의 과제와 관계된 모든 국무위원과 대통령실 참모진들을 불러 모아 대통령실 국무회의실에서 함께 보고를 받았다. 경우에 따라서는 세종로 정부청사 별관 대강당에 모아놓고 보고를 시켰다. 보고를 받고 그 자리에서 결정도 했다. 이들 위원회가 부처 위에 옥상옥이라는 비판도 있었지만 그런 식의 접근 방법도 필요했다. 그 당시 만들어진 국가 장기 발전의 노력이 지금도 가치를 발휘하는 중이다.

지금도 대통령이 위원장인 위원회는 많다. 그러나 명목상일 뿐 대부분 사실상의 영향력이 없다. 대통령은 겨를이 없어 위원회에 참석할 수가 없고, 대통령의 관심이 없어지면 위원회의 영향력도 사라진다. 현재 대통령 소속 위원회는 22개인데[100] 이러면 대통령이 1년에 한 번도 참석하기 어렵다. '국정과제위원회'와 같은 것은 많으면 안 된다.

---

100 2021년 6월 말 기준, 대통령 소속 위원회는 규제기획위원회 등 2개의 행정위원회와 경제사회노동위원회 등 20개의 자문위원회 등 총 22개다.

정부조직 개편은 시대적 요구에 따라 유연해야 한다

앞서 정부조직의 기능적 개편은 우선순위가 급하지 않다는 취지로 이야기했는데 그럼에도 불구하고 사회부처 개편의 필요성에 대한 목소리가 많다. 이것도 고민할 필요가 있는 것 같다. 시대마다 국정 과제의 중대성이 다르고 최근에는 기후 위기 시대를 맞아 기후보호부 창설, 기후관계 장관회의 같은 제안들도 나오고 있다. 이에 대해서 어떻게 생각하는가?

그 부분은 정답이 없다고 생각한다. 그때그때 시대적 요구나 과제의 중요성에 따라서 부처는 합치기도 하고 나눌 수도 있다. 영국의 애틀리 정부에서는 보건부와 주택부가 합쳐져 있었다. '베버리지 보고서'는 퇴치해야 할 5대 사회악으로 빈곤, 질병, 무지, 불결, 나태를 꼽았다. 주거는 건강 상태를 결정하는 중요한 요인이다. 그 당시에는 국민의 상당수가 집이 없거나 아주 더러운 집에 살았고 그나마 나은 주거지도 전쟁으로 큰 피해를 입었다. 그 영향으로 각종 사회문제와 건강문제가 생겼다. 그래서 건강과 주거 복지를 담당하는 부처를 한데 묶은 것이다. 그렇게 당대의 필요에 따라 부처를 통합했다가 주거 분야 사안이 커지니까 이후 따로 분리했다. 현행 한국의 정부조직에서는 주거를 국토, 교통과 묶어놓았다. 한국에서 주택은 주거 복지정책보다 부동산 정책의 일부로 다루어진다.

부처 개편의 방식은 다양하다. 현행처럼 보건과 복지를 붙일 수도, 일본의 후생성처럼 보건과 복지와 노동을 모아 붙일 수도, 노동과 환경을 붙일 수도 있다. 위험 요인이 비슷비슷하기 때문이다. 기후변화 등 환경문제를 보건과 붙일 수도 있다. 환경은 당연히 건강 상태의 중요한 결정 요인이기 때문이다. 요컨대 각 과제들의 시대적인 중요성과 그 과제를 어떤 식으로 다루겠다고 하는 전략에 부응하여 부처 개편을 진행할 일이지 일관되고 단일한 원칙이 있는 것은 아니라고 생각한다.

국가의 역할 변화에서 매우 중요한 과제는 지방자치다. 우리나라는 지방자치단체가 광역이건 기초건 모두 종합 행정을 한다. 서양에서는 광역자치단체(county)와 기초자치단체(municipality)가 역할을 분담한다. 광역자치단체는 경제문제를 포함한 지역발전계획을 세우는 역할을 하고, 기초자치단체는 생활과 밀접하게 관련된 복지를 담당한다. 또한 지역병원의 설립과 운영은 광역자치단체가, 보건소나 사회복지시설의 설립과 운영은 기초자치단체가 하도록 분담하기도 한다. 이런 바탕 위에 중앙정부는 기획 위주의 역할을 한다. 한국은 광역과 기초가 모두 종합 행정을 하도록 하니 지역 인구가 얼마 되지도 않는 군수나, 전체가 하나로 움직이는 대도시의 한 조각에 불과한 구청장들이 경제와 토목을 운운한다. 그러면서 이들의 중요한 업무인 지역민들의 생활적인 보살핌은 소홀히 한다.

정부조직 개편을 논의하면서 중앙부처 조직의 개편만 언급하는 것은 부족하다. 현재의 사회문제를 돌파하는 데 중앙과 지방, 광역과 기초의 업무를 어떻게 분담하는 것이 최적인지를 염두에 두고 개편안을 설계해야 한다. 주민들의 삶에 밀접한 보건, 복지, 교육, 생활교통과 같은 종류의 업무는 주민 삶의 현장을 가장 잘 아는 기초자치단체가 전담하고, 경제나 토목 업무에서는 손을 떼는 것이 좋다고 본다.

11장

국가 재정의 확보

'복지=낭비' 프레임을 넘는 방법

어떤 정책이든 결국 그것을 실행할 수 있는 예산, 즉 돈이 있어야 한다고 다들 생각한다. 복지국가 건설을 위한 정책 추진을 주장하면 재원 조달은 어떻게 할 것이냐는 반론이 늘 제기된다. 이는 복지정책의 사회적 효과에 대한 무지에서 비롯된 측면도 있고, 복지가 투자라는 생각을 못하기 때문이라고도 보는데, 어떻게 생각하는가?

복지정책을 언급했을 때 이에 반대하거나 우려하는 분들은 즉시 돈 이야기를 꺼낸다. 그럴 돈이 어디에 있느냐, 돈이 너무 많이 든다고 한다. 나름의 근거가 있긴 하지만 사실상 반(反)복지 논리의 핵심으로 쓰이는 말이다. 전에는 복지정책에 대항하는 반대 논리로 '선성장 후분배' 해야 한다, 복지가 우선하면 경제가 성장하지 못한다, 서구는 '복지병'에 걸려 사회가 어렵다, 하는 식의 반대 논리를 펼쳤는데 이제 이런 말을 하는 사람은 많지 않다. 대신 돈 문제를 꺼내든다.

근거는 세 가지다. 첫 번째는 '경제가 어려워서 복지를 위해 돈을 쓰기 어렵다'라고 한다. '지금은 복지정책에 예산을 조금만 투입한다 하더라도 추후 자연증가로 비용이 증액되어 나중에는 돈이 엄청 많이 들어갈 것'이라고 주장하기도 한다. 특히 고령화 현상을 언급하며 이런 말을 하는 사람이 많다. 두 번째는 '사회보장제도가 조만간 큰 적자를 보아서 보험 급여를 할 수 없게 될 것'이라고 한다. 주로 국민연금 기금을 둘러싸고 이런 말이 나오다가 이제는 건강보험 재정 적립금 고갈로까지 말이 번져가고 있다. 세 번째는 최근 단골 메뉴로 추가된 말인데 '국가 채무' 문제다. 소위 '나라 빚이 는다'라는 말이 그것이다. 코로나 대응 등으로 문재인 정부 시절 국가 채무가 상당히 늘어났는데 그것을 빌미로 삼는다. 돈 문제를 이유로 정책 추진을 공격하기는 쉽다. 반대로 그에 대한 방어는 어렵다. 돈이 든다, 또는 안 된다는 말은 직관적으로 이해되지만, 돈을 들여서라도 복지정책을 추진해야 한다는 주장은 설득의 논리가 복잡하다.

설명이 복잡하더라도 돈 문제에 대한 오해는 좀 풀어야 한다고 생각한다. 꼭 짚고 넘어갈 일이다. 그중 제일 중요한 것이 '복지가 정말 비용이냐?' 하는 의문이다. 복지가 돈을 쓰는 일이라고 생각하는 관점을 흔들지 않으면 설득의 논의가 더 이상 불가능하다. 여전히 많은 세미나와 언론 기사에서 복지정책에 들어가는 비용을 현 국가 재정으로 감당할 수 없다는 주장만 반복한다. 비용 지출에 따른 사회적 효과까지 고려해 논의할 사안을 두고 들어가는 돈에 대해서만 말한다.

과연 복지에 돈을 쓰면 그것으로 끝인가? 절대 그렇지 않다. 현재 65세 이상 노인들 중 소득 하위 70%에게 기초연금을 30만 원씩 주고 있는데, 30만 원을 받은 노인들이 5만 원짜리 6장을 받아서 그것을 밥처럼 씹어 먹어버리지는 않는다. 그 돈으로 옷을 사든, 식품을 사든 어디에서든 구매 행위를 한다. 그렇게 무엇인가를 '구매하는 그 순간'이 바로 복지가 구현되는 순간이기도 하다. 정부에서 돈을 줄 때는 '비용'으로 보이지만, 수급자들이 그 돈을 받아들고 소비하는 순간 '비용'은 '구매력'으로 바뀐다. '비용이라는 복지'가 '소비라는 경제'로 변화하는 것이다. 2022년 기초연금 수급자 수는 약 628만 명이고 투입된 예산은 20조 원이다. 이것이 단 한 번 일회성으로 지급된다면 잠깐의 '반짝 경기'로 지나가겠지만 매달 약 1.7조 원이 지급되고 이를 바탕으로 소비 행위가 지속적으로 일어나면 이 소비들이 반드시 국가 경제 전반의 생산능력을 자극하는 결과로 이어진다. 효과는 연쇄적이다. 생산이 늘면 고용이 생긴다. 고용이 늘면 근로소득이 늘고 또 거래가 증가한다. 소득과 거래가 늘면 소득세, 거래세로 세수도 늘어난다. 복지로 '지출'되었던 정부 재정이 다시 세금으로 '수입'되는 것이다. 더욱이 기초연금을 수급받는 노인들 대부분은 집 근처에서 물건을 산다. 멀리 백화점까지 가서 소비하지 않는다. 즉, 기초연금 지급이 골목상권 회생과 중소기업 매출 증대로 이어진다. 복지에 쓰는 돈은 그냥 비용으로 끝나는 것이 아니라 구매력으로 전환되어 돈을 순환시킨다. 복지정책이 선순환의 경제를 불러일으킨다는 사실을 기억해야 한다.

정부는 재정지출로 가계를 지원하기도 하고, 공공고용을 통해 임금을 지불하기도 한다. 돈은 시장만이 돌리는 것이 아니고, 고용도 민간만이 하는 것이 아니다. '시장'과 '정부'라는 두 개의 심장이 경제를 움직인다. 시장은 시장대로 수요와 공급을 통해 펌프가 돌아가고, 정부는 정부대로 세금과 재정지출을 통해서 펌프를 돌린다. 이 메커니즘을 이해하는 것이 굉장히 중요하다고 생각한다. 시장과 정부가 경제를 움직이는 두 개의 '심장'을 구성하면서 '혼합 경제'를 운영하는 체제는 지극히 정상적이다. 시장과 기업은 친경제적이고, 정부와 정부가 추진하는 복지는 반경제적이라고 여기는 것은 너무 단순한 이분법적 사고. 물론 시장과 정부의 비중을 어떻게 하고, 둘 사이에 어

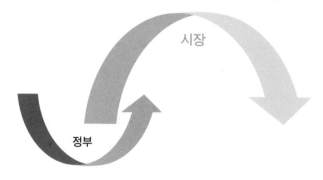

〈그림 43〉 '시장'과 '정부'의 경제 펌프 역할과 경제순환

떤 관계를 맺는 것이 좋은가 하는 점은 별도로 생각할 문제다.

국가 재정을 운영하는 경제부처의 역할도 굉장히 중요할 것 같은데 어떻게 생각하는가? 우리나라는 재정 건전성을 너무 강조한 나머지, 정부가 너무 소극적으로 국정을 운영한다는 국제기구들의 비판도 많았다.

적극적인 재정 운영을 통해서 빈곤을 예방하고 사회를 발전시킬 가능성이 보이는 투자 지점이 있으면 투자를 하는 게 맞다. 나는 제발 기획재정부가 대기업 기획실처럼 전략적이고 기획적인 사고를 해줬으면 좋겠다. 경제와 시장을 편애하지 말고 복지, 노동, 환경 등도 균형 잡힌 안목으로 바라봐주어서 어느 쪽에 투자를 해야 이득이 생길지 등을 판단해주었으면 좋겠다. 나라의 장래를 보고 재정 운영을 해야 한다.

국민에게 큰 영향을 끼치는 주장 중 하나가 '빚을 내서까지 복지를 해야 하느냐'는 것이다. 한국 사람들은 빚에 대해 강한 거부감이 있다. '빚쟁이'라는 말은 굉장히 큰 모욕이다. 그런데 기업을 운영해본 사람은 누구나 알지만, 빚도 경영 전략 중 하나다. 무리한 대출로 부동산이나 주식, 가상화폐 등에 투자해 경제적 곤란에 빠진 이들의 문제는 여기서 논외로 치고, 빚을 내어 투자를 해서 그 이상의 효과를 이끌어낼 수 있으면 빚을 내는 것이 전략적인 선택이다. 국가도 마찬가지다. 빚은 내면 안 되니까 사회문제를 방치해서 곪아 터지게 하는 것보다는 빚을 내서라도 조기 치료를 하는 게 옳다. 물론 이런 투자를 아예 안 하는 것은 아니고 정부도 다양한 판단을 내린다. 국가 운영은 기업이나 가계 운영과 분명히 다른 문제가 있는 것도 사실이다. 그러나 국가도 부채를 하나의 전략으로 구사할 필요가 있다. 과다한 빚을 져서는 안 되겠지만 국가 부채를 무조건 죄악시하고 비난해서는 안 된다.

세금은 나를 위한 투자다

빚을 덜 내려면 나라 살림을 좀 더 키우는 방안이 있다. 특히 복지 살림을 키우려면 세금이나 보험료를 더 내도록 하는 방안 외에는 뾰족한 수가 없다. 그런데 국민이 이런 부담에 대해서는 거부감이 크고, 이러한 국민적 거부감을 일부 집단들이 정치적으로 이용하다 보니 증세와 사회보험료 인상을 통한 재정 확보가 이루어지지 못하고 있다. 해결책은 없는 것인가?

세금을 내면 지갑에서 돈이 빠져나가고 마는 것이 아니라 앞서 정리한 것처럼 재정지출을 통해서 다시 그 혜택이 되돌아온다. 이 점에서는 시장에서의 거래와 크게 다를 바가 없다. '구매-판매'나 '세금-혜택'은 둘 다 '주고받기(give and take)'다. 한 가지 중요한 차이는 '구매-판매'는 주고받는 사람이 일치하는 반면, '세금-혜택'은 일치하지 않는다. 그래서 단기적으로 보면 내가 낸 세금으로 다른 사람만 이익을 얻는 것으로 보이기도 한다. 그러나 장기적으로 보면 이야기

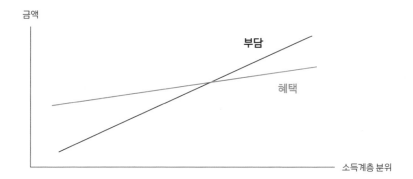

〈그림 44〉소득계층 분위별 부담과 혜택

가 달라진다. '평생 부담하는 세금'과 '평생 받는 복지 혜택'을 분석해보면, 절대다수의 사람이 혜택을 더 많이 받거나, 최소한 둘의 크기가 엇비슷하다.

실제로, 소득계층별로 조세 부담과 복지 혜택을 분석해보면 대략 소득계층 6분위 내지 7분위 정도를 기준으로 그 이하의 소득계층은 국가에 내는 것보다 받는 게 많다. 반면 그 이상의 소득계층은 받는 것보다는 내는 게 많다. 단순화해서 말하자면 위의 그림과 같다. 분위를 더 세분화한 숫자를 표로 보여주면 이를 훨씬 더 체감할 수 있을 텐데, 이런 종류의 자료를 정부가 공개하지 않는다. 위의 그림은 내가 참여정부 시절 대통령실에 있을 때 한국조세재정연구원에 부탁해서 만든 자료에 기초하여 만든 모식도다. 모든 국민들이 기본적으로 그 혜택을 받는 국방이나 도로 같은 공공재는 빼고 만든 결과다. 이런 국가 기능까지 다 넣으면 '혜택'은 훨씬 더 커질 것이다.

'세금은 부담이니까 안 낼수록 좋다'라는 생각은 바꿔야 한다. 세금은 국가와 사회라는 조직에 대해 회원으로서 내는 회비와 같다. 어떤 조직에 내는 회비는 그 조직이 정직하게 운영이 되는 한, 어디로 사라지지 않는다. 결국, 회원들에게 혜택으로 돌아온다. 그 구성원들이 회비를 좀 많이 내면 조직 재정에 여유가 생겨 회원들에게 여러 가지 혜택을 줄 수 있는 것처럼 세금도 많이 내면 국가라는 공동체 활동이 강화될 수 있다. 세금은 내는 것으로 끝이 아니다. 재정지출이라는 반대급부가 반드시 존재한다.

혜택보다는 조세 부담이 많은 소득계층은 손해를 본다고 생각할 수도 있겠다. 여러 학자가 이 부분을 국가라는 공동체의 연대 의식으로 설명한다. 많이 번 사람이 적게 번 사람을 위해 연대 의식으로 돕는다는 것이다. 그런 측면도 있겠지만 부자가 돈을 번 것은 국가로부터 그만큼 혜택을 받았기 때문이라는 생각도 해야 할 것 같다. 기업 활동을 예로 들면 기업은 정부로부터 세제 혜택을 비롯해 다양한 지원을 받는다. 직접적인 혜택이 아니더라도 국가가 갖추어놓은 사회간접자본의 혜택을 보기도 한다. 기업의 이윤에는 노동자로서의 국민에게 귀속될 부가가치 중에서 상당 부분을 기업이 가져가 축적된 결과도 있을 것이고, 소비자로서의 국민이 기업의 생산물을 소비해주고 그 소비를 통해 기업에 부가 축적된 부분도 있을 것이다.

이렇게 해서 돈을 많이 번 사람들이 세금을 더 내서 사회임금[101]이라는 형태로 소득을 한 번 더 재분배되도록 하는 역할을 국가 재정이 한다. 앞에서 말한 바와 같이 재정을 통해 재배분된 소득은 구매력을 늘리고 고용을 늘린다. 이로써 부자들이 다시 더 많은 돈을 벌 수 있는 상황이 조성된다. 단순히 내가 받은 혜택은 어느 정도인데 부담은 얼마를 더 했으니 나는 나라에 이만큼 빼앗겼다고 생각할 것이 아니다. 그만한 세금을 낼 수 있게 된 전 단계에서 혜택을 본 것과 앞으

---

101 개인이 국가에서 받는 복지 혜택을 임금으로 환산한 것으로 국민연금, 실업급여, 국민건강보험 등이 포함된다.

로 돈을 벌 수 있는 기회가 늘어나는 혜택도 같이 고려해야 한다. 개별적으로는 편차가 있겠지만 전체적으로는 그렇다.

〈그림 45〉 세금과 재정지출을 통한 가계, 기업, 정부의 성장 순환

세금 부담에 대한 사람들의 인식 전환, 특히 혜택에 대한 정확한 이해가 필요하다는 점을 잘 알겠다. 그러나 이에 대한 이해를 했더라도, 그 사용처나 방식을 두고 여전히 불신이 크다. 가령 '내가 낸 세금만큼 공정하게 나에게 배분되지 않은 것 같다', '사회적으로 올바르게 쓰이지 않는다'는 생각을 한다. 이것이 세금과 증세에 대한 거부감으로 작용하고 있지 않은가?

조세정책을 둘러싸고 정부가 국민의 신뢰를 얻는 것은 굉장히 중요하다. 세금이 공정하게 부과되고, 투명하게 관리되고, 유익한 곳에 유용하게 쓰인다는 신뢰감이 있어야 국민이 안심하고 세금을 낸다. 서구 선진국에서는 이에 대한 국민적 신뢰가 있기 때문에 조세를 통한 경제·사회의 운영이 가능하다. 조세 관리와 복지 체계의 신뢰성이 구축된 나라에서는 개인 저축이 그리 중요하지 않다. 국가 자체가 '저금통'이기 때문이다. 우리는 사회적 안전망이 부족하기 때문에 각 개인이 스스로 삶의 질과 안전을 보장해야 하는 부담이 크다. 복지국가에서는 세금만 잘 내면 국가가 삶의 질과 안전을 보장해주기 때문에 개인적 안전장치에 대한 관심이 적다. 결국, 복지제도는 '집합적 저축제도'이고 납세는 '사회적 저금'을 하는 것이라고 비유가 가능하겠다. 국가가 국민이 낸 세금을 알아서 잘 관리해주면 자연스럽게 이런 사회가 된다.

반면 이러한 신뢰감이 없으면 세금에 대한 반감이 생긴다. 그래서 복지정책 추진을 위한 증세를 공격할 때 이용되는 또 다른 방식은 조세 구조와 재정지출을 담당하는 국가기관에 대한 불신을 조장하는 것이다. 이는 반복지 논리를 펼치는 진영의 주된 전략이다. 그렇기 때문에 증세에 앞서서 세금 제도와 조세 행정을 개혁해서 국민의 신뢰를 얻어야 한다. 개인적으로 나는 '증세를 한다고는 못해도 세제 개혁은 하자', '세제 개혁을 본격적으로 하자'는 정부 입장을 공표하자고 문재인 정부 출범 전에 의견을 냈다. 세제 개혁을 하면 자연스럽게 어느 정도 수입을 늘리고 지출을 조정하는 것이 가능해진다. 하지만 여러 반대로 의견 수렴이 잘 안 됐다. 정치인들이 세금 문제는 무조건 두려워하는 경향이 있다. 표가 깎이는 문제로만 생각하는 것이다. 그러다 보니 현행 세제는 수십 년간 조각조각 기워진 상태가 되어 아무도 이해하지 못할 지경이 되었다. 이제는 한 번 큰 틀에서 단안을 내릴 때가 되었다. 세제 개혁을 통해서 정부의 세금 관리에 대한 국민적 신뢰를 얻는 것이 복지국가를 만드는 데 결정적으로 중요하다.

보편적 복지+보편적 증세=복지국가

말씀하신 대로 증세는 정치인들이 가장 싫어하는 의제다. 세제 개혁을

위해서는 입법의 벽을 넘어야 하는데 그 벽이 생각 이상으로 높다. 집권 여당이나 대통령실도 이런 인식이 강하다. 이 벽을 어떻게 허물어야 하나?

증세는 당연히 정답이 없다. 증세 문제는 한국뿐만 아니라 세계 모든 나라에서 모두 어려워한다. 그런데 우리나라는 조세 부담도 낮고 복지급여도 낮은 '저부담-저급여' 체제이기 때문에 국가에 대한 신뢰를 전제로 세금과 복지 양쪽을 다 늘리는 즉, '고부담-고급여' 체제로 전환하려는 노력을 필수적으로 해야 한다.

문제는 세금을 올리는 '방법'이다. 우리나라의 여러 가지 정서를 고려한다면 어떤 식으로든 부자 증세를 한두 번은 해야 일반 국민에 대한 증세가 가능할 것 같다. 이때 부자 증세와 더불어 보편적 복지를 실행해야 한다. 보편적 복지는 모든 국민에게 복지급여를 해준다는 뜻이므로 증세 부담을 진 부자에게도 복지 혜택을 주는 것이다. 돈을 주는데 싫어할 사람은 없다. 보편적 복지가 되어야 부자들도 복지에 동의하게 된다. 이것은 세계적인 경험에 근거한다. 2020년 코로나19 대응책으로 1차 긴급재난지원금을 전 국민에게 지급했을 때를 떠올려보라. 당시에 지급 대상에서 배제되어 억울하다는 원망도 없었고, 그렇다고 해서 부자들에게까지 '퍼주기'를 한다는 비난도 나오지 않았다. 그러나 이후 2차부터는 선별지급을 하자 수없이 많은 원망과 논란이 터져 나왔다. 부자 증세를 하려면 반드시 부자들에게도 똑같은 혜택을 주어야 한다. 재벌 노인에게도 기초연금을 지급해야 하느냐는 논쟁은 이제 그만하고, 조건 없이 모든 노인에게 복지 지출을 하는 것이 옳다.

그럴 돈이 어디 있느냐고? 부자들에게 퍼준 돈은 낭비이고 비효율이 아니냐고? 천만의 말씀이다. 부자들에게 혜택을 주는 대신, 소득

수준에 따라 세금을 그만큼 더 거두면 된다. 이런 방식을 'claw back'이라고 한다.[102] 우리말로 번역하자면 '환수' 또는 '되긁어오기' 정도가 되겠다. 요컨대 부자들에게도 복지 지출을 공평히 하고 그만큼을 세금으로 다시 걷어온다는 말이다. 이런 방식이 가지는 큰 장점 중 하나는 행정비용(transaction cost)이 줄어드는 것이다. 우리나라에서는 각종 복지 혜택을 선별적으로 하기 때문에 그 선별에만도 엄청난 행정비용이 든다. 기초연금도, 아동수당도, 재난지원금도 지원 대상을 일일이 선별하려니 얼마나 힘이 들겠는가? 이것들을 모두 보편적 급여로 전환하고, 나중에 합산해서 한 번 되걷으면 일이 간단해진다. 그러면 지급할 때도 억울하게 누락되었다는 민원도 없을 것이다. 세금은 매년 조정하는 세율에 적절히 반영하면 큰 저항은 없을 것이다. 선별 작업은 백번을 해도 국민에게 아무런 이득이 없다. 그런 헛수고를 하는 대신 노인, 장애인들을 한 번이라도 더 찾아가서 사각지대를 최소화하는 편이 진짜 복지다.

부자들에게 소득세 중심의 증세를 하고 전 국민의 복지급여를 늘려 그 혜택을 경험하면, 국민은 증세가 복지로 연결되어 모두에게 이롭다는 생각을 하게 될 것이다. 그런 경험이 있어야 그다음에 더 다양한 세목에서 증세가 가능해진다. 이 말을 오해하지 말기를 바란다. 부자 증세를 여러 번 반복하자는 뜻이거나 부자들만 증세를 해야 한다는 의미가 절대 아니다. 마중물 역할을 하는 부자 증세가 한두 번은 필요하다는 말이다. 증세가 그만 한 가치가 있다는 데에 전 국민적인 동의가 이루어질 때라야 보편적 증세가 가능하다. 복지국가로 간다는 말은 곧 보편적 복지와 보편적 증세의 결합이 이루어진다는 것과 같다. 그 결합이 가능해지려면 국가의 세금 관리 능력에 대한 입증, 그

---

102 'claw'는 새나 고양이 등의 갈퀴 발을 뜻한다.

리고 부자 증세를 중간 고리로 한 보편적 복지와 보편적 증세의 설득 과정이 필요하다.

지금까지 우리 사회의 난제를 풀고, 또 복지국가로 향하는 방향에서 국가가 수행해야 할 역할을 중심으로 이야기를 나누었다. 복지국가의 발전에는 국가의 역할이 아주 중요하지만, 이 과업을 국가의 힘만으로는 이룰 수 없음은 분명하다. 시민사회가 여러 정책에 참여하거나 비판 여론을 조성하는 등 견제와 협력의 묘를 구사해야 할 것이다. 실제로 우리 역사에서 국가의 발전에 시민사회가 상당한 역할을 한 경험이 여러 차례 있다. 시민사회의 역할과 관련해서도 당부를 부탁드린다.

시민사회의 중요성은 당연하다. 노무현 대통령은 '깨어 있는 시민의 조직적인 힘'을 강조하기도 했다. 시민사회의 가장 궁극적이고 중요한 역할은 여론의 형성이라고 생각한다. 여론이 있어야 사회가 움직인다. 복지정책과 관련해 이야기한다면, 반복지 담론이 아니라 친복지 담론으로 여론이 조성되어야 모든 일이 풀릴 실마리가 생긴다. 친복지 담론이 형성되지 않는 한, 복지국가로 가는 길은 깜깜하다. 친복지 담론 형성의 바탕에는 시민운동이 있다.

정당정치가 발전하지 못한 한국에서는 시민운동이 정당을 보완하는 역할을 한다. 가령 정당이 다 하지 못하는 정책 의제 설정을 시민사회에서 제안하고 추진하는 경우가 많다. 또한 시민사회는 정당에 정치인을 공급하는 역할도 한다. 정당이 정치인을 키우지 않으니 많은 정치인이 학생운동, 노동운동, 시민운동을 하며 받은 정치 훈련을 기반으로 정계에 진출한다. 그래서 정치의 바탕에는 운동이 있다.

시민사회는 부문운동 또는 지역운동을 통해서 직접적인 복지 행위자로 참여한다. 공부방 운동, 사회적 의료협동조합 등이 그런 사례다. 사회적 경제[103]가 복지서비스를 확대하는 역할도 한다. 그래서 제3섹터를 최대한 키우는 노력을 해야 되는데, 이것도 사실 쉽지가 않다. 좋은 국가의 역할이 설정되고 그 국가에서 지원을 받을 때 제3섹터도 빠르게 성장한다. 제3섹터를 관료주의적 국가를 대체하는 개념으로 생각하고 국가 복지의 확대를 우려하는 견해도 있는데, 한국의 상황에서는 이런 관점이 다소 위험하다고 본다. 서구 사회에서는 국가 복지가 매우 발전되어 있어서 국가의 경직성을 해결하는 방식으로의 제3섹터의 중요성이 강조되지만, 한국에서는 국가 복지 수준이 아주 낮고, 상업성이 강한 민간이 주도하는 부분이 압도적이기 때문에 제3섹터가 성장할 기반이 거의 없다. 따라서 복지를 확대하기 위해서는 우선적으로 국가의 역할을 강화하는 노력이 필요하고, 이와 더불어 제3섹터가 동반 성장하는 방식으로 관계 설정을 할 필요가 있다고 생각한다.

---

103 사적 영역에서 공익적 기능을 수행하는 조직이나 단체.

복지국가 건설을 위한 세부 실현 전략

김태일 | 고려대 행정학과 교수, 좋은예산센터 소장

12장

재정 확보 전략

사회적 대타협과 신뢰를 통한 증세

앞에서 김용익 선생께서 다양한 방면의 복지 확대를 포함한 사회정책 전략을 제시해주셨다. 국민에게 더 많은 복지를 제공하겠다는 의지는 그 자체로 좋은 일이다. 하지만 앞서도 여러 차례 언급되었지만 문제는 돈이다. 특히 문재인 정부에서는 코로나19라는 긴급한 위기 해결을 위해 여러 차례 재난지원금 지급 등을 집행함에 따라 국가 채무가 급증했다. 재정 확장 방안은 바로 앞 장에서도 한 차례 이야기를 나누었지만, '복지 재원' 마련에 특화해 공공경제학과 복지정책 분야의 전문가이신 김태일 교수님께 세부적인 의견을 더 들어보고 싶다.

복지 확대를 위한 재원 마련은 정말 중요한 문제다. 복지정책을 단순히 돈 문제로만 보는 프레임에는 문제가 있지만, 재원 대책 없는 복지 확대 약속은 공염불일 뿐이다. 그런데 재원 대책을 얘기하기 전에 몇 가지 짚고 넘어갈 지점이 있다.

첫 번째로, 복지 재정은 우리뿐만 아니라 대부분의 선진국이 고민하는 문제다. 우리의 국가 채무가 많아서 걱정이라고 했는데, 다른 선진국들의 국가 채무 규모는 우리보다 훨씬 크다. 2019년 기준으로 일본의 국내총생산 대비 채무 비율은 200%를 훨씬 넘고, 미국도 150%가 넘는다. 영국 144%, 프랑스 124%, 독일 68% 등 유럽 선진국들도 대부분 우리(41%)보다 훨씬 높다. 그래서 재정의 지속 가능성이 우리보다 더욱 중요한 문제다. 그런데 유럽 선진국의 복지 재정 규모는 전체 국가 재정의 절반이 넘는다. 그리고 우리처럼 고령화로 인해 향후 복지 지출 규모는 계속 커질 전망이다. 이들 국가의 재정의 지속 가능성은 곧 복지 재정의 지속 가능성을 의미한다. 우리의 복지 지출 규모는 선진국의 절반 정도이지만, 국가 재정의 1/3이 넘어서 분야별 지출 중에 가장 규모가 크다. 유례없이 빠른 고령화 속도와 맞물리면서 향후 복지 지출은 급증할 것으로 전망되므로 역시 복지 재정의 지속 가능성이 논란이 된다.

두 번째로, 이제는 제법 알려진 사실이지만 한국의 복지 지출 규모는 다른 국가들에 비해 매우 작다. 경제협력개발기구 회원국 중 최하위권이다. 주목할 점은 복지 지출 규모만 유난히 작고 다른 분야의 정부 지출은 그렇지 않다. 〈표 6〉은 경제협력개발기구 회원국과 한국의 분야별 재정지출 규모를 비교한 것이다. 개별 국가의 해당 수치는 경제협력개발기구 회원국 중 대표적인 국가만 제시했지만, 경제협력개발기구 회원국 평균값은 회원국 전체의 재정지출 규모를 합산해 도출한 수치다. 경제협력개발기구 회원국 평균과 한국의 분야별 정부 지출 내역을 비교하면 복지 지출에서 가장 큰 차이를 보인다. 한국이 경제협력개발기구 회원국 평균보다 10%p가량 낮다. 이는 경제협력개발기구 회원국 평균값의 절반이 조금 넘는 수준이다.

〈표 7〉은 〈표 6〉의 세부 분야별 지출을 국가의 기능에 따라 체제 유지, 경제, 기타 사회 분야, 복지의 네 부문으로 재분류한 것이다. 이

〈표 6〉 경제협력개발기구 회원국의 분야별 정부 지출

(2018년, 국내총생산 대비 비중, 단위: %)

	국방	경제	교육	행정	치안	환경	문화	주택	복지	전체
프랑스	1.8	5.7	5.1	6.2	1.7	1.0	1.4	1.1	31.9	55.9
독일	1.1	3.4	4.2	5.6	1.6	0.6	1.0	0.4	26.6	44.4
이탈리아	1.2	3.8	3.9	7.8	1.8	0.8	0.8	0.5	27.5	48.3
일본	0.9	3.7	3.3	3.8	1.2	1.1	0.4	0.7	23.8	38.9
스웨덴	1.2	4.3	6.9	7.1	1.3	0.5	1.3	0.7	26.6	49.8
영국	1.9	3.2	4.8	4.7	1.8	0.7	0.6	0.8	22.5	41.0
미국	3.2	3.3	5.9	5.7	2.0	0.0	0.3	0.5	16.8	37.8
OECD 평균	1.4	4.4	5.1	5.3	1.6	0.7	1.2	0.6	21.5	41.9
한국	2.4	4.4	4.8	4.0	1.2	0.8	1.0	1.0	11.6	31.1

〈표 7〉 경제협력개발기구 회원국의 기능별 정부 지출

(2018년, 국내총생산 대비 비중, 단위: %)

	체제유지 (국방, 치안, 행정)	경제	사회	
			기타 사회 분야 (교육, 문화, 주택, 환경)	복지
OECD 평균	8.3	4.4	7.6	21.5
한국	7.6	4.4	7.6	11.6
상대 비중(%)	91.6	100.0	100.0	54.0

를 보면 다른 부문에서는 경제협력개발기구 회원국 평균과 한국의 지출 규모가 유사한데 '복지' 부문에서 한국의 수치가 유난히 작다. 즉, 한국은 전체적으로 정부 재정이 적은 편이 아니라 복지 분야에 투입되는 재정 규모만 유독 작다는 사실이 확인된다. 한국 정부가 다른 분야에 비해 복지 분야에 대해서는 상대적으로 국민의 욕구 및 수요에

적절히 대응하지 못하고 있음을 보여준다고 해석해도 무방하다.

복지국가 건설은 경제성장과 동반해야 한다

경제협력개발기구 회원국 중 한국의 복지 지출 규모가 적다는 사실은 이제 알 만한 사람들은 다 안다. 하지만 그것은 현재까지의 규모이고, 향후 급속하게 증가하지 않겠는가? 정부 발표에 따르면 복지제도를 더 늘리지 않고 지금 수준으로만 유지해도 20년 뒤에는 국내총생산 대비 복지 지출 규모가 20%를 넘게 된다고 한다. 자연증가액도 감당하기 힘든 수준으로 보이는데, 지금보다 더 복지 지출을 확대하면 국가 재정에 무리가 되지는 않겠는가?

앞서 말했듯이 재정의 지속 가능성을 가늠할 때 복지 지출 규모가 중요한 변수이므로 정부에서는 주기적으로 향후 복지 지출 규모를 전망하고 발표한다. 사회보장위원회에서 2년마다 '중장기 사회보장 재정 추계'라는 이름으로, 추계 시점의 복지제도를 그대로 유지한다고 가정했을 때 고령화 등에 따라 향후 복지 지출 규모가 어떻게 변할지를 추계한다. 〈표 8〉은 현재까지 발표된 자료 중 가장 최근 자료로 2018년에 이루어진 추계 결과다.

이를 보면 국내총생산 대비 복지 지출 규모가 2040년에는 20%가 넘고 2050년에는 25%가 넘는다. 물론 매우 큰 규모이고 부담이 되기는 할 것이다. 하지만 선진국들은 이미 이 정도의 복지 지출을 하고 있다. 그리고 이들 선진국 역시 고령화 진전에 따라 복지 지출 규모는 더욱 커질 것으로 예상된다. 20년, 30년 뒤 우리나라의 경제 수준은 지금보다 훨씬 높아질 것이다. 따라서 늘어나는 복지 지출을 감당할 재정 여력은 지금보다 훨씬 커질 것으로 전망된다. 즉, 부담은 되겠지

〈표 8〉 2018~2060년 중장기 사회보장재정 추계 결과

(단위: %)

항목 \ 연도	2018	2020	2030	2040	2050	2060
복지 지출	11.1	12.1	16.3	20.8	25.3	28.6
일반 재정	4.2	4.4	4.9	5.1	5.0	4.8
사회보험	6.9	7.7	11.4	15.7	20.3	23.8
사회보험 비중	62.2	63.6	69.9	75.5	80.2	83.2

만 감당할 수 있는 규모다.

이 표를 보면 향후 늘어나는 복지 지출은 사회보험에 집중되어 있다. 고령화의 영향을 받는 지출 항목은 거의 대부분 연금과 의료비이기 때문이다. 그런데 지출이 많다고 해서 노후소득과 건강을 보장하는 연금과 의료 혜택을 줄이기는 어렵지 않겠는가? 기억할 점은 경제력이 클수록 복지 지출을 감당할 재정 여력도 커진다는 점, 따라서 미래 재정의 지속 가능성을 높이는 가장 효과적인 방법은 경제력을 키우는 것이라는 점이다. 경제력을 키우는 방법 중 사회정책과 직접 관계된 방안은 일하는 사람의 비중을 늘리는 것이다. 근로 연령대 남성 고용률은 이미 높아서 이를 더 높이기는 쉽지 않다. 그렇다면 해결책은 여성과 노인 고용률을 높이고, 장기적인 성장을 위해서 출산율을 제고하는 것이다. 청년 주거난과 취업난 해결, 일과 가정의 양립, 통합돌봄서비스 확대, 재취업교육 제공 등을 통해 이것들을 높일 수 있다.

물론 이 책에서 제안한 대안들을 시행하려면 추가 지출이 필요하다. 그런데 이 추가 지출의 대부분은 고령화에 따른 것이 아니다. 공공의료원, 노인지원주택 건설처럼 일시적인 투자 지출이거나 방과후학교 확충처럼 미래 세대를 잘 키우려는 대책들이다. 이런 지출은 한시적이거나 지속적이라도 규모가 일정하므로 부담 정도가 연금·의료

같은 지출보다 훨씬 적다.

고령화에 따라 계속 늘어나는 지출은 아니라도 어쨌든 추가 재원은 필요하다. 그 규모는 얼마나 될 것이며 어떻게 마련할 것인가?

정부지출은 도로나 항만의 건설, 철도·통신시설의 정비 등 자산을 형성하는 투자적 지출과 그 밖의 지출을 의미하는 경상적 지출로 구분한다. 이 책에서 제안한 대책 실행을 위한 지출도 마찬가지다. 공공의료원, 노인지원주택 등 주택이나 의료·복지시설 건설은 투자적 지출에 해당한다. 방과후 교사, 직업훈련 교사 등 사회서비스 제공 인력 확충을 위한 지출, 그리고 실업급여 등 개인에게 현금을 지급하는 것은 경상적 지출에 해당한다. 시설 확충은 투자적 지출로 한시적으로 큰돈이 들어가지만, 나중에 운영 수익으로 회수가 가능하다. 이러한 투자적 지출은 조세를 재원으로 하는 일반 재정을 통해 이루어질 수도 있고, 국공채 발행 혹은 공기업 등을 통해 이루어질 수도 있다. 일반 재정의 재정 여력을 감안하면, 투자적 지출 재원은 조세 이외의 형식으로 조달할 가능성이 높다. 예를 들어 문재인 정부 초기에 국민연금 기금을 공공복지 인프라 확충에 활용하는 방안을 검토했었는데, 이 방안은 향후 적극 검토할 필요가 있다. 국민연금 입장에서는 지금도 전체 포트폴리오 중 40%를 국공채에 배분하고 있으므로, 국공채 수준의 수익과 안전성이 보장된다면 공공복지 인프라에 대한 간접투자를 마다할 이유는 없다.

경상적 지출은 일반 재정이나 사회보험 재정을 재원으로 한다. 전 국민 고용보험, 장기요양서비스 품질 제고 등은 사회보험을 재원으로 이루어지며, 방과후 교사 확충, 아동수당, 기초연금 확대 등은 일반 재정을 통해 이루어진다. 사회보험 재정은 지출이 늘어나면 보험료를 올려서 수지 균형을 맞추도록 설계되어 있다. 전 국민 고용보험의 경우는 가입자가 늘어남에 따라 보험료 수입도 늘어날 것이므로 추가적인 보험료 인상 폭은 적을 것이다. 노인장기요양 보험료는 현재 소득의 0.8% 정도다. 요양서비스의 질을 높이기 위해 현재보다 25% 정도 수가를 높인다고 해도 보험료는 소득의 1% 정도로 예상된다.

일반 재정은 조세를 재원으로 하는데, 조세 수입이 부족하면 빚을 져야 한다. 상황에 따라서는 빚을 질 수도 있다. 코로나19 대응 과정에서 우리를 비롯해 전 세계 다수 국가가 빚을 져야 했다. 이처럼 예외적인 지출 수요가 발생했을 때는 빚질 수 있지만, 일상적인 지출을 위한 재원은 조세로 충당하는 것이 원칙이다. 코로나19 위기 이전에도 우리나라는 매년 약간의 적자 재정을 운용했다. 그래서 복지 확충으로 추가 지출이 필요할 때 이를 기존 조세 수입으로 충당하기는 어렵다. 이는 증세를 통해서 재원을 마련해야 한다. 물론 뒤에서 다시 얘기하겠지만, 기존 지출의 구조 조정도 필요하다. 하지만 매년 지출이 이루어져야 하는 프로그램을 도입·확대의 경우는 그에 대한 재원 조달 방안을 함께 마련하는 것을 기본으로 해야 한다.

소득세부터 법인세까지, 복지국가 건설을 위한 증세 공식

증세를 통해 재원을 마련한다고 했는데, 구체적으로 어떤 세목을 얼마나 높여야 하는가?

〈표 9〉는 경제협력개발기구 회원국의 항목별 세입 규모를 정리한 것이다. 앞의 〈표 6〉과 마찬가지로 주요 경제협력개발기구 회원국과 경제협력개발기구 회원국 전체 평균, 그리고 한국의 수치를 비교했다.

〈표 9〉 경제협력개발기구 회원국의 항목별 세입

(2019년, 국내총생산 대비 비중, 단위: %)

	전체	법인세	소득세	재산세	소비세	사회보장기여금	기타
프랑스	45.9	2.1	9.4	4.1	12.2	16	2
독일	38.5	2.1	10.5	1.1	10.3	14.5	0
일본	32	4.1	6.1	2.6	6.2	12.9	0.1
스웨덴	43.9	2.8	12.9	0.9	12.3	9.6	5.2
영국	32.9	2.6	9	4.1	10.8	6.3	0.1
미국	24.4	1.0	10	3	4.3	6.1	0
OECD 평균	33.9	3.4	8	1.9	11.1	8.7	0.8
한국	26.8	4.2	4.9	3.1	7	6.8	0.7
격차	7.1	-0.8	3.1	-1.2	4.1	1.9	0.1

총국민부담률(조세+사회보험료)을 보면 경제협력개발기구 회원국 평균보다 한국이 7%p 정도 낮다. 세목별로 보면 법인세와 재산세는 우리가 경제협력개발기구 회원국 평균보다 다소 높다. 반면에 소득세와 소비세는 우리가 경제협력개발기구 회원국 평균에 비해 각각 약 3.1%p와 4.1%p가 낮다. 그리고 사회보험료는 1.9%p 낮다. 물론 우리의 세목별 세수 규모를 경제협력개발기구 회원국 평균에 맞출 이유는 없다. 국가마다 고유한 특성에 따라 세목별 세수 규모는 다양하기 마련이다. 다만 향후 증세를 한다면 어느 세목부터 해야 하는가를 정할 때 하나의 기준으로서 참조할 수는 있다. 그럼 이제 구체적인 세목별로 증세 가능성을 따져보자.[104]

사회보장기여금은 연금과 의료 지출 재원이 무엇이냐에 따라, 즉

---

104 2019년 한국의 조세(국세) 규모는 소득세 89조 원, 법인세 72조 원, 소비세 98조 원 (부가가치세 71조 원, 기타소비세 14조 원, 지방소비세 13조 원)이다.

사회보험 위주인가 사회보험 이외에 조세도 중요 재원인가에 따라 국가 간 규모 차이가 크므로 단순 평균 비교에는 주의해야 한다. 사회보험 위주인 경우를 비스마르크형, 조세도 중요한 경우를 베버리지형이라고 한다. 한국의 사회보험료 규모는 경제협력개발기구 회원국 평균보다 1.9%p 정도 작다. 이 자체로만 본다면 한국의 사회보험료 규모가 아주 작은 편은 아니다. 하지만 한국은 연금과 의료 지출 재원을 사회보험 위주로 조달하는 비스마르크형 복지 체계다. 표에서 프랑스, 독일, 일본이 비스마르크형에 해당한다. 비스마르크형 국가만을 기준으로 하면 한국의 사회보험료 규모는 상당히 작다. 한국의 사회보험료가 다른 비스마르크형 국가에 비해 매우 낮기는 하지만, 향후 급속한 고령화에 따라 국민연금 납부액과 건강보험료는 빠르게 높아질 전망이다. 또한 우리는 기업이 법정의무인 퇴직연금 보험료 8.3%를 추가로 부담하고 있는 점도 고려해야 한다. 사회보장기여금은 향후 고령화에 따른 자연증가분에 맞춰 인상해가면서 전 국민 고용보험 확충 등의 제도가 확대되면 그에 맞추어 추가로 인상하면 될 것이다.

　법인세는 법인의 소득을 과세 대상으로 하여 법인에게 부과하는 조세다. 한국의 법인 세수가 경제협력개발기구 회원국 평균보다 매우 많다는 것에 대해 의외라고 생각하는 사람이 꽤 있을 것이다. 한국의 법인세율 자체는 경제협력개발기구 회원국 평균 정도다. 하지만 법인 소득액이 많아서 세수도 많다. 법인세를 높이면 기업 경쟁력이 떨어지고 기업의 해외 이전을 초래한다는 주장이 있다. 이론적으로는 맞다. 아무래도 증세로 인해 기업 이윤이 감소하면 그렇지 않을 때보다 경쟁력에 유리하게 작용할 리는 없다. 문제는 실제로 그 효과가 어느 정도인지, 그리고 그 효과와 증대된 세수를 다른 곳에 지출해서 얻을 수 있는 효과를 비교했을 때 무엇이 더 나은 결과를 가져오는지 보는 것이다. 지난 수십 년간 경제협력개발기구 회원국의 법인세율은 꾸준히 감소 추세였다. 소위 신자유주의 이론에 따라 법인세율을 높이면 자국 기업들이 세계화된 경제에서 경쟁력이 저하될 것을 우려한 결과다. 하지만 전 세계적으로 양극화가 극심한 오늘날, 신자유주의 처방이 유효성을 상실하고 폐해가 극심한 것도 사실이다. 이에 따라 법인세 및 부유층 중과세에 힘이 실리는 중이다. 2021년 초, 미국의 바이든 대통령은 4조 달러 규모의 경기부양책을 내놓으면서 법인세율을 대폭 높여서 재원을 마련하겠다고 했다. 같은 해 7월에는 경제협력개발기구에서 글로벌 법인세 최저세율을 15%로 하는 합의안이 만들어졌다. 이 합의안에 9개국을 제외한 130개국이 참여했다. 법인세율을 올리는 데 전 세계적인 공감대가 형성된 것이다. 국내의 세목별 과세 현황을 보면, 법인세가 증세의 우선순위에서 다른 세목보다 앞선다고 하기는 어렵다. 하지만 필요하다면 법인세 증세를 할 수도 있다. 그리고 이 경우, 세율 자체의 인상보다 각종 법인세 감면 정책 축소를 먼저 시행하는 것이 타당하다.

재산세는 재산에 대하여 부과하는 조세를 말한다. 재산세 대부분은 부동산에 대한 세금인데, 이는 보유세와 거래세로 구분된다. 보유세와 거래세 비중을 보면 한국은 0.8%와 1.9%인데 비해 경제협력개발기구 회원국 평균은 1.1%와 0.5%이다.[105] 경제협력개발기구 회원국 평균보다 한국의 부동산 보유세율이 낮고 거래세율이 높은 것은 분명하다. 취득세가 부동산 거래세인데 취득세는 가격에 따라 세율이 다르다. 예를 들어 6억 원 이하 주택은 1%이며, 9억 원 초과 주택은 3%이다. 이는 1주택 소유 기준이고, 다주택자의 경우에는 세율이 중과된다. 우리나라의 취득세율은 다른 국가에 비해 높은 편이다. 하

---

105 이는 상속·증여세는 제외한 것이다. 전체 세입에서 상속·증여세 비중은 한국이 0.5%이고 경제협력개발기구 회원국 평균은 0.1%이다. 그리고 경제협력개발기구 회원국들 중 일부 국가에는 순자산에 대한 부유세 0.2%가 존재한다.

지만 따지고 보면 취득세율이 높아야 할 명분은 별로 없다. 부동산 소유권 이전 처리를 하는 데 행정비용이 얼마나 들겠는가. 부동산세가 지방세인 것은 부동산 가격은 지방자치단체가 제공하는 서비스(학군, 치안, 교통, 근린공원 등) 품질에 좌우된다는 논리에 근거한다. 부동산 가격에 지방자치단체가 제공하는 서비스 품질이 얼마나 영향을 미치는가에 대해서는 논란의 여지가 있겠지만, 어쨌든 그 논리에 동의한다고 보면 취득세보다는 보유세를 강화하는 편이 더 타당하다. 지방자치단체가 제공하는 서비스는 해당 지역에 '거주'함으로써 누리는 것이기 때문이다.

이런 이유로 학자들은 재산세 증세를 위해서는 거래세보다는 보유세를 높이라는 주장을 한다. 실제 최근 들어 보유세가 높아지고 있다. 우리의 부동산 보유세(재산세, 종부세)율이 다른 국가에 비해 높지는 않다. 따라서 증세 여지가 있기는 하다. 그런데 최근에는 부동산 가격 상승 및 공시가 현실화의 영향으로 가구의 보유세 부담이 높아졌다. 따라서 부동산 보유세율 인상은 신중하게 접근해야 한다. 부동산은 한국 사회의 아킬레스건이다. 어느 정부에서나 부동산 가격 상승은 대규모 불로소득 및 심각한 자산 불평등을 초래했다. 이는 한국 경제의 공정성을 크게 훼손했고 열심히 일해서 돈을 모으겠다는 의욕을 꺾이게 했다. 그래서 재산세 부과는 단지 재정 확보라는 측면에서만 접근하기는 어렵고, 다양한 측면을 종합적으로 고려하여 결정해야 한다.

소득세는 개인이 얻은 소득에 대하여 부과하는 세금이다. 한국의 소득세 규모는 경제협력개발기구 회원국 평균의 60% 정도로 상대 규모가 가장 작은 세목이다. 규모가 작을 뿐만 아니라 가장 문제가 많은 세목이기도 하다. 〈표 10〉은 소득 구간별 근로소득세율을 정리한 표다.

<표 10> 소득 구간별 근로소득세율(2019년 기준)

(단위: %)

근로소득분포	1인당 급여 (단위: 만 원)	인원분포	납부세액분포	실효세율	명목세율
평균	3,762			5.7	12.1
1천만 원 이하	485	15.2	0.0	0.0	6.0
2천만 원 이하	1,517	15.6	0.2	0.1	7.9
3천만 원 이하	2,451	22.7	1.4	0.5	10.6
4천만 원 이하	3,468	13.7	3.0	1.4	11.9
6천만 원 이하	4,884	15.5	11.1	3.2	13.3
8천만 원 이하	6,921	8.3	14.3	5.4	16.5
1억 원 이하	8,859	4.5	15.1	8.1	18.2
2억 원 이하	12,682	4.0	30.8	13.2	23.3
3억 원 이하	23,824	0.3	8.0	22.9	29.9
5억 원 이하	37,344	0.1	6.4	27.5	33.2
10억 원 이하	66,236	0.0	4.8	32.0	36.7
10억 원 초과	188,235	0.0	4.9	37.1	40.1

　　2019년 기준 근로소득세 면세자 규모는 36.5%다. 자영업자 자료
는 제시하지 않았지만 유사하다. 이는 매우 큰 규모다. 경제협력개발
기구 회원국 중 우리처럼 근로소득세 면세자 비중이 높은 국가는 찾
기 힘들다. 근로소득 8천만 원 초과자는 전체의 10% 미만인데 전체
납부액의 2/3 이상을 부담한다. 반면에 근로소득 4천만 원 이하는 전
체의 2/3 이상인데 전체 납부액의 10% 미만을 부담한다. 물론 소득
세는 누진세이므로 저소득층이 적게 부담하고 고소득층이 많이 부담
하는 것이 맞다. 하지만 우리는 그 정도가 지나치다. 이 때문에 언론
에서는 우리나라 근로소득세는 저소득층에게 지나친 혜택을 주며 고
소득층에게 너무 많은 부담을 주고 있다고 지적한다. 그런데 이는 착
시 현상이다.

　　저소득층의 근로소득세 부담이 거의 없고 고소득자가 대부분

을 부담하는 것은 소득공제 때문이다. 그런데 소득공제로 인한 혜택은 고소득층일수록 크다. 예를 들어 어떤 사람의 연간 소득이 1억 3천만 원이라고 하자. 소득공제가 없다면 소득의 23.3%를 소득세로 내야 한다. 그런데 소득공제로 인해 실제로는 소득의 13.2%만 낸다. 즉, 3,000만 원을 소득세로 내야 했는데 1,700만 원만 낸다. 이번엔 연간 소득이 2,500만 원인 경우를 보자. 소득공제가 없다면 소득의 10.6%를 소득세로 내야 하지만 실제로는 소득의 0.5%를 낸다. 즉, 265만 원을 내야 했는데 12.5만 원만 낸다. 둘 다 줄어든 세율의 폭은 10.1%p로 동일하지만, 소득세가 전혀 다르다. 연간 소득이 1억 3천만 원인 사람은 1,300만 원의 혜택을 봤고, 연간 소득이 2,500만 원인 사람은 252.5만 원의 혜택을 봤다. '소득공제로 인해 소득세를 전혀 안 내는 면세점 이하 근로자도 많고, 다수 근로자는 매우 적은 소득세를 내고 있다. 그러나 고소득자 역시 소득공제 덕에 담세 능력에 비하면 적은 금액을 소득세로 내고 있다.' 이게 현행 소득세 부과 체제에 대한 정확하고 올바른 평가다. 이러한 우리나라 소득세의 특징은 경제협력개발기구 회원국 평균과 비교하면 확연하게 드러난다.

〈표 11〉 한국과 경제협력개발기구 회원국 소득수준별 실효세율(2019년, 독신 근로자 기준)

(단위: %)

	평균임금의 67% 소득자	평균임금 소득자	평균임금의 167% 소득자
OECD 평균	11.2	15.5(1.4배)	21.0(1.9배)
한국	2.5	6.1(2.4배)	11.1(4.4배)
격차	8.7	9.4	9.9

자료 출처: 경제협력개발기구 통계 관련 항목.

〈표 11〉은 민간부문 평균임금만큼 버는 사람, 평균임금의 2/3만큼 버는 사람, 평균임금보다 2/3 더 버는 사람의 소득세 실효세율을 정리한 것이다. 한국의 평균임금은 4,628만 원이다. 세 집단 모두 한국의 소득세 실효세율이 경제협력개발기구 회원국 평균보다 훨씬 낮다.

이제 착시 현상이 어떻게 일어나는지 설명해보겠다. 상위소득 계층의 실효세율이 하위소득 계층에 비해 얼마나 높은지를 따져보자. 한국의 경우 평균 소득자의 실효세율은 평균임금의 67% 소득자의 2.4배이고, 평균임금의 167% 소득자의 실효세율은 평균임금의 67% 소득자의 4.4배이다. 이에 비해 경제협력개발기구 회원국 평균은 각각 1.4배, 1.9배다. 이것만 보면 한국은 고소득층에게 훨씬 많은 부담을 주는 것 같다. 하지만 실상은 반대다. 세 집단의 실효세율이 경제협력개발기구 회원국 평균보다 얼마나 낮은지 살펴보자. 평균임금의 67% 소득자는 8.7%p, 평균임금 소득자는 9.4%p, 평균임금의 167% 소득자는 9.9%p 낮다. 소득이 높아질수록 격차가 더 벌어진다. 따라서 한국의 소득세 실효세율은 경제협력개발기구 회원국 평균과 비교하면 하위소득 계층보다 상위소득 계층에게 더 유리하다. 한국의 소득세 실효세율이 경제협력개발기구 회원국 평균과 동일하다면 세 집단은 얼마씩을 추가로 납부해야 했을까? 평균임금의 67% 소득자는 8.7%p, 평균임금 소득자는 9.4%p, 평균임금의 167% 소득자는 9.9%p를 더 내야 했다. 금액으로 환산하면 각각 267만 원, 434만 원, 765만 원을 더 내야 한다.

소득공제 제도는 나름의 필요성이 있으며, 모든 나라가 다 가지고 있다. 그러나 우리처럼 소득공제 종류가 많고 규모가 큰 국가는 찾기 힘들다. 소득공제 제도는 소득세 체계를 왜곡시키고 세수 규모를 줄인다. 한국의 소득세 규모가 다른 국가들에 비해 유독 작은 것은 상당 부분 소득공제 제도 탓이다. 향후 소득세 증세를 하려면, 소득세율을 높이는 것도 필요하지만 소득공제 제도를 정비하는 것이 우선되어야 한다.

소비세는 모든 재화와 용역에 부과하는 일반소비세(부가가치세)와 술, 담배 등 특정 물품에 부과하는 개별소비세로 구분할 수 있는데, 부가가치세 세수 규모가 훨씬 크다. 〈그림 46〉을 보면 한국의 부가가치세율은 경제협력개발기구 회원국 평균의 절반 정도로 매우 낮음을 알 수 있다. 또한 대표적인 복지국가인 북유럽 4개국(덴마크, 노르웨이, 스웨덴, 핀란드)의 부가가치세율은 높은 순으로 2~5위를 점유하고 있음을 알 수 있다. 한국의 부가가치세율은 1977년 10% 세율로 도입된 이후 현재까지 10% 세율을 계속 유지 중이다. 복지 재원 마련을 위한 증세에서 부가가치세율 인상이 유효한 대안이 될 수 있다.

〈그림 46〉 경제협력개발기구 회원국의 부가가치세율 비교(2019년 기준)

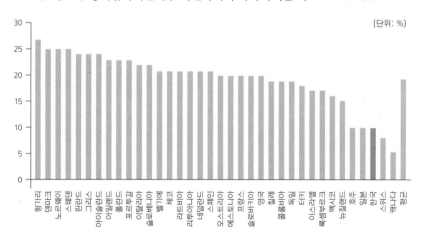

각 세목에 대한 상세한 설명을 잘 들었다. 설명을 들어보면 소득세, 소비세(부가가치세)의 증세가 필요한 것 같고, 재산세와 법인세 인상은 보다 조심스럽게 접근해야 한다는 것이 큰 틀의 주장으로 보인다. 그러한가?

향후 복지 재원 확충을 위한 증세를 한다고 했을 때, 각 세목의 우선순위를 매긴다면 소득세〉부가가치세〉재산세〉법인세 정도의 순서가 될 것 같다. 그리고 소득재분배, 부동산 가격 안정 등 다른 목적이 있다면 몰라도, 적어도 재원 확보가 목적이라면 부자 증세보다는 보편 증세가 타당하다. 한편, 증세를 통해 늘어난 재원은 복지 지출에 사용하도록 명문화하는 것이 좋겠다. 일본은 기존 5%였던 소비세율을 2014년 8%, 2019년 10%로 점차 높였다. 그러면서 인상된 재원은 사회보장 분야에 사용한다고 법으로 명시했다.[106]

이처럼 사용 용도를 명시한 세금을 목적세라고 한다. 목적과 사용처가 분명한 세금이다. 일본은 소비세 인상분을 목적세로 활용했지만, 특정 세목 대신 모든 세목에 일률적으로 일정 세율을 얹는 부가세(surtax) 형태의 사회보장 목적세를 신설할 수도 있다. 통상 재정학자들은 용도가 지정된 돈은 신축적인 재정 운용을 저해한다는 이유로 반기지 않는다. 하지만 복지 지출의 경우는 꼬리표를 달아서 부담과 혜택을 직접적으로 연결하는 것이 더 효과적일 수 있다. 사회보험이 바로 그렇다. 사회보험은 연금, 의료, 실업, 산재와 같은 개별 프로그램별로 부담과 혜택이 연결되어 있다. 이에 비해 사회보장 목적세는 개별 프로그램보다는 넓은 범위의 사회보장 지출에 사용한다는 점만 다르다.

증세를 하더라도 단기간에 대폭 올리기는 어렵고, 꾸준히 조금씩 올리는 것이 현실적이다. 가령 차기 정부는 복지 재원 마련을 위해 임기 5년 동안 매년 0.6%p, 그래서 5년간 총 3%p의 증세를 하겠다는 식

---

106 일본 「소비세법」 제1조 제2항에 따르면 '소비세의 수입에 관하여는 지방교부세법에서 정한 바에 따르는 것 외에 매년 제도로 확립된 연금, 의료 및 노인장기요양의 사회보장급부와 저출산에 대처하기 위한 시책에 소요되는 경비에 충당하는 것으로 한다'.

으로 목표를 설정할 수 있다. 물론 이를 실행하기 위해서는 국민의 이해를 구하고 정치적인 합의를 도출해야 한다.

증세에 '앞선'이 아닌, 증세를 '위한' 지출구조 조정

통상 재원 확보를 위해서는 증세를 내세우기 전에 일단 지출구조 조정을 하겠다는 얘기를 한다. 국민에게 증세를 요구하려면 그 전에 정부가 지출구조 조정을 통해 재원을 융통해보고 그래도 정 모자란 부분에 대해 증세하겠다고 하는 것이 순서상 맞지 않는가?

증세 논쟁이 있을 때마다 나오는 얘기는 먼저 지출구조 조정을 통해서 재원을 마련하라는 것이다. 항상 하는 말이라서 이제는 상투적인 관용어구가 된 것 같다. 이 말이 계속 반복되는 이유는 맞는 말인데도 실제로는 제대로 이루어지지 않고 있기 때문이다. '칸막이'로 인한 비효율적인 재정 운용은 어제오늘 일이 아니다. 이제는 작심하고 지출구조 조정을 이룰 때가 되었다고 생각한다.

대표적인 것이 지방교육재정교부금이다. 법에 의해 내국세(국내에 있는 과세 물건에 대하여 부과하는 조세)의 20.79%는 지방교육재정교부금으로 각 교육청에 배분된다. 이 돈은 거의 유치원과 초중등 교육 재원으로 사용되는데 학령인구 감소에 따라 재원에 여유가 있다. 국가 전체의 재원을 필요한 곳에 효과적으로 사용한다는 측면에서 판단한다면 지방교육재정교부금을 줄이고 여유 재원을 복지 지출 등으로 돌리는 것이 타당하다. 그러나 교육자치제에서는 이런 변경이 쉽지 않다. 그렇다면 지방교육재정교부금을 줄이는 대신 여유 재원을 '교육'에 사용하되 새롭게 늘어나는 수요에 적절히 대처하도록 하는 것도 가능하다. 향후 늘어나는 수요의 예로 성인 학습을 들 수 있다.

현재는 평생교육 등 성인 학습을 위한 지출액이 매우 작다. 하지만 향후 은퇴 후 재취업 혹은 인생 이모작 등의 필요로 성인 대상 교육·훈련 수요는 크게 증가할 것이다. 아울러 대학생 감소에 따라 지방대학 일부를 성인 재취업을 위한 교육훈련 기관으로 전환하자는 논의가 활발한데, 그 경우 재원으로 지방교육재정교부금을 활용할 수도 있을 것이다. 그 외에도 앞에서 제안했듯이 초등 돌봄(방과후 교육)의 대폭 확대, 오랫동안 논의되었던 어린이집과 유치원의 통합(유보통합) 등이 이루어지면 역시 그를 위한 재원이 늘어나야 한다. 이처럼 교육 부문 내에서 세부 항목별 구조 조정을 통해 재원을 보다 효과적·효율적으로 사용하는 전략이 필요하다.

재정의 칸막이 운영의 또 다른 예로 교통시설특별회계(교통·에너지·환경세)를 들 수 있다. 이는 1994년 당시 부족한 교통 인프라 확충을 위해 10년간 한시적으로 운영하기로 한 것인데, 그동안 수차례 연장되어 2021년 말까지 존치했다. 이번에도 일몰이 2024년 말까지로 연장됐다. 그런데 이 재원은 매년 6조 원 이상이 집행되지 못하고 예치금으로 넘어간다. 효율적인 재정 운용 면에서 본다면 이를 폐지하고 일반 재원에 편입하는 것이 더 타당하다. 그밖에 전력산업기반기금이나 국민체육진흥기금 등 다양한 사업성 기금도 규모의 차이는 있지만 유사하다.

국민에게 증세를 요구하려면 그에 앞서 정부가 우선 지출구조 조정을 해야 하는 것은 너무나 당연하다. 아니, 정확히 말하면 증세에 '앞서서'가 아니라 증세를 '위해서' 지출구조 조정을 해야 한다.

13장

조직 구축 전략

'큰 정부'의 효율적 운용을 위한 거버넌스 설립

복지 지출 확대는 결국 지금보다 '큰 정부'가 된다는 것이다. 전문가들은 코로나 팬데믹 이후에는 지금보다 정부 역할이 커질 것으로 예측한다. 큰 위기를 겪으면서 국민이 정부 역할의 중요성을 체감했기 때문이다. 그런데 다른 한편으로는 과연 정부가 증대된 역할을 잘 수행할 것이냐는 의구심도 있다. 이 책에서 제시했듯이 한국은 다른 경제협력개발기구 회원국에 비해 조세 규모도 작고 복지 지출 규모도 적다. 즉, '저부담-저급여' 국가다. 그렇게 된 데는 여러 이유가 있겠지만 정부 능력에 대한 불신도 큰 몫을 차지할 것이다. 과연 정부가 내 돈을 걷어가서 잘 사용할까? 이에 대한 믿음이 없다면 증세도, 지출 확대도 어렵지 않겠는가?

정부의 재정 운용에 대한 국민의 신뢰가 있어야 한다는 말은 앞에서도 했다. 국가 재정 운용의 가장 기본 전제는 정부가 국민으로부터 돈을 걷어서 사용했을 때, 그 돈을 걷지 않고 국민이 알아서 쓸 때보다 사회적으로 더 큰 효용을 창출해야 한다는 것이다. 그럴 수 없다면 세금을 거둘 명분이 없다.

코로나 팬데믹으로 인해 온 국민이 전대미문의 상황을 겪었고 그 과정에서 좋은 국가, 유능한 정부가 내 삶에 얼마나 중요한지도 깨닫게 되었다. 많은 사람이 코로나 팬데믹 이후의 사회는 이전과 달라질 것이라고 한다. 이에 발맞추어 국가와 국민 간에 새로운 사회계약(new social contract)이 필요하다는 얘기도 나온다. 마치 미국이 대공황 이후 뉴딜 정책을 폈듯이, 제2차 세계대전 이후 서구 사회가 복지국가를 건설했듯이 말이다. 전적으로 동의하는 주장이다. 국가는 국민의 삶이 과거보다 나아지기 위해 무엇을 어떻게 하겠다는 청사진을 제공해야 한다. 이 책 역시 그러한 청사진 제공에 일조하기 위한 것이다. 청사진을 실천에 옮기려면 향후 재정지출 증가는 당연하다. 증세도 피할 수 없다. 이렇게 국민 부담이 커지는 대신, 정부가 국민을 위해 제대로 잘 쓰겠다는 약속을 하고 그 약속을 잘 지킬 것이라는 믿음을 주어야 한다. 이러한 믿음을 주려면 최소한 재정지출의 엄격성(재정규율), 효과성, 투명성을 제고하는 장치를 마련해야 한다. 재정지출의 엄격성을 제고하려면 일정 수준의 재정 준칙, 예를 들면 재정적자와 국가 채무 관리는 어떻게 하겠다는 약속이 필요하다. 계획성 있는 지출을 위해 국가 재정 운용 계획의 실효성도 높여야 한다.

재정적자와 국가 채무 관리에 대한 약속은 무슨 뜻인지 이해하겠는데, 국가 재정 운용 계획에 대해서는 보다 더 구체적 설명이 필요하다. 국가 재정 운용 계획이 무엇이고, 그것의 실효성을 높인다는 것은 무슨 의미인가?

매년 9월 초가 되면 행정부는 다음 해 예산안을 국회에 제출하고, 국회는 이를 심의해서 12월 초에 확정한다. 그런데 행정부가 예산안을 제출할 때는 5년간 국가 재정을 어떻게 운영하겠다는 계획서를 함께 제출한다. 이게 국가 재정 운용 계획이다. 이는 국가재정법에 의한 강제 사항이다. 왜 국가재정법은 1년짜리 예산안 심의·의결을 국회에 요청하면서 5년간의 국가 재정 운용 계획을 함께 제출하게 할까? 국가재정법 제7조 1항은 "정부는 재정운용의 효율화와 건전화를 위하여 매년 해당 회계연도부터 5회계연도 이상의 기간에 대한 재정 운용계획을 수립하여 회계연도 개시 120일 전까지 국회에 제출하여야 한다"라고 규정한다. 재정 운용의 효율화와 건전화를 위해서는 5년 이상의 시계(視界)를 갖는 계획이 필요하다고 본 것이다. 국가재정법의 취지를 살리려면 매년의 예산 수립은 국가 재정 운용 계획을 반영하여 이루어져야 한다. 그런데 실상은 그렇지 못하다. 행정부는 법 규정이므로 국가 재정 운용 계획을 만들어 국회에 제출하기는 한다. 하지만 매년의 예산안은 기존 국가 재정 운용 계획에 구애받지 않고 별도로 짠다. 이래서는 계획적인 재정 운용이 이루어지지 않는다.

국가 재정 운용 계획 수립은 대부분의 나라에서 하고 있다. 국가 재정 운용 계획을 효과적으로 활용하는 국가로 흔히 스웨덴을 꼽는다. 스웨덴은 특정 정부의 예산안은 해당 정부 출범 첫해의 국가 재정 운용 계획에 의거하여 짜도록 한다. 우리로 치면 집권 첫해의 국가 재정 운용 계획에 따라 5년 예산의 기본 틀이 정해지는 것이다. 이런 계획성 있는 재정 운용 덕에 스웨덴은 복지 지출을 많이 하지만 국가 채무 비율은 유럽 국가 중 매우 낮은 편에 속한다.

"최고의 살균은 햇빛을 받게 하는 것"

재정 운용의 효과성과 투명성을 제고할 방안에는 무엇이 있는가?

재정지출의 효과성 제고를 위해서는 재정지출 사업의 성과평가 기능을 대폭 보강할 필요가 있다. '평가 공화국'이라는 말을 들을 정도로 한국에는 다양한 평가 제도가 있고 성과평가 제도 역시 충분히 많다. 하지만 대부분 형식적이다. 독립성과 전문성을 지닌 성과평가 전담기관이 필요하다. 여기서는 일반 지출 사업보다는 복지전달체계, 사회간접자본, 교육·훈련 등 주요 사업의 성과를 심도 있게 분석·평가하고 개선책까지 도출할 수 있어야 한다. 즉, 평가와 함께 컨설팅 기능도 갖춰야 한다. 그리고 그 결과가 실제 제도 개선으로 연계될 수 있어야 한다.

얼마 전, 한국토지주택공사의 일부 직원들이 2018년부터 문재인 정부의 3기 신도시 사업지역에 100억 원대 토지를 투기성으로 집중 매입했다는 의혹이 드러나서 큰 이슈였다. 이러한 정부 사업 관련 부정부패를 철저하게 감시하는 장치도 필요하다. 앞서 대공황 이후 미국의 뉴딜 정책에 대해 얘기했는데, 사실 루스벨트 대통령이 뉴딜 정책을 시행하려 했을 때 매우 강한 반대에 부딪혔다. 대공황 이전인 20세기 초반 미국은 '도금시대(The Gilded Age)'라고 불릴 정도로 부패가 만연했다. 게다가 이민자들이 건설한 나라이다 보니 개인의 자유로운 경제활동을 중시했기 때문에 정부가 경제에 개입하는 것을 매우 싫어했다. 그래서 뉴딜 정책을 내세운 루스벨트 대통령은 공산주의자라는 비판을 받기도 했다. 이런 와중에 뉴딜 정책이 성공할 수 있었던 데는 공공사업을 담당한 공공사업진흥청에 독립적 감찰기구를 설치하고 강력한 권한을 부여한 것이 큰 역할을 했다고 한다. 나중에 의회가 뉴딜 사업에 대한 국정감사를 했는데 관련 부정부패 건수를 전혀 찾지 못했다고 한다. 부정부패를 발본색원하려면 지출의 투명성을 높이는 것이 가장 중요하다. "최고의 살균은 햇빛을 받게 하는 것이다." 이는 20세기 초반 미국 대법관인 브랜다이스가 남긴 말로 투명한 정보 공개의 중요성을 잘 나타낸다. 정부지출의 투명한 공개 제도와 관련해서는 미국의 'DATA'와 같은 법률 제정 및 'USA spending' 같은 사이트 구축을 제안한다.

미국의 'DATA' 법과 'USA spending' 사이트가 무엇인가?

미국은 2006년에 '연방자금의 책임성과 투명성에 관한 법(FFATA)'을 제정하고, 2014년에 이를 보완한 '디지털 책임성과 투명성에 관한 법(DATA, Digital Accountability and Transparency Act)'을 제정했다. 이 법은 간단히 말해서 미국 연방정부의 모든 지출 내역을 웹사이트를 통해 투명하게 제공해야 함을 명시한 것이다. 이 법에 따르면 교부금, 보조금, 대출, 임대차/하도급/구매 계약 등 2만 5천 달러를 초과하는 모든 형태의 연방정부 재정지출에 대해 지원기관, 수령단체, 지원금액, 거래유형, 지원목적 등 상세한 내역을 공개하게 되어 있다. USA spending 사이트(www.usaspending.gov) 들어가 보면 얼마나 상세한 정보를 알기 쉽게 제공하고 있는지 알 수 있다.

한국 정부의 정보화 수준을 감안하면, 이러한 재정지출 공개는 의지만 있으면 얼마든지 가능하다. 한국도 '열린재정(www.openfiscaldata.go.kr)'이라는 재정정보 공개시스템이 있지만, 이것만으로는 턱없이 부족하다. 열린재정이 제공하는 자료에 따르면 정부부처나 기관이 어떤 목적으로 총액을 얼마나 사용했는지는 나오지만, 수령단체나 거래유형 등 세부 항목은 알 수 없다. 만일 우리가 미국의 DATA와 같은 법을 만들고 정부 재정지출 내역을 온라인상에 지금보다 더 상세하게 공개한다면 재정 운용이 어떻게 바뀔까? 재정정보 공개는 재정의 투명성과 민주성을 높이고 부정부패를 차단하는 데 기여하는 것은 물론이고, 재정 운용의 효율성·효과성 향상에도 큰 도움이 될 것이다.

새로운 거버넌스의 시작을 위해

재정 운용의 엄격성, 효과성, 투명성을 위한 제도 구축 방안이 흥미롭다. 그런데 이러한 제도 구축이 기존 정부조직 체계 안에서 가능할까? 비단 재정 운용만의 이야기는 아니다. 이 책에서는 광범위한 분야의 복지제도 개편을 제안하는데, 그런 것들이 기존 정부조직 체계 내에서 효과적으로 작동할까? 이를 보다 잘 수행할 조직 혹은 거버넌스 체계 개편도 필요하지 않겠는가?

일리 있는 지적이다. 효과적으로 이 책에 담긴 제안을 수행하고 재정 운용을 잘하려면 기존 조직 체계의 개편이 필요할 수도 있다. 하지만 이 부분은 매우 조심스럽다. 조직은 기계 부품이 아니다. 사람의 집합체다. 조직을 개편하면 구성원들은 소속과 임무가 바뀌며, 무엇보다 관계가 달라진다. 기존의 것을 분해해서 새로 조립한다고 해서 의도한 효과를 내기는 쉽지 않다. 그래서 조직 개편은 신중해야 한다.

이를 염두에 두고, 그럼에도 필요한 조직 개편이라면 현재의 기획재정부에서 기획·예산 기능을 분리하는 것을 고려할 수 있다. 앞서 개혁적인 사회정책이 기획재정부 관료들에 의해서 저지되거나 축소되는 경우가 많았음을 얘기했다. 이렇게 된 데는 기획재정부가 기획·예산과 경제·재무 권한을 모두 갖고 있기 때문인 탓이 크다. 기획재정부는 경제를 우선하기 때문에 사회정책을 뒤로 미루는 경향이 있다. 국고 수입과 지출 현안에 집중하다 보니 장기적인 시각에서 국가정책을 수립하는 것에는 소홀하기 쉽다.

산업화가 시작된 1960년대 이래 기획·예산 기능과 경제·재무 기능이 한 부처에 통합된 기간은 짧다. 1994년 12월부터 1998년 2월까지의 3년여 간, 그리고 2008년 이후부터 현재까지의 기간 동안에만 두 기능이 통합되었고, 그 외의 나머지 기간에는 두 기능이 항상 분리된 상태였다. 1960년대 이후부터 1993년까지는 기획·예산 기능을 경제기획원이 담당했다. 비록 명암이 공존하겠지만 산업화 시절 경제기획원은 정부 주도 경제성장의 중추 역할을 했다. 이후 정부 주도 경제성장 시기는 지났다는 판단에 따라 경제기획원과 재무부를 통합한 재정경제원이 만들어졌고, 기획 기능을 축소했다. 재정경제원이라는 '공룡 부처'는 많은 부작용을 빚었다. 경제부처 통합이 있은 후 얼마 뒤 IMF 경제위기를 맞게 된 데는 모든 경제·재정 기능을 한 부처에 몰아넣은 탓에 민간경제의 육성·지원과 통제·감독 기능이 뒤섞이면서 통제·감독 기능이 부실해진 탓도 한몫했다.

과거의 국가 기획이라는 것은 경제 문제에 집중되었고 구체적인 실천 계획을 세운 뒤에는 정부 주도로 강하게 밀고 나간 경향이 컸다. 이제는 다르다. 오늘날의 국가 기획은 경제와 사회, 국정 전반을 아우른다. 또한 구체적인 실천 계획보다는 중장기적인 비전과 전략 수립에 중점을 둔다. 그런데 기획은 예산이 뒷받침되어야 실효성을 지닌다. 그런 면에서는 기획과 예산이 함께 가는 것이 바람직하다. 그리고 기획·예산 기능이 경제부처에서 분리되어야 경제문제에 치중하는 대신 국정 전반을 균형 있게 바라볼 수 있다.

노무현 정부 때처럼 기획·예산 기능을 담당하는 기획예산처를 두는 것도 방법이다. 혹은 이 기능을 행정부에 맡기는 대신 대통령실로 가져올 수도 있다. 이 경우는 대통령실에 기획예산실을 설치해야 한다. 만일 기획·예산 기능을 담당하는 조직을 대통령실에 둔다면 국정의 최종 책임자인 대통령의 의지를 좀 더 적극적으로 예산에 반영할 수 있을 것이다. 행정부에 두는 경우에는 관료의 전문성을 좀 더 적극적으로 활용할 수 있을 것이다. 김용익 선생님은 대통령의 의지가 적극적으로 예산에 반영되도록 대통령실에 기획예산실을 설치하는 쪽을 지지하는 것으로 보이는데, 내 생각에는 부처에 두는 것도 방법일 수 있다고 본다. 정치의 책임성과 행정의 전문성은 국정 운영을 위해 둘 다 중요하다. 양자택일의 문제는 아니다. 따라서 기획예산실을 대통령실에 둘 때는 행정의 전문성을 보완하는 장치가, 행정부에 둘 때는 정치의 책임성을 확보하는 장치가 필요하다.